Guido Knopp

Göring

Guido Knopp

Göring

Eine Karriere

In Zusammenarbeit
mit Friedrich Scherer, Gerlinde Preis
und Gundula Bavendamm

Redaktion:
Mario Sporn

C. Bertelsmann

FSC
Mix
Produktgruppe aus vorbildlich
bewirtschafteten Wäldern und
anderen kontrollierten Herkünften

Zert.-Nr. SGS-COC-1940
www.fsc.org

Verlagsgruppe Random House FSC-DEU-0100
Das für dieses Buch verwendete FSC-zertifizierte Papier *EOS*
liefert Salzer, St. Pölten.

1. Auflage

Umschlaggestaltung:
R·M·E Roland Eschlbeck/Rosemarie Kreuzer, München
Satz: Uhl + Massopust, Aalen
Druck und Bindung: GGP Media GmbH, Pößneck
Printed in Germany
ISBN-10: 3-570-00891-6
ISBN-13: 978-3-570-00891-1

www.bertelsmann-verlag.de

Inhalt

Vorwort

»Ein Souvenir für dich« – mit diesen lapidaren Worten verabschiedete sich 1945 ein Berchtesgadener Bergführer von einem amerikanischen GI und drückte ihm zwei Filmrollen in die Hand. Der Soldat maß dem seltsamen Geschenk zunächst keine Bedeutung zu. Erst Jahrzehnte später spielte er im heimischen Ohio beide Rollen ab. Was sich ihm da eröffnete, war die private Welt des Mannes, der als zweiter Mann im »Dritten Reich« galt und den Amerikanern bei den Nürnberger Prozessen als »Nazi Nummer eins«: Hermann Göring.

Die Aufnahmen zeigen den üppig ausstaffierten Reichsmarschall in knalligem Kodakbunt. Gedreht wurden sie unter anderem nach dem »Anschluss« Österreichs 1938. In Mauterndorf, wo er als Junge im Schloss seines Patenonkels oft zu Besuch war, ist Hermann Göring im Gespräch mit österreichischen Diplomaten und Naziführern zu sehen. Die Bevölkerung des Ortes begrüßt den berühmten »Heimkehrer« wie einen Fürsten im Mittelalter. An seiner Seite lächeln Görings Schwestern Paula und Olga in die Kamera. Andere Bilder zeigen ihn, wie er mit erhobenem Marschallstab Einzug in Linz hält, wie er sich in der Phantasiekluft des »Reichsjägermeisters« in einer Pferdekutsche durch seine Ländereien chauffieren lässt, oder wie er Geheimverhandlungen mit Diplomaten in einem Waldstück bei Berlin führt.

Auf einigen Bildern aber fehlt der Reichsmarschall, der sich stets in den Mittelpunkt stellte. Die Auswahl der Filmmotive – Hirsche mit prachtvollen Geweihen, die Pflanzenwelt im Garten seiner Residenz »Carinhall« in der Schorfheide bei Berlin, seine Motoryacht *Karin II.* auf offener See vor Helgoland – spricht Bände. Göring hat die Aufnahmen selbst gedreht. In eitlem Besitzerstolz bannte er seine Reichtümer auf Film, um sie sich in schlechten Zeiten immer wieder in seinem Privatkino in Carinhall vorführen zu lassen. Die Bilder zeigen, was demjenigen, der in einer unerhörten Ämterhäufung die Verantwortung für einen großen Teil des Kriegsgeschehens trug, wirklich wichtig war: sein Haus, seine Tiere, seine Motoryacht! Die Aufnahmen dokumentieren den banalen Blick eines Mannes, dessen Name mit monströsen Verbrechen verknüpft ist.

Das vorliegende Buch beruht auf Recherchen für ein Filmprojekt, das in drei Teilen die schillerndste Figur des Nazireichs porträtiert: Hermann Göring war ein Mann mit vielen Gesichtern. Er war eitel, verschlagen, brutal wie kaum ein anderer der Paladine Hitlers, und doch war er im NS-Reich populärer als sie alle, zeitweise sogar beliebter als Hitler selbst. Hermann Göring war die »joviale Maske des Regimes«: volksnaher Haudegen und skrupelloser Machtmensch. Er verbarg die gewalttätigen Züge seines Wesens hinter launiger Leutseligkeit und war doch in jede große Unrechtsaktion des Regimes verwickelt. Die Terrormaßnahmen des Staates im Zuge der »Machtergreifung« waren ebenso sein Werk wie die Morde nach dem inszenierten »Röhm-Putsch« 1934 und die ersten Konzentrationslager. Er war mitverantwortlich für die Verschleppung ausländischer Zwangsarbeiter und den Judenmord. Frei von Zweifeln gab er offen zu, gewissenlos zu sein. »Ich habe kein Gewissen. Mein Gewissen heißt Adolf Hitler.«

Schon früh zeigten sich die egomanischen Züge seines Charakters. »Hermann wird entweder ein großer Mann oder ein Krimineller«, hatte bereits die Mutter orakelt. Auch der junge Fliegerleutnant machte aus seinem ungeheuren Ehrgeiz kein Geheimnis. »Ich will kein Alltagsmensch sein. Kampf ist und bleibt für mich die Lebensbedingung, sei es in der Natur oder mit den Menschen. Ich will aus der Menschenherde herausragen, nicht ich werde ihnen, sondern alle sollen mir folgen. Das walte Gott«, schrieb er 1915 in einem Liebesbrief an seine Freundin. Es war die Hoffnung auf eine große Karriere, die ihn nach der Niederlage des Ersten Weltkriegs und den Wanderjahren als Fliegerass a.D. im Herbst 1922 an die Seite Hitlers führte. Wie dieser wollte er die Chance nutzen, die sich aus dem politischen Chaos in den frühen Jahren der Weimarer Republik ergab, wie dieser hatte er nichts zu verlieren: »So war ich – ich habe ja keinen Hehl daraus gemacht – von Anfang an bereit, mich an jeder Revolution zu beteiligen, gleichgültig, wo und vom wem sie ausging, außer wenn sie von links gekommen wäre«, bekannte er freimütig 23 Jahre später als Angeklagter im Nürnberger Prozess. Auf der anderen Seite ergriff Hitler gerne die Hand, die ihm Göring ausstreckte. Görings Ansehen versprach Nutzen für die Partei. Der joviale Ordensträger und der fanatische Demagoge – es war wie ein Teufelspakt.

In den folgenden 23 Jahren ihres gemeinsamen Weges half Göring, Hitler salonfähig zu machen und den Demagogen in die Höhen unumschränkter Macht zu hieven. Der hochdekorierte Fliegerheld des Ersten Weltkriegs war

Hitlers Steigbügelhalter und bald sein mächtigster Gefolgsmann. Wie ein Krake streckte er nach der »Machtergreifung« seine Fangarme in fast alle Bereiche des »Dritten Reichs« aus, häufte Amt um Amt, Würde um Würde auf seine Person, bis er unbestritten als der »zweite Mann« hinter Hitler galt. Seine Heirat mit der Schauspielerin Emmy Sonnemann inszenierte er als Schauspiel für die Menge. »Jetzt bleibt ihm nur noch eins – der Thron oder das Schafott«, mokierte sich der britische Botschafter Sir Eric Phipps über die »Traumhochzeit des Dritten Reichs«.

Sosehr er Hitler bewunderte, in der Außenpolitik tat Göring sich im Laufe der Jahre immer schwerer, seinem »Führer« zu folgen. Er war alles andere als ein Pazifist, doch im Gegensatz zu Hitler auch kein Hasardeur. Zu sehr fürchtete er die Risiken der kriegerischen Ausdehnung des Hitlerreichs und vor allem den Zweifrontenkrieg. Stattdessen setzte er auf die weitere Erpressung an den Konferenztischen Europas – à la Österreich und Sudetenland. »Wir wollen doch das Vabanquespielen lassen«, mahnte er den vorwärtsdrängenden Hitler. »Ich habe in meinem Leben immer va banque gespielt«, wies dieser ihn zurück. Es war nicht Friedensliebe, die den »zweiten Mann des Dritten Reichs« mit dem Verratsgedanken spielen ließ, sondern die berechtigte Besorgnis, dass die aggressive Expansion diesen Staat, von dem er doch so profitierte, kippen würde: »Es ist furchtbar. Hitler ist verrückt geworden«, erklärte er einem Vertrauten kurz vor Ausbruch des Zweiten Weltkriegs. Doch Göring saß in der Loyalitätsfalle. Offene Rebellion war für ihn undenkbar. Und so gebärdete er sich nach dem Sündenfall als eifrigster und aggressivster Paladin von allen, erwies sich als der aufgeblasene Popanz, den die schwedischen Ärzte schon Mitte der zwanziger Jahre diagnostiziert hatten.

Doch als sein Werk, die Luftwaffe, im Krieg versagte, war es aus mit ihm. Der »parfümierte Nero«, Inbegriff von Machtmissbrauch und Korruption, versank in seiner Sucht und seinen Leidenschaften. Von seiner Rolle als »zweiter Mann des Dritten Reichs« blieb am Ende nur der Schein erhalten. Obwohl er längst in Misskredit gefallen war, hielt Hitler dennoch an ihm fest. Aus Sicht des Diktators wäre es einem Offenbarungseid gleichgekommen, »den korrupten Morphinisten« inmitten der Niederlagen zu entlassen. »Es ist entsetzlich, welche Winkelzüge man machen muss, um Görings Prestige nicht zu lädieren, andererseits aber das für den Krieg dringendst Notwendige zu tun«, jammerte Hitlers Propagandachef Goebbels Ende 1944. »Man möchte manchmal glauben, dass Göring der Kronprinz wäre, von dem jedermann weiß, dass er nichts taugt, den man aber … nicht absetzen kann. Der Führer hat Göring in guten Zeiten zu groß werden lassen; jetzt, in schlechten Zeiten, hängt er ihm wie ein schweres Bleigewicht am Bein.«

Und so fand er schließlich seinen Tod als »Nazi number one«, der er schon lange nicht mehr war – gefangen in der Illusion, die Nachwelt werde ihm Gerechtigkeit erweisen: »Ihr werdet unsere Knochen einst in Marmorsärge legen«, prophezeite er dem amerikanischen Gerichtspsychologen Gilbert, der ihn in seiner Nürnberger Zelle untersuchte. Die Knochen sind verbrannt, die Marmorsärge blieben aus. Gäbe es ein Grab, so müsste auf ihm als Inschrift das Wort des britischen Historikers Lord Acton stehen: »Macht neigt zur Korruption. Absolute Macht führt zu absoluter Korruption.«

Der Flieger

»Der Reichsmarschall, der Reichsmarschall kommt!« Der Ruf pflanzte sich fort von Ort zu Ort. Eine Kolonne wie diese hatte man in den idyllischen Alpentälern lange nicht gesehen. Wanderer, Horch, Maybach – die Nobelkarossen des Reichs waren versammelt. Vor allem der Maybach – 16 Zylinder, mit kugelsicheren Fenstern – fiel den winkenden Zuschauern am Straßenrand auf. In ihm saß, ja thronte der Reichsmarschall Hermann Göring samt Frau, kleiner Tochter und Adjutanten. Zum Anlass hatte Göring eine silbergraue Uniform gewählt und über sie einen zeltartigen Übermantel geschwungen, der seinen ausladenden Bauch freiließ. An Hals und Brust, halb verborgen, prangten der »Pour le Mérite« und das »Großkreuz des Eisernen Kreuzes«, die beiden höchsten Orden des Ersten und des Zweiten Weltkriegs. Lastwagen, voll gepackt mit Soldaten einer Luftnachrichtentruppe, folgten der Kolonne als Eskorte auf dem Weg von Schloss Mauterndorf nach

»Wenigstens zwölf Jahre lang anständig gelebt«: Göring nach seiner Festnahme durch amerikanische Truppen

Fischhorn. Erinnerungen an eine andere Zeit kamen auf, als Göring auf dem Höhepunkt der Macht triumphale Rundreisen durch das mit dem Reich vereinigte Österreich unternahm. Wieder, so glaubte er, war er unterwegs in einer historischen Mission. Als »ranghöchster Offizier der deutschen Wehrmacht« hatte er den Oberkommandierenden der Westmächte, US-General Dwight D. Eisenhower, um eine persönliche Unterredung gebeten. Von »Marschall zu Marschall« wollte er gemeinsam mit ihm auf »menschlich-soldatischer Ebene« eine Lösung finden, die »weiteres Blutvergießen in einer aussichtslosen Lage« verhinderte.

Bei Radstatt, 80 Kilometer südöstlich von Salzburg, war der »Triumphzug« zu Ende. Eine amerikanische Einheit versperrte mit feuerbereiten Maschinengewehren die Straße. Ihr Kommandeur, Brigadegeneral Robert J. Stack, war Göring von Fischhorn aus entgegengefahren. Als die Kolonne hielt, ging Stack auf den Maybach zu und grüßte militärisch. Göring grüßte zurück, danach schüttelten sich die beiden Männer die Hände. In den USA lösten Berichte von dieser Begrüßung einen Skandal aus. Niemals, so die einhellige Meinung, hätte Stack einem »Kriegsverbrecher« militärische Ehren bezeugen dürfen. Auch auf deutscher Seite wurde die Szene mit Kopfschütteln quittiert: »Mein Vater sagte: ›Da schau es dir an, diese Gauner. Jetzt schütteln die sich die Hände, und die Landser mussten dafür ihren Kopf hinhalten‹«, erinnert sich der damals zwölfjährige Augenzeuge Josef Scharfetter. Bei Göring nährte die freundliche Aufnahme noch einmal die irreale Hoffnung, die Alliierten würden ihn als Verhandlungspartner akzeptieren. So oder so – sein Leben als zweitmächtigster Mann einer Großmacht war vorüber, das war auch ihm bewusst. Vorbei die Zeit, in der er sich mit der Pracht eines Renaissancefürsten umgab und sein Wort über Tod und Leben entschied. Von nun an war er Gefangener der Amerikaner, der Gnade oder Ungnade der Sieger ausgeliefert. Doch selbst jetzt, am Nachmittag des 7. Mai 1945, drückten ihn weder Reue noch Zweifel, wenn er an die vergangene Zeit als »treuester Paladin« Hitlers zurückdachte. Bevor er auf Einladung Stacks in dessen Wagen stieg, raunte er einem der umstehenden Offiziere zu: »Wenigstens zwölf Jahre lang anständig gelebt!«

Hermann Wilhelm Göring wurde am 12. Januar 1893 im Sanatorium Marienbad in der Nähe der oberbayerischen Stadt Rosenheim geboren. Seine Mutter Franziska Göring, geborene Tiefenbrunn, war weit gereist, um ihr viertes Kind in der Geborgenheit der bayerischen Heimat zur Welt zu bringen. Sechs Wochen später ließ sie den Säugling in der Obhut einer Freundin in Fürth zurück und verließ Deutschland in Richtung Karibik, wo ihr Mann und die übrigen Kinder auf sie warteten. Die beschwerliche Reise und die schwierigen klimatischen Bedingungen vor Ort wollte die Mutter dem Neugeborenen nicht zumuten. In den folgenden drei ersten Jahren seines Lebens bekam Hermann weder sie noch seine Geschwister, noch seinen Vater zu Gesicht. Als die Eltern ihn nach der Rückkehr zu sich holten und die Mutter sich zum ersten Mal zu ihm hinabbeugte, schlug der Dreijährige ihr mit den kleinen Fäusten ins Gesicht. Es sei dies seine erste Kindheitserinnerung, erklärte Göring später im Gefängnis dem amerikanischen Gerichtspsychologen Gustave Gilbert.

Kindheit und Elternhaus Hermann Görings wichen in vieler Hinsicht von der Norm ab. Sein Vater, Dr. Heinrich Ernst Göring, war bei der Geburt seines vierten Sohnes bereits 54 Jahre alt und hatte als deutscher Generalkonsul in Haiti die höchste und letzte Stufe seiner Laufbahn erklommen. Erst spät hatte es den promovierten Juristen in den konsularischen Dienst verschlagen, und vermutlich dürfte das Abenteurerblut, das im Sohn so reichlich floss, bereits im Vater pulsiert haben. Begonnen hatte Dr. Göring zunächst die solide Laufbahn eines richterlichen Beamten. In ihr war er bis zum Landgerichtsrat aufgestiegen, als ihn – ähnlich wie seinen Sohn später – ein harter Schicksalsschlag traf. 1879 verlor er seine erste Frau Ida im Kindbett. Obwohl der vierzigjährige Witwer vier Kinder im Alter von wenigen Tagen bis zu neun Jahren zu versorgen hatte, nahm er wenige Jahre später die Stelle eines »Ministerresidenten« in der gerade erst gegründeten Kolonie Deutsch-Südwestafrika an – wahrlich alles andere als ein Routineposten, galt es doch, die Verwaltung dieser ersten deutschen Kolonie unter seiner Leitung überhaupt erst aufzubauen.

Der frisch gebackene Kolonialbeamte bereitete sich auf doppelte Weise vor: zum einen, indem er im Auftrag des Reichskanzlers Bismarck nach London reiste, um sich im Zentrum des größten Kolonialreichs der Welt mit seinem neuen Aufgabenfeld vertraut zu machen, und zum anderen, indem er ebendort am 26. Mai 1885 die gut 20 Jahre jüngere Franziska Tiefenbrunn heiratete – eine gebürtige Münchnerin aus bescheidenen Verhältnissen, die ihm nach London gefolgt war. Neben der bezeugten Attraktivität der jungen Frau, seinem Wunsch, die Kinder aus erster Ehe im neuen Land versorgt zu sehen, hatten unübersehbare Notwendigkeiten die Ehe der ungleichen Partner beschleunigt: Bereits drei Monate nach der Hochzeit kam ihr erster Sohn zur Welt,

Das Grausamste, was einem Kind passieren kann, ist die Trennung von der Mutter in den ersten Lebensjahren.
Göring

»Alles andere als ein Routineposten«: Heinrich Göring (rechts) und seine Frau Franziska (sitzend) mit ihrem ersten Sohn Karl Ernst und deutschen Marineoffizieren

den die Frischvermählten auf den Namen Karl Ernst tauften. Zwei Töchter, Olga und Paula, folgten in kurzen Abständen, dann wurde Hermann geboren und schließlich als letztes Kind sein jüngerer Bruder Albert. Als Zweitjüngster wuchs Hermann Göring im Kreis von neun Geschwistern und Halbgeschwistern auf. Benannt wurde er nach seinem Patenonkel, dem jüdischstämmigen Arzt Dr. Hermann Epenstein, den die Eltern während ihres fünfjährigen Aufenthalts in Südwestafrika kennen gelernt hatten. Den Zweitnamen Wilhelm erhielt der Knabe nach dem vom Vater hochverehrten deutschen Kaiser.

1896 kehrte Heinrich Göring mit der Familie aus Haiti zurück, um sich vorzeitig pensionieren zu lassen – vermutlich hatten die langen Jahre unter schwierigen klimatischen und hygienischen Bedingungen die Gesundheit des jetzt achtundfünfzigjährigen Diplomaten beeinträchtigt. Die Görings

»Das Grausamste, was einem Kind passieren kann«: Hermann Göring (zweiter von links) vereint mit seiner Mutter und seinen Geschwistern im Jahr 1899

ließen sich zunächst in Berlin nieder, wohin sie nun auch Hermann holten, der auf diese Weise zum ersten Mal mit seiner Familie vereint war. In den nächsten beiden Jahren wohnte Hermann mit der neuen Großfamilie im Berliner Vorort Friedenau in der Fregestraße. Das Haus gehörte seinem Patenonkel Dr. Hermann Epenstein, der die Familie Göring nach ihrer Rückkehr unter seine Fittiche genommen hatte. Nur zu gerne hatten Görings Eltern, die von einer Beamtenpension eine vielköpfige Kinderschar zu unterhalten hatten, das Angebot ihres wohlhabenden Freundes angenommen, in einem seiner zahlreichen Häuser mietfrei wohnen zu dürfen.

Viele der Eigenschaften, die Hermann Göring prägten, sind dem unheilvollen Einfluss seines Patenonkels zugeschrieben worden, der nun in sein Leben trat. Und in der Tat: Der Hang zur pompösen Eitelkeit, die Lust an Macht und Reichtum um ihrer selbst willen, der Drang, die Ritterträume der Kindheit als Erwachsener auszuleben – all diese Facetten stammen eher aus dem Charakterbild Epensteins als aus dem von Görings Vater, der als preußischer Beamter stets korrekt seine Pflichten erfüllt hatte. Als Sohn einer zum evangelischen Glauben konvertierten jüdischen Familie, die in Berlin enormen Grundbesitz besaß, war Epenstein nie gezwungen gewesen, seinen erlernten Beruf als Arzt tatsächlich auszuüben. Der überzeugte Junggeselle reiste lieber durch die Welt und genoss das Leben. 1894 erfüllte er sich seinen Jugendtraum und kaufte Schloss Mauterndorf in Österreich, nahe der bayerischen Grenze. Mit viel Geld ließ er die einstige Burg der Fürstbischöfe von Salzburg, die zur Ruine verkommen war, in altem Glanz wiedererstehen. Für seine Bemühungen, unterstützt durch wohlplatzierte soziale Spenden, wurde er vom österreichischen Kaiser 1910 in den Adelsstand erhoben und durfte sich fortan »Ritter von Epenstein« nennen. Die Restaurierung alter Gemäuer wurde zur Lebensaufgabe Epensteins. Im November 1897, ein Jahr nach der Übersiedlung der Görings nach Berlin, erwarb er zusätzlich zu Mauterndorf noch die verfallene Burg Veldenstein unweit von Nürnberg. Auch sie ließ er in den nächsten 16 Jahren mit großem Aufwand renovieren.

Die Burgenleidenschaft ihres reichen Gönners hatte große Folgen für die Zukunft der Familie Göring. 1898 bot Epenstein ihnen die Burg Veldenstein als neuen Wohnsitz an. Wahrscheinlich war ihm daran gelegen, die Renovierungsarbeiten in seiner Abwesenheit nicht unbeaufsichtigt zu wissen. Nicht so eindeutig sind die Gründe, die Görings Eltern bewogen, das Angebot anzunehmen und aus der Hauptstadt in die fränkische Provinz zu ziehen. Sicher war der Vorteil mietfreien Wohnens für die Großfamilie nicht zu unterschätzen, vielleicht aber überkam den Vater noch einmal die Abenteuerlust, die ihn einst dazu getrieben hatte, sich für den Kolonialdienst zu entscheiden. Von 1898 bis zu ihrer unfreiwilligen Abreise im Jahr 1912 lebten die Görings in einer mittelalterlichen Burg – der Traum eines jeden Jungen. Für Hermann Göring wurde Veldenstein die eigentliche Heimat, die Burg prägte seine Vorstellung vom standesgemäßen Wohnen, das er später in seinem pompösen Herrensitz »Carinhall« als Bauherr umsetzte. Auf den Zinnen »seiner Burg« träumte er von Rittern und Prinzessinnen, posierte als Burengeneral und Robin Hood. »Sie müssen nach Burg Veldenstein kommen«, erklärte seine Schwester Olga später, »wo er seine romantische Jugend verbrachte, die Sagen las und Ritter spielte, tagaus, tagein. Dort werden Sie ihn verstehen können.«

Weniger ritterlich und edelmütig spielte sich das Eheleben der Görings in den alten Gemäuern ab. Dr. Epenstein hatte sein Angebot nicht ohne

Oben: »Unheilvoller Einfluss«: Görings Patenonkel Epenstein (Bildmitte mit Hut) lebte dem kleinen Hermann (links) ein feudales Leben vor
Unten: »Sie müssen nach Burg Veldenstein kommen«: Das alte Gemäuer war die Heimat Görings in seinem ersten Lebensjahrzehnt

In einer Beziehung konnte man sich auf Hermann verlassen. Wenn er einen Menschen zu seinem Helden gemacht hatte, dann hielt er zu ihm durch dick und dünn.

Hans Thirring, Kinderfreund Görings

Hintergedanken gemacht. In der Burg grenzte sein luxuriöses Schlafgemach direkt an das von Hermanns Mutter Franziska – der Gatte und die Kinder wurden diskret in einem anderen Teil des weiträumigen Gebäudes einquartiert. Weilte die Familie zu Besuch auf Schloss Mauterndorf, so musste der Generalkonsul a.D. sogar mit einem Haus abseits des Schlosses und seiner Gattin vorlieb nehmen. Mehr oder minder offiziell lebte Franziska Göring in den nächsten anderthalb Jahrzehnten als Geliebte Epensteins – unter stillschweigender Duldung ihres Ehemanns. Von dem tatkräftigen Kolonialbeamten, der Deutsch-Südwestafrika mit aufgebaut hatte, war wenig geblieben. Kränkelnd und vorzeitig gealtert, fand Hermanns Vater sich mit einem Schattendasein als gehörnter Ehemann an der Seite seiner jüngeren Gemahlin ab. Erst als die Liebe zwischen dem »Ritter« und dem »Burgfräulein« verebbte, kam es nach Zwistigkeiten zum schroffen Bruch. Im Streit mit dem einstigen Wohltäter verließ das Ehepaar Göring gemeinsam Burg Veldenstein und siedelte 1912 nach München über. Im Jahr darauf, am 7. Dezember 1913, starb Heinrich Göring und wurde auf dem dortigen Waldfriedhof begraben. Hermann Görings Mutter Franziska wohnte als Witwe weiter in München.

Bekannt geworden ist nur wenig von dem pikanten Dreiecksverhältnis zwischen Epenstein und Görings Eltern, noch weniger davon, wie ihr Sohn Hermann über dieses Verhältnis dachte. Mag er auch heimlich unter dem offenen Ehebruch der Mutter oder der stillen Duldung des kränklichen Vaters gelitten haben, seiner Bewunderung für den Patenonkel hat dies offenbar keinen Abbruch getan. Nicht der preußisch-pflichtbewusste Vater, der nur noch ein Schatten seiner selbst war, wurde zum Leitbild des Heranwachsenden, sondern der prunksüchtige Lebemann Epenstein, der die ihm durch Reichtum verliehene Macht in vollen Zügen genoss. Bis zu dessen Tod im Jahr 1934 blieb er in Kontakt mit seinem Paten und betrachtete sich als dessen eigentlichen Erben. 1938 und 1939, auf dem Höhepunkt seiner Macht, brachte er Veldenstein und Mauterndorf tatsächlich in seine Hand. »Es stammt aus dem Besitz meiner Familie«, antwortete er stolz, als die Amerikaner ihn nach der Festnahme nach der Herkunft seines Schlosses Mauterndorf befragten.

Der junge Göring war ein schwieriger, eigenwilliger Schüler. In den ersten vier Jahren besuchte er die Volksschule im fünfzig Kilometer entfernt gelegenen Fürth. Danach schickte ihn der Vater auf ein Internat nach Ansbach. Die Tren-

»Begeisterung für alles Militärische«: Göring als Kadett in Karlsruhe (Foto aus dem Jahr 1907)

nung von Familie und Burg führte beim elfjährigen Gymnasiasten zur offenen Rebellion. Er erwies sich als aufmüpfig, lernte schlecht und rückte ohne Erlaubnis aus der Schule aus, um nach Veldenstein zurückzukehren. Bereits nach einem Jahr mussten ihn die Eltern von der Schule nehmen. Mit Hilfe Epensteins, der über gute Beziehungen verfügte, brachten sie ihn in einer Kadettenanstalt in Karlsruhe unter. Hier war er noch weiter von Veldenstein entfernt, die Erziehung noch strenger, aber es ging dabei militärisch zu. Ziel der Anstalt war, zukünftige Berufsoffiziere heranzubilden. Die Kadetten trugen Uniform und galten als Soldaten. Exerzierstunden mit und ohne Gewehr, Reit- und Fechtunterricht standen ebenso auf dem Stundenplan wie Deutsch, Geschichte, Mathematik und Physik. Glockenschläge trieben die Schüler zum »Dienst«, der Vor- und Nachmittage bis auf knappe Pausen ausfüllte und für Kinderspiele kaum Zeit und Raum ließ. Die Schule war zugleich Internat; nur am Wochenende bekamen die Schüler – bei gutem Betragen – einige Stunden Ausgang. In dieser militärischen Atmosphäre scheint sich der junge Hermann Göring von Anfang an wohl gefühlt zu haben; sie entsprach seiner Begeisterung für alles Militärische und nährte seine Hoffnung auf frühes Heldentum.

Robust und selbstbewusst, wie er war, scheinen ihn die üblichen Rohhei-

»Göring war ein vorbildlicher Schüler. Er hat Eigenschaften entwickelt, mit denen er es zu etwas bringen wird. Er scheut sich nicht, ein Risiko einzugehen.«

Abschlusszeugnis Görings der Kadettenanstalt Karlsruhe, 1909

ten des Kadettenlebens, mit denen ältere Schüler die ihnen anvertrauten jüngeren »Schützlinge« abzurichten und nicht selten zu quälen pflegten, wenig angetan zu haben. Offenbar ohne Widerwillen ertrug er die strenge Schuldisziplin. Er bewährte sich und wechselte 1909 in die Königlich-Preußische Kadettenanstalt in Berlin-Lichterfelde, die er im März 1911 als Fähnrich abschloss. In Latein, Französisch und Englisch erhielt er ein »Ziemlich gut«, in Planzeichnen und -lesen ein »Gut«, in Deutsch, Geschichte, Mathematik und Physik ein »Sehr gut« und ein »Vorzüglich« in Erdkunde. Gesamtergebnis: »Vorzüglich«. »Euer Hochwohlgeboren teile ich sehr ergebenst mit, dass Ihr Sohn Hermann das Fähnrichexamen mit dem Prädikat ›Vorzüglich‹ und dem Vermerk einer allerhöchsten Belobigung bestanden hat«, schrieb die Schule dem stolzen Vater. Für den achtzehnjährigen Musterkadetten scheint die anschließende Berufswahl eine Selbstverständlichkeit gewesen zu sein: Er wollte Soldat werden. Sein exzellenter Abschluss verschaffte ihm eine Planstelle in einem Infanterieregiment. Mit Patent vom 22. Juni 1912 wurde er zum Leutnant befördert und erhielt im Januar 1914 einen Posten als Bataillonsadjutant im Regimentsstab des 4. Badischen Infanterieregiments Nr. 112 »Prinz Wilhelm«. Eine verheißungsvolle militärische Karriere lag vor ihm. »Wenn ein Krieg ausbricht«, erklärte er den Schwestern selbstbewusst, »werde ich dem Namen Göring bestimmt Ehre machen.«

Schon bald erhielt er Gelegenheit, seine Ankündigung in die Tat umzusetzen. Den Ausbruch des Ersten Weltkriegs im August 1914 erlebte er mit seinem Regiment im elsässischen Mülhausen, das damals zum Deutschen Reich gehörte. Hier nahm er an einigen kleineren Gefechten teil, aber schon nach wenigen Wochen im Einsatz erkrankte er an Gelenkrheumatismus und musste sich im September 1914 in einem Freiburger Krankenhaus behandeln lassen. Der nicht eben verheißungsvolle Anfang wurde zum Startpunkt einer steilen Karriere. In Freiburg lernte Göring den gleichaltrigen Leutnant Bruno Loerzer kennen, einen Heeresoffizier, der gerade eine Ausbildung zum Piloten bei der jungen kaiserlichen Fliegertruppe absolvierte und Göring für die Abenteuer der Lüfte begeisterte. Nach der 1938 erschienenen, autorisierten Biographie von Erich Gritzbach bewarb Göring sich als Flieger und flog – als seine Versetzung abgelehnt wurde – unbeirrt und auf eigene Faust als Flugbeobachter bei Loerzer mit. Nur haarscharf, so die Biographie weiter, sei der eigenwillige Leutnant an einem mehrwöchigen Arrest vorbeigeschrammt. Ob die Anekdote wahr ist oder lediglich den frühen »heldischen« Willen des Protagonisten bekunden soll, ist unklar. Die Personalakte Görings enthält nur den nüchternen Passus: »Am 16. Oktober 1914 zur Ausbildung als Beobachter zur Fliegerersatzabteilung 3 nach Darmstadt kommandiert.«

Wenn ich oben in der Luft bin und auf die Erde hinunterblicke, dann komme ich mir erst richtig lebendig vor. Dann fühle ich mich wie ein kleiner Gott.
Göring

In den nächsten sieben Monaten unternahm Göring an der Seite Loerzers Erkundungsflüge an der Westfront: in den Argonnen und bei Verdun. Seine Aufgabe in den primitiven Maschinen erforderte Mut und Schwindelfreiheit. Die Beine gegen die Seitenwand seines Sitzes geklemmt, musste er sich weit herauslehnen, um mit einem schweren Fotoapparat Bilder von den feindlichen Stellungen am Boden zu machen. Die Aufnahmen brachten ihm erstmals Anerkennung von ganz oben ein. Laut Kriegstagebuch seiner Einheit durfte er seine Bildmeldungen mehr als einmal »persönlich« an den Gefechtsständen des Korps abliefern. Am 25. März 1915 empfing er für eine wichtige Meldung gemeinsam mit Loerzer aus der Hand des Kronprinzen das Eiserne Kreuz erster Klasse. Der schneidige Leutnant mit dem scharf geschnittenen Gesicht und den breiten Schultern machte Eindruck im Offizierskasino des Kronprinzen, wo er ein gern gesehener und regelmäßiger Gast wurde. Schnell wurde ihm dabei bewusst, dass dem Ruhm eines Beobachters Grenzen gesetzt waren. Als die ersten Fokker-Kampfeinsitzer für die Front fertiggestellt waren, bewarb Göring sich als Pilot. Ab 1. Juli 1915 wurde er auf der Fliegerschule Freiburg im Schnellverfahren ausgebildet; bereits Anfang Oktober flog er seinen ersten Kampfeinsatz.

Er hätte keinen besseren Weg wählen können, um sich einen Namen zu machen. Die Männer der neuen Fliegertruppe waren die Helden der Nation. Während auf den Schlachtfeldern Flanderns Hunderttausende im Kampf um wenige Meter Boden krepierten, beschworen die Flieger die Erinnerung an ritterliche Kämpfe Mann gegen Mann. Hoch über dem Schlamm der Schützengräben fochten sie mit ihren primitiven Maschinen, auf die Maschinengewehre montiert waren, tödliche Duelle aus. Über die unsichtbare Front hinweg verband die Kombattanten das Gefühl, einem elitären Club anzugehören. Fiel ein abgeschossener Offizier dem Gegner in die Hände, so lud man ihn nicht selten in das Offizierskasino ein, bevor man ihn ins Gefangenenlager brachte. Fliegerasse wie Manfred von Richthofen, der legendäre

Oben: »Anerkennung von ganz oben«: Flugbeobachter Göring und Pilot Loerzer posieren vor ihrem Doppeldecker Marke »Albatros«, Juni 1915
Unten: »Kampfeslustige Elite«: Nach dem Tod Manfred von Richthofens (im Führersitz) übernahm Göring (Bildmitte, unter Richthofen) das Kommando über den »Richthofen-Zirkus«

Oben: »Ich will kein Alltagsmensch sein«: Göring, der es auf 15 Abschüsse gebracht haben soll, am Steuer seines Jagdflugzeugs
Unten: »Wie ein kleiner Gott«: Die Verleihung des »Pour le Mérite« steigerte Görings Selbstbewusstsein ins Unermessliche

»Rote Baron«, wurden gefeiert wie Fußballstars, ihre Abschusszahlen von begeisterten Jugendlichen wie Spielergebnisse notiert. In diesem Kreis machte sich Göring als Draufgänger einen Namen. Als er im Mai 1917 zum Führer der Jagdstaffel 27 ernannt wurde, hatte er acht offizielle Abschüsse auf seinem Konto; im November des Jahres waren es bereits 15. Nicht alle Abschüsse, die Göring für sich reklamierte, wurden anerkannt. In der Hektik der Kämpfe, in die meist mehrere Flieger verwickelt waren, war es schwierig auszumachen, wer welchen Gegner getroffen hatte und ob dieser auch wirklich abstürzte. Oder es war kein Beobachter in der Nähe, der den Abschuss bestätigen konnte. Manches blieb Spekulation. Sein Fliegerkamerad und Freund Bruno Loerzer erzählte viele Jahre später, Göring habe seine Erfolge bewusst übertrieben und ihm, Loerzer, zu Gleichem geraten, weil man sonst nicht weiterkomme. Doch auch wenn Göring sich zuweilen mit fremden Federn schmückte, an der Gesamtbilanz seiner Kriegsjahre dürfte dies wenig ändern: Er war ein mutiger und erfolgreicher Jagdflieger.

In diese Zeit fallen auch die ersten ernsteren Beziehungen zum anderen Geschlecht. Aus einem Blockhaus bei Stenay schickte der schneidige Fliegerleutnant Anfang 1915 Liebesgrüße an die junge Alwine Schulte-Vels: »Ich habe freiwillig den Wachdienst übernommen, um allein zu sein und besser an Dich denken zu können. Hier kann ich so schön von Dir träumen und an die Zukunft denken.« Er war glücklich verliebt und träumte davon, sich der Angebeteten als Held zu präsentieren. »Zum Stubenhocker passe ich doch gar nicht«, spielte er sich selbstbewusst vor der Freundin auf, »meine Gebirgstouren waren schon stets die gefahrvollsten. Aber nicht wahr, Du fürchtest Dich doch auch nicht und machst alles mit. Ich will kein Alltagsmensch sein. Kampf ist und bleibt für mich die Lebensbedingung, sei es in der Natur oder mit den Menschen. Ich will aus der Menschenherde herausragen, nicht ich werde ihnen, sondern alle sollen mir folgen. Das walte Gott.« Zu einer offiziellen Verlobung kam es nicht, ebenso wenig mit Marianne Mauser, die Göring im Jahr darauf heiraten wollte. Beide Male waren es offenbar die Schwiegereltern in spe, die sich einer Kriegsheirat erfolgreich widersetzten – das Leben eines Helden der Lüfte mochte glorreich sein, aber mitunter sehr kurz. Tiefe Narben scheinen beide Enttäuschungen nicht hinterlassen zu haben. Das Leben des jungen Offiziers war erfüllt mit Gefahr, Romantik und wachsender Anerkennung, wie er es sich erträumt hatte. Der Göring der Kriegsjahre, so scheint es, war glücklich trotz des tausendfachen Sterbens um ihn herum.

Am 2. Juni 1918 erhielt er nach 18 anerkannten Luftsiegen den höchsten deutschen Orden für besondere Tapferkeit, den Pour le Mérite. Eine frühe Filmaufnahme zeigt, wie Kaiser Wilhelm II. dem Fünfundzwanzigjährigen persönlich die Auszeichnung überreicht. Zum Helden geadelt, trug Göring den so genannten »Blauen Max« von nun an ebenso stolz zur Schau wie ein anderes Statussymbol: den Spazierstock des legendären »Roten Barons« Manfred von Richthofen. Nachdem dieser im Einsatz ums Leben gekommen war, übernahm Göring im Juli 1918 mit dem Stock das Kommando über Richthofens Geschwader, das als »Richthofen-Zirkus« weit über die Grenzen des Deutschen Reichs Berühmtheit erlangt hatte.

»Auf Befehl des Oberkommandierenden der deutschen Streitkräfte wird Leutnant Hermann Wilhelm Göring, ... gegenwärtiger Kommandeur der Jagdstaffel 27, zum Kommandeur des Jagdgeschwaders Freiherr von Richthofen Nr. 1 ernannt.«

Ernennungsbefehl Görings, 7. Juli 1918

Bis zuletzt kämpfte die Elite der deutschen Jagdflieger unter hohen Verlusten gegen die feindliche Übermacht am Himmel an. Doch kein Abschuss traf die Truppe so schwer wie die plötzliche Nachricht vom Waffenstillstand im November 1918. Niemals konnte Göring sich damit abfinden. Im Ratskeller von Aschaffenburg versammelte er die Offiziere seines Geschwaders ein letztes Mal um sich: »Wir werden gegen die Mächte kämpfen, die uns versklaven wollen, und wir werden siegen«, kündigte er zum Schluss seiner Ansprache an: »Die gleichen Eigenschaften, die das Geschwader Richthofen groß gemacht haben, werden sich im Frieden ebenso durchsetzen wie im Kriege. Unsere Zeit wird wieder kommen.« Nach diesen Worten hob er sein Glas: »Meine Herren, ich trinke auf das Vaterland und das Geschwader Richthofen.« Als er ausgetrunken hatte, warf er sein Glas zu Boden, und alle folgten seinem Beispiel. Er war jetzt 25 Jahre alt, ein Kriegsheld – ausgezeichnet mit dem höchsten deutschen Orden. Und er war zugleich ohne Arbeit, Geld und Perspektive – ein Mann, der nur für das ausgebildet war, was er jetzt nicht mehr sein durfte: Soldat.

Der Putschist

Das Fliegerass a.D. suchte in den Monaten nach Kriegsende Unterschlupf bei seiner verwitweten Mutter in München. Wie noch oft in seinem Leben war es sein Ruhm als Jagdflieger, der ihm weiterhalf. Anfang 1919 flog Hermann Göring als Repräsentant der Fokker-Flugzeugwerke zu einer Flugschau nach Kopenhagen. Er blieb in Skandinavien, wo er bei Flugschauen mit gewagten Kunststücken glänzte und auch bei Gesellschaften eine gute Figur machte. Der einstige Kriegsheld verdingte sich als Vertreter für eine Fallschirmfirma und kam schließlich bei der schwedischen Fluglinie Svenska Lufttrafik als Pilot unter. Reiche Schweden zahlten für das Privileg, sich vom letzten Kommandeur des berühmten Richthofen-Geschwaders durch die Lüfte kutschieren zu lassen. Am 20. Februar 1920 flog er den bekannten schwedischen Forschungsreisenden Graf Eric von Rosen von Stockholm zu dessen 70 Kilometer südwestlich gelegenem Landgut Rockelsta. Das Wetter war stürmisch, und nur mit Mühe gelang es Göring, das Flugzeug sicher auf dem zugefrorenen Bavensee in der Nähe des Schlosses zu landen. Da an einen Rückflug nicht zu denken war, nahm er gerne die Einladung des Grafen an, die Nacht auf dem Landsitz zu verbringen.

Im Schloss war gerade die Schwägerin des Grafen zu Gast, Carin von Kantzow. Die dreiunddreißigjährige, schwärmerisch veranlagte Adelstochter war mit einem schwedischen Offizier eher unglücklich verheiratet und hatte einen Sohn. Für die Offiziersgattin und den Flieger war es ein schicksalhaftes Zusammentreffen. Eine Schwester Carins, Fanny Gräfin von Wilamowitz-Moellendorf, beschrieb das erste Kennenlernen ziemlich schwülstig als ein Aufeinandertreffen wahlverwandter Seelen: »Hermann Göring stand vor dem offenen Kamin und sah in die Flammen hinein. … Die Treppe hinunter kommt eine hohe Gestalt, eine Frau mit edler körperlicher Haltung, die Schwester der Hausfrau: Carin. Ihre tiefen blauen Augen begegnen Hermann Görings suchendem Blick. … Schweigend und ehrfurchtsvoll stand er da. Ihm war, als hätte er sie immer gekannt. Eine solche Liebe kann nicht erklärt oder besprochen werden. Auch sie lebte im Blute, in der Seele! Lange saß man zu Tisch an jenem Abend. … Bis spät in die Nacht blieb man noch beisammen. … Viel hat Hermann Göring mit Carin an diesem Abend nicht sprechen können. Dazu war ihm die Seele zu bewegt.«

Die Liebesaffäre zwischen dem Deutschen und der fünf Jahre älteren Offiziersgattin geriet zum Skandal der schwedischen Gesellschaft. Ohne Rücksicht auf Mann und Sohn reiste Carin im Sommer 1920 nach Deutschland, wo sie und ihr »einziger ewig Geliebter« die Sommerfrische in einem Ferienhaus in Bayrischzell genossen. Zurück in Schweden, beichtete sie ihrem gehörnten Ehemann die neue Liebe. Der war bereit, die Eskapade zu vergessen, wenn sie zu ihm zurückkehre, doch Carin weigerte sich entschieden. »Immer mehr erkenne ich, wieviel Du mir bedeutest«, schrieb sie an Göring. »Ich liebe Dich so

Er ist der Mann, von dem ich immer geträumt habe.

Carin von Kantzow nach der ersten Begegnung mit Göring

Links: »Eine hohe Gestalt, eine Frau mit edler körperlicher Haltung«: Carin von Kantzow mit ihrem Sohn Thomas
Rechts: »Wie Tristan und Isolde«: Carin und Hermann Göring im Jahr 1922 in Österreich

sehr. Du bist alles für mich. Es gibt niemanden, der so ist wie Du, für mich bist Du in jeder Hinsicht mein Ideal. Alles, was Du machst, ist so lieb. ... Wenn ich das alles bloß mit Küssen und Umarmungen ausdrücken könnte. Liebster!« Göring, ebenso verliebt wie sie, bedrängte Carin, ihren Mann zu verlassen und mit ihm nach Deutschland zu gehen. Diese willigte zum Entsetzen ihrer Eltern ein und ließ ihren achtjährigen Sohn Thomas beim Vater zurück. Im Sommer 1921 übersiedelte sie mit Göring nach Bayern, wo sich das Paar ein Haus in der Reginbaldstraße in München-Obermenzing kaufte. Nachdem Carins Scheidung rechtskräftig geworden war, wurde am 3. Februar 1923 im Standesamt von Obermenzing die Ehe geschlossen. Für beide begann ein neuer Abschnitt ihres Lebens.

In der Republik von Weimar war einem dreißigjährigen Hauptmann a.D. eine ungewisse Zukunft beschieden. Mehr aus Verlegenheit als aus Neigung immatrikulierte sich Göring an der Universität München in den Fächern Geschichte und Volkswirtschaft, ohne sich jedoch zu einem ernsthaften Studium aufraffen zu können. Stattdessen schrieb er Aufsätze über seine Erfahrungen als Jagdflieger im Krieg und versuchte, eine politische Partei ehemaliger Offiziere zu gründen. Er sehnte sich zurück nach Kameradschaft, Heldentaten und vor allem einem »starken Mann«, der Deutschland wieder zu alter Macht verhalf. Diesem »neuen Kaiser« begegnete Göring im Oktober oder November 1922 bei einer politischen Kundgebung auf dem Münchner Königsplatz. Göring hörte, wie ein Herr Hitler in seiner Nähe die Aufforderung ablehnte, auf das Rednerpodium zu kommen, um über die militärischen Beschränkungen Deutschlands infolge des Versailler Friedensvertrags zu reden. Es sei doch sinnlos, Proteste in die Welt hinauszuschreien, ohne die geringste Möglichkeit zu haben, sie mit Machtmitteln zu verwirklichen, begründete der Angesprochene seine Weigerung. Göring, der in der Nähe stand und ebenso dachte, besuchte, neugierig geworden, bald darauf das Café Neumann, wo Hitler jeden Montag seine »Sprechstunde« abzuhalten pflegte. Fasziniert lauschte er, als Hitler seinen Standpunkt wiederholte: Versailles sei eine Schande, aber ohne den Nachdruck der Bajonette bliebe jeder Protest sinnlos und Worte allein würden keinem Gegner den Schlaf rauben. Dieser Abend, behauptete Göring später, habe über sein weiteres Leben entschieden. In Hitler habe er den Anführer gefunden, der »Wort für Wort aus meinem Herzen« sprach. »Vom ersten Augenblick, da ich ihn sah und hörte, war ich ihm verfallen mit Haut und Haar.« Kurz entschlossen trat er der NSDAP bei und ließ sich bei Hitler melden. Er hatte seinen neuen Kaiser gefunden.

Sosehr Göring sich bemüht hat, seine Entscheidung für Hitler als einen Moment der Erweckung zu stilisieren, so deutlich sind doch die materiellen Motive, die seinen Weg in die NSDAP beförderten. Das Verbot einer deutschen Luftwaffe durch den Versailler Friedensvertrag versperrte ihm die ohnehin nicht sehr aussichtsreiche Aufnahme in das 100 000-Mann-Heer der Weimarer Republik. An eine Rückkehr nach Skandinavien, wo er als Pilot gut verdient hatte, war mit Carin kaum zu denken, und finanziell waren beide nicht auf Rosen gebettet. Weder er noch Carin besaßen von Haus aus Vermögen, und die Ersparnisse Görings waren kaum der Rede wert. Unklar ist, wie das Paar überhaupt das gemeinsame Leben und den Kauf des Hauses in Obermenzing finanzieren konnte. Einer Nichte seiner Frau erzählte Göring, Carin habe Geld beschafft, indem sie in ihrer Wohnung in Stockholm eine Auktion veranstaltete und alte Familienerbstücke verkaufte. Vermutlich haben auch Carins Ex-Mann und ihre Familie einen Beitrag zum Unterhalt des Paares beigesteuert. Immerhin hatten beide genug zur Verfügung, um in München halbwegs standesgemäß auftreten zu können und

Ich sagte ihm: Ich selbst und alles, was ich sei und besäße, stünden ihm vorbehaltlos zur Verfügung.

Göring über das erste Treffen mit Hitler 1922

Göring von dem unmittelbaren Druck zu befreien, einen Broterwerb suchen zu müssen. Seine Tastversuche in das zivile Leben, das Studium an der Münchner Universität, blieben zögerlich und wider Willen. Insgesamt sah die Zukunft für ihn nicht rosig aus: Er war ein arbeitsloser Soldat auf der Suche nach einem neuen Betätigungsfeld – in dieser Hinsicht war er Hitler ähnlich. Wie dieser wollte er die Chance nutzen, die sich aus dem politischen Chaos in den frühen Jahren der Weimarer Republik ergab, wie dieser hatte er nichts zu verlieren: »So war ich – ich habe ja keinen Hehl daraus gemacht – von Anfang an bereit, mich an jeder Revolution zu beteiligen, gleichgültig, wo und von wem sie ausging, außer wenn sie von links gekommen wäre«, bekannte er freimütig drei Jahrzehnte später als Angeklagter im Nürnberger Prozess.

Man hat mich auf ihn aufmerksam gemacht. Einige Male war er schon im Sprechabend gewesen, er hat mir gefallen. Ich habe ihn dann zum Führer meiner SA gemacht.
Hitler

Auf der anderen Seite ergriff Hitler gerne die Hand, die ihm Göring entgegenstreckte. »Großartig! Ein Kriegsheld mit dem Pour le Mérite – stellen Sie sich vor! Ausgezeichnete Propaganda!«, frohlockte er in vertrauter Runde über den Neuzugang. Auch Görings Kontakte zu den besseren Kreisen der Gesellschaft dürften ihn beeindruckt haben. Die Gegenwart der attraktiven Ehefrau aus echtem schwedischem Adel wirkte wie ein Katalysator für gewisse Eigenschaften Görings, die den Fliegerhauptmann und letzten Kommandeur des »Jagdgeschwaders Richthofen« ohnehin von einem typischen, gewöhnlichen Parteimitglied der NSDAP unterschieden. Aus gutem Hause, weit gereist und mit Beziehungen zumindest in das Vorfeld der guten Gesellschaft, stach Göring aus der Gefolgschaft Hitlers als »Weltmann« hervor. Görings Ansehen versprach Nutzen für die Partei. Der joviale Ordensträger und der fanatische Demagoge – es war wie ein Teufelspakt. Als Hitler dem neuen Gefolgsmann im Frühjahr 1923 die Führung der »Sturmabteilungen« (SA) übertrug, gelobte der gerührt: »Ich vertraue Ihnen im Guten wie im Bösen mein Schicksal an, auch wenn es mich mein Leben kosten sollte.«

Hitlers Partei und Programm interessierten Göring nur am Rande, auch dem glanzlosen Tagesgeschäft als SA-Chef konnte er nur wenig abgewinnen. Zwar machte er aus der verlotterten Sturmabteilung binnen kurzem eine schlagkräftige Privatarmee, doch lieber wandte er sich den angenehmen Seiten des Lebens zu, ließ sich seine erste Phantasieuniform schneidern und zog verächtlich über die »bayerischen Biersäufer und Rucksackträger mit engstirnigem provinziellem Horizont« in der NSDAP her. »Parteifreunde« wie

Oben: »Vom ersten Augenblick, da ich ihn sah und hörte, war ich ihm verfallen mit Haut und Haar«: Rede Hitlers in München, Januar 1923
Unten: »Auf Befehl des Führers marschieren«: Der ehemalige kaiserliche »Generalquartiermeister« Ludendorff (mit Pickelhaube) und SA-Chef Göring im September 1923

Rudolf Heß oder Alfred Rosenberg behandelte er mit herablassendem Ton, und so verwundert es kaum, dass Göring in der Partei ohne Hausmacht blieb. Ideologie war für ihn »Krams«. Seine Partei hieß Adolf Hitler. Für ihn war er bereit, sein Leben zu riskieren. Mit ihm wollte er an die Macht.

Wenn ich 1923 vor meinen SA-Männern sprach, da konnte ich nicht viel über Diplomatie sprechen. Das hätten sie nie verstanden, sondern die Frage war ganz einfach: »Los von Versailles«.
Göring, Aussage in Nürnberg

Die Krise des Jahres 1923 schien die Erfüllung seiner Träume in die Nähe zu rücken. Im Januar rückten französische und belgische Soldaten ins Ruhrgebiet ein. Paris und Brüssel wollten sich offiziell nur ein Faustpfand sichern, da Deutschland mit seinen Reparationszahlungen in Rückstand geraten war. Unter der Hand jedoch erhofften französische Politiker, denen der Versailler Friedensvertrag zu mild ausgefallen war, das revanchistische Deutschland auf diesem Wege dauerhaft zu schwächen. Mit militärischen Mitteln sollte das wichtigste deutsche Industriegebiet zunächst wirtschaftlich und dann auch politisch vom übrigen Reich getrennt werden. In Deutschland erhob sich ein einhelliger Aufschrei der Empörung. Die Reichsregierung rief die Bevölkerung des Ruhrgebiets zu passivem Widerstand gegen die Besatzer auf. Die Produktion wurde eingestellt. Da mit der Arbeit auch Lohn und Gewinn entfielen, mussten die Arbeiter und Unternehmer des Ruhrgebiets vom Staat unterstützt werden. Dies geschah durch eine rücksichtslose Aktivierung der Notenpresse. In der Folge schnellte die Inflation in astronomische Höhen. Ende 1923 kostete ein amerikanischer Dollar bereits 4,2 Billionen Mark. Die deutsche Währung war praktisch wertlos geworden. Das Reich schlitterte in eine politische Krise, welche die Existenz der Republik bedrohte. In Sachsen und Thüringen kam es zu kommunistischen Aufständen.

Inmitten der Krise ernannte der bayerische Ministerpräsident im September 1923 Dr. Gustav von Kahr zum Generalstaatskommissar mit diktatorischen Vollmachten. Dieser übernahm gemeinsam mit dem Befehlshaber im Wehrkreis VII (Bayern), General Otto von Lossow, und dem Chef der Landespolizei, Oberst von Seisser, die eigentliche Macht in Bayern. Das adlige Triumvirat knüpfte intensive Beziehungen zu Hitler und anderen völkischen Parteien, die sich in den »vaterländischen Verbänden« sammelten. Ursprünglich ging es darum, dass die SA und andere paramilitärische Verbände die Reichswehr verstärken sollten, wenn, wie erwartet, der passive Widerstand gegen die Besatzer in einen aktiven übergehen würde. Als in Berlin die Regierung Stresemann notgedrungen Verhandlungen mit den Siegermächten aufnahm und den passiven Widerstand an der Ruhr beendete, wurde sie selbst Ziel der rechten Aufrüstung in Bayern. Unter dem Codenamen »Herbstausbildung« wurden ab Ende Oktober SA-Männer in den Kasernen der Reichswehr und Landespolizei ausgerüstet und ausgebildet.

Göring war in diesen Monaten ganz in seinem Element. Im April nahm er gemeinsam mit Hitler eine erste große Parade der SA ab. Stolz schrieb seine Frau ihrem Sohn in Stockholm: »Er hat schwer mit ihnen gearbeitet und ihnen viel von seiner eigenen Tapferkeit und seinem Mut eingeflößt, sodass der einstige Pöbelhaufen, und ich muss gestehen, manchmal ein sehr rauer und schrecklicher, wirklich zu einer Armee des Lichts, in eine Schar eifriger Kämpfer verwandelt worden ist, bereit, auf Befehl des Führers zu marschieren, um dieses unglückliche Land wieder frei zu machen ...« Inmitten des Aufbruchs fiel ein Schatten auf Görings Leben. Am 15. Juli starb seine Mutter Franziska. Bei ihrer Beerdigung auf dem Münchner Waldfriedhof holte sich seine Frau Carin eine ernste Lungenentzündung. Ihre Krankheit zwang sie zu einem längeren Genesungsurlaub in Schweden, von wo sie – gesundheitlich immer noch nicht völlig wiederhergestellt – erst im Oktober nach München zurückkehrte. Unermüdlich arbeitete unterdessen Göring an Hitlers Seite daran, die Revolution in Gang zu bringen, die ihn ganz nach oben hieven sollte. Bei der Verfolgung dieses Ziels offenbarte er schon früh sein rücksichtsloses Wesen. Am 23. Oktober 1923 beorderte er die SA-Führer zu einer Geheimsitzung in die Münchner Schellingstraße und gab ihnen als Devise für die »Offensive nach Berlin« mit auf den Weg: »Es muss mit schärfstem Terror vorgegangen werden; wer die geringsten Schwierigkeiten macht, ist zu erschießen. Es ist notwendig, dass die Führer sich schon jetzt die Persönlichkeiten heraussuchen, deren Beseitigung notwendig ist. Mindestens einer muss zur Abschreckung nach Erlass des Aufrufs sofort erschossen werden.«

Unterdessen mehrten sich die Anzeichen, dass Kahr, Lossow und Seisser kalte Füße bekommen hatten. Nach Niederschlagung der linken Aufstände hatte sich die Regierung in Berlin stabilisiert. Zwar plädierte das Triumvirat nach außen hin immer noch für eine nationale Revolution, die Deutschland von Bayern aus »sanieren« sollte, doch wollte man wieder günstigere Bedingungen abwarten. »Ich will ja marschieren«, erklärte Lossow den Führern der vaterländischen Verbände, »bevor ich aber nicht diese 51 Prozent Wahrscheinlichkeit des Erfolges in meinem Notizbuch ausrechnen kann, kann ich es nicht machen.« Diese und Hitler hingegen drängten auf sofortiges Losschlagen. Am Morgen des 7. November trafen sich die Aufrührer zur entscheidenden Sitzung, an der auch Göring teilnahm. Gemeinsam beschloss man, keine Zeit mehr zu verlieren und den Putsch bereits am nächsten Tag zum Rollen zu bringen. Doch wie Kahr, Lossow und Seisser auf ihre Seite bringen? Die Verschwörer verfielen auf eine Finte. Am Abend desselben Tages schickten sie eine Einladung an Kahr: Die vaterländischen Verbände würden sich am nächsten Tag, dem 8. November, abends im Bürgerbräukeller treffen, und man hoffe auf die Ehre, dass Herr von Kahr eine Rede an sie halten werde. Geschmeichelt sagte Kahr zu und wies seinen Pressesprecher an, Freibier für die erwarteten 3000 Zuhörer zu stiften, um die Atmosphäre freundlicher zu gestalten. Von den wahren Motiven seiner Gastgeber ahnte er nichts. Ohne zu zögern tappte er in die Falle.

Am 8. November gegen 20.34 Uhr trafen Hitler und Göring im völlig überfüllten Bürgerbräukeller ein, wo Kahr in Gegenwart von Lossow, Seisser und fast der gesamten bayerischen Regierung seine Rede bereits begonnen hatte. Während Göring zur Sicherung in der Vorhalle zurückblieb, bahnte sich Hitler in einem Keil bewaffneter SA-Männer den Weg durch die Menge bis zum Rednerpult. Als Kahr, konsterniert über diesen ungewöhnlichen Auftritt, seine Rede unterbrach, stieg Hitler auf einen Stuhl. Er begann zu sprechen, doch im aufschwellenden Lärm gingen seine Worte unter. Schließlich zog er eine Pistole aus seiner Hosentasche und feuerte einen Schuss in die Decke des Saales. In die nun eintretende Stille schrie er mit überkippender Stimme: »Die nationale Revolution ist soeben ausgebrochen. Der Saal ist von 600 Bewaffneten mit Maschinengewehren umstellt. Niemand kann hinaus!« Erstaunte und empörte Rufe wurden laut. Unbeeindruckt davon drehte sich Hitler um und erklärte, an Kahr, Lossow und Seisser gewandt: »Exzellenzen, ich muss Sie ersuchen, mit mir zu gehen. Ich garantiere für Ihre Sicherheit.« Zähneknirschend folgten ihm die drei aus dem Bürgerbräukeller hinaus.

Während Hitler draußen auf das überrumpelte Triumvirat einredete, um es zum Mitmachen zu bewegen, breitete sich innerhalb der eingeschlossenen Menge im Keller Unruhe aus. Göring erhielt den Befehl, dort wieder Ruhe und Ordnung zu schaffen. Mit offenem schwarzem Ledermantel, sodass jeder an seinem Hals den Pour le Mérite sehen konnte, den Stahlhelm auf dem Kopf, bahnte sich Göring einen Weg vor das Podium. Wie Hitler gab auch er einen Schuss in die Decke ab, um sich Gehör zu verschaffen. Niemand habe die Absicht, Kahr etwas anzutun, rief er in die Runde, es handle sich »bloß um die elende Judenschaft in Berlin, die soll beseitigt werden«. Als daraufhin schwacher Beifall aufkam, setzte er noch einen drauf: »Es rücken Reichswehr und Landespolizei bereits mit fliegenden Fahnen aus den Kaser-

»Es muss mit schärfstem Terror vorgegangen werden«: Göring als SA-Führer

nen an, um zu uns zu stoßen!«, schrie er mit erregter Stimme. Das war gelogen, machte aber den gewünschten Eindruck. Im Keller wurde es still. Leider, so fügte Göring abschließend hinzu, dürfe bis dahin niemand den Keller verlassen. »Bitte, bewahrt Ruhe! Schließlich habt ihr ja euer Bier.« Pfiffe quittierten diese letzte Bemerkung. Göring eilte hinaus, um SA-Männer einzuteilen, die für die Verpflegung der gut 5000 Menschen im Saal sorgen sollten.

Kurze Zeit später betrat Hitler wieder den Keller. Kahr, Lossow und Seisser seien so gut wie gewonnen, verkündete er der wartenden Menge. Reichspräsident und Reichsregierung seien abgesetzt, er selbst werde die Leitung der Politik in einer provisorischen Nationalregierung übernehmen. »Die Herren draußen kämpfen einen schweren Kampf. Kann ich Ihnen sagen, dass Sie sich hinter sie stellen werden?« Unter dem stürmischen Beifall, der nach seinen Worten aufbrandete, führte Hitler Kahr, Lossow und Seisser in den Saal hinein, die eine gute Miene zum bösen Spiel machten und sich zu einigen anerkennenden Worten durchrangen. Kurz nach ihnen betrat, in Hitlers Mercedes eilig herbeigeschafft, General Ludendorff die Szene. Das Erscheinen des berühmten früheren Mitglieds der Obersten Heeresleitung rief einen orkanartigen Jubel hervor. Theatralisch gab Hitler jedem auf der

Bühne die Hand. Wie auf einen Wink stimmten die 5000 Menschen im Saal das Deutschlandlied an. Der Coup schien geglückt, die Revolution in Bewegung gesetzt. Göring schickte seiner Frau, die ängstlich wartete, eine Siegesmeldung ans Krankenbett.

Wenige Stunden später war die Revolution kläglich gescheitert. Kaum hatten Kahr, Lossow und Seisser ihre Bewegungsfreiheit wiedererlangt, als sie zum Gegenschlag ausholten. Um 2.50 Uhr morgens setzten sie aus ihrem provisorischen Hauptquartier in der Türkenstraße einen Funkspruch an alle Stationen ab: »Generalstaatskommissar von Kahr, General von Lossow und Oberst von Seisser lehnen Hitlerputsch ab. Mit Waffengewalt erpresste Stellungnahme in Bürgerbräukellerversammlung ungültig. Vorsicht gegen Missbrauch obiger Namen geboten. Kahr, Lossow, Seisser.« Auf ihren Befehl rückten Reichswehr und Landespolizei aus, um die wichtigsten Gebäude der Stadt vor den Putschisten zu schützen. Währenddessen bemühten sich Hitler und Ludendorff vergeblich, mit den vermeintlichen Bundesgenossen das weitere Vorgehen abzusprechen. Bei Tagesanbruch dämmerte den Aufrührern im Bürgerbräukeller, dass sie ganz allein waren. Einige, auch Göring, plädierten nun dafür, sich nach Rosenheim zurückzuziehen und von dort aus die Revolution neu zu organisieren. Ludendorff lehnte dies aus Ehrengründen rundheraus ab, und Hitler stimmte ihm zu. Schließlich wurde beschlossen, einen friedlichen Marsch in die Münchner Innenstadt zu wagen. Er sollte demonstrieren, dass die völkische Revolution noch keineswegs am Ende war und sich nicht verkriechen musste. Gegen Mittag setzte sich der Zug vom Bürgerbräukeller aus in Bewegung. Ein genaues Ziel gab es nicht, ebenso wenig einen Plan, was dort zu tun sei. Keiner wusste, wie weit man kommen würde.

Ganz vorne im Zug, zur linken Seite Hitlers, marschierte Göring an der Spitze der SA. Über dem offenen schwarzen Ledermantel trug er den Stahlhelm mit weißem Hakenkreuz. In geordneten Kolonnen bewegte sich der Zug über die Ludwigsbrücke in Richtung Innenstadt. Unterwegs schlossen sich Sympathisanten den Putschisten an, deren Zahl auf bis zu 3000 anstieg. Am überfüllten Marienplatz wurden die Demonstranten mit Jubelrufen und patriotischen Liedern begrüßt, am Alten Rathaus hatten Anhänger sogar die Hakenkreuzfahne gehisst. Weiter ging es durch die Dienerstraße zum Max-Joseph-Platz, schließlich näherte sich die Spitze des Zuges der Feldherrnhalle, als plötzlich Schüsse fielen. Ein Kordon der Landespolizei, flankiert von gepanzerten Fahrzeugen, war dort in Stellung gegangen und hatte das Feuer auf den Demonstrationszug eröffnet. Die vordere Reihe der Mar-

Oben: »Reichswehr und Landespolizei stoßen bereits mit fliegenden Fahnen zu uns«: Marsch der NSDAP vom Bürgerbräukeller zur Feldherrnhalle, 9. November 1923
Unten: »Der Putsch war gescheitert«: Nach den Schüssen an der Feldherrnhalle. Hinter einem der Steinlöwen am Eingang versteckte sich Göring vor der Polizei

schierenden fiel getroffen oder von Verletzten und tödlich Getroffenen umgerissen zu Boden – 14 Demonstranten und vier Landespolizisten starben auf dem Platz –, die geordneten Kolonnen lösten sich in Chaos und Schreie auf. Rechts von Hitler brach der Kampfbundführer Scheubner-Richter mit einem Herzschuss zusammen und riss Hitler, der sich bei ihm eingehakt hatte, mit. Unverletzt, aber taumelnd rappelte sich der Rädelsführer hoch und rannte in dem allgemeinen Durcheinander davon. Zurück auf dem Platz, mit anderen Toten und Verwundeten, blieb ein bewegungsloser Göring; um ihn herum bereitete sich langsam eine Blutlache aus.

Seine Bewusstlosigkeit scheint jedoch nur kurz gewesen zu sein. Als er wieder erwachte, gelang es ihm, sich blutend vor den Polizisten hinter dem östlichen der beiden Steinlöwen vor der Feldherrnhalle zu verbergen. Hier fanden ihn SA-Leute und trugen ihn zur Residenzstraße 4, wo ein Arzt ihn behandeln sollte. Im Erdgeschoss wurde der verwundete Göring abgewiesen. Schließlich erbarmte sich Bella Ballin, die Frau eines jüdischen Möbelfabrikanten, der im zweiten Stock wohnte, des angeschossenen Putschisten. Sie leistete ihm Erste Hilfe und brachte ihn bei einbrechender Dunkelheit in die Klinik des mit ihr befreundeten Professors von Ach. Ihre Hilfe sollte den Ballins später noch einmal zugute kommen. Als im »Dritten Reich« Juden keine Aufträge mehr erhielten und die Ballins ihr alteingesessenes Möbelgeschäft schließen mussten, sorgte Hermann Göring persönlich dafür, dass sie beim Verkauf 1937 einen angemessenen Preis erhielten und ein Jahr später von der Vermögensabgabe befreit wurden, die allen Juden nach der so genannten Kristallnacht von Göring auferlegt wurde. Auch in den folgenden Jahren hielt er seine schützende Hand über die Familie. Mit seiner Hilfe konnten die Ballins noch am 5. März 1942, als bereits die Todeszüge mit deutschen Juden in die Vernichtungslager des Ostens rollten, über die Schweiz in die Vereinigten Staaten auswandern.

In der Klinik stellte sich heraus, dass eine Kugel Göring im Oberschenkel getroffen hatte, nur wenige Millimeter von der Schlagader entfernt. Heftige Schmerzen plagten den Verwundeten, der nicht mehr gehen konnte. Auch nachdem der Arzt die Wunde gereinigt und verbunden hatte, blieben Splitter von Kugel und Steinen zurück und führten in den nächsten Wochen zu schmerzhaften Eiterbildungen. Dann begann die Flucht vor der Polizei. Zusammen mit Carin, die von ihrem Krankenbett sofort an das ihres Mannes geeilt war, passierte Göring die Grenze nach Österreich, wo ihm die Ärzte im Innsbrucker Krankenhaus zum ersten Mal Morphium spritzten – die Droge, die ihn zum Süchtigen machte, aber die Schmerzen für kurze Zeit vergessen ließ. Das Scheitern von München hatte den Traum von einer politischen Karriere jäh zerplatzen lassen. Bayerns Regierung suchte steckbrieflich nach ihm. Im Gegensatz zu Hitler, dem in München der Prozess gemacht wurde, befand er sich zwar auf freiem Fuß, doch die Schmerzen bereiteten ihm trotz des Morphiums fast unerträgliche Qualen. Sowohl Görings Leibarzt Dr. Ramon von Ondarza als auch seine langjährige Krankenschwester berichteten nach dem Krieg von einer schweren Hodenverletzung. Göring selbst hielt sich seitdem für unfruchtbar.

Der Aufsteiger

Die Verbindung zwischen Göring und Hitler blieb auch in den Monaten nach dem gescheiterten Putsch bestehen. Hitler, der in Landsberg eine milde Haftstrafe verbüßte, wies den nach Österreich Geflüchteten an, sofort nach Italien zu fahren und Kontakt mit Mussolini aufzunehmen. Seine verbindliche Art und der blinkende Pour le Mérite sollten den »Duce« animieren, der zerrütteten »Bewegung« jenseits der Alpen unter die Arme zu greifen – eine Illusion. Mussolini empfing Hitlers bettelnden Boten nicht einmal. Während im Reich sein Besitz beschlagnahmt wurde und Ernst Röhm die SA übernahm, zog sich das Ehepaar Göring im Frühjahr 1925 mittellos und enttäuscht zu Carins Familie nach Schweden zurück. Seine Fäden zur NS-Bewegung wurden immer dünner und zerrissen fast gänzlich. Ohne Rückfrage strich man ihn aus der Dienst- und Mitgliederliste der Partei, was Göring erst nach der »Machtergreifung« bemerkte. Jetzt rächte sich, dass er nur auf Hitler gebaut und nie einen Rückhalt im Parteiapparat gesucht hatte. In einem Brief aus dem Stockholmer Exil beklagte sich Göring bei einem Kriegskameraden bitter darüber, dass keiner der ehemaligen Parteigenossen auch nur einen Finger rühre, um ihm aus der Not zu helfen – und dies, obwohl er, wie er übertreibend behauptete, sein gesamtes Vermögen für den Aufbau der SA und die Vorbereitung des Münchner Putsches verwendet habe. Seine Existenz sei durch die geradezu brutale Rücksichtslosigkeit der Partei, die nicht einen Funken von Verantwortungsgefühl besitze, völlig vernichtet. Besonders erboste ihn, dass seine Frau von einem Besuch Hitlers im Gefängnis Landsberg mit weiter nichts als einer signierten Fotografie zurückgekehrt war. »Ich habe heute von Ludendorff oder Hitler noch nicht einen Pfennig, wohl aber einen Berg von Versprechungen bekommen und die Fotografien ›Treu um Treue‹«, schloss er sein Klagelied ab.

Links: »Hermann muss Verhandlungen zwischen Mussolini und Hitler vorbereiten«: Göring mit seiner Frau Carin in Venedig, 1924
Rechts: »Von einer bösen Macht beherrscht«: Göring laborierte in Schweden an den Folgen seiner Morphiumsucht

In Schweden laborierte er noch immer an den Folgen seiner Verletzung. Fast täglich ließ er sich Morphium spritzen. Einst ein schlanker, gut aussehender Mann, war er bald aufgedunsen, ja fett, litt an Gedächtnisschwäche und unter dem Zwang, ohne seine Droge nicht mehr leben zu können. War es nur Zufall oder lag es doch in seiner Persönlichkeit, dass Göring zum Süchtigen wurde? Professor Albrecht Springer, Leiter der Abteilung für Suchtforschung am Anton-Prosch-Institut in Wien, hält Letzteres für möglich: »Es ist immer noch nicht wirklich klar, warum eine Person, die aus medizinischen Gründen Morphium bekommt, schwer abhängig wird und eine andere nicht. Wir wissen aber, dass Göring eine Persönlichkeit war, die sich sehr in Szene gesetzt hat, die alles in Besitz nehmen wollte, also eine ›süchtige Persönlichkeit‹ in vielen Bereichen war. Bei solchen Menschen, deren Leben gekennzeichnet ist von sehr expansiven Bedürfnissen, von einer sehr starken Gier, ist die Möglichkeit größer, dass sie eine Sucht nach einem Stoff wie Morphium entwickeln. Und sobald er süchtig ist, braucht er die Substanz, um normal funktionieren zu können. Unter Entzug verändert sich der

Mensch. Er beginnt, schwere Schmerzen zu empfinden, er wird unruhig, depressiv, es kommt zu krampfartigen Zuständen, zu Tränenfluss, zu Schwitzen. Unter Entzug wirkt die Person auffällig und krank.«

Bei Entzugserscheinungen verlor Göring mitunter die Kontrolle über sich und wollte einmal sogar seinem Leben ein Ende setzen. So konnte es nicht weitergehen. Am 1. September 1925 ließ seine Frau Carin ihn zwangsweise in der Nervenheilanstalt für gefährliche Kranke in Långbrö bei Stockholm unterbringen. Göring tobte gegen die »Freiheitsberaubung«, lamentierte lauthals, er sei »politisch ein toter Mann«, wenn die Einweisung in Deutschland bekannt werde. Nur mühsam ließ der Zweiunddreißigjährige sich bewegen, gegen die Sucht anzukämpfen und seiner Frau einen Albdruck von der Seele zu nehmen. »Du bist ein großer Geist und Mensch«, schrieb sie ihm beschwörend, »Du darfst Dich nicht unterkriegen lassen. Ich liebe Dich so sehr, mit Körper und Seele, dass ich es nicht ertragen könnte, Dich zu verlieren: Und Morphinist zu sein heißt so viel, wie Selbstmord zu verüben – jeden Tag geht ein kleiner Teil Deines Körpers und Deiner Seele verloren. Du bist von einem bösen Geist und Dein Körper von einer bösen Macht beherrscht, und der Körper siecht allmählich dahin. Rette Dich selbst und damit auch mich.« Mit wachsender Verzweiflung beobachtete sie, wie Göring offensichtlich Kraft und Wille fehlten, seine Abhängigkeit zu überwinden.

Fünf Wochen lang befassten sich die Ärzte eingehend mit Görings Charakter und Zustand. In der überlieferten Krankenakte von Långbrö malten sie ein schwarzes Bild: »Patient störte, war depressiv, stöhnte, weinte, war ängstlich, äußerte ständig Wünsche, reizbar und schnell gerührt; bedrückt, geschwätzig, fühlt sich als Opfer ›jüdischer Verschwörung‹; ... übertreibt Entzugserscheinungen; neigt zur Hysterie, ist egozentrisch, übertriebenes Selbstbewusstsein; hasst Juden, hat sein Leben dem Kampf gegen Juden gewidmet, war Hitlers rechte Hand; Halluzinationen; ... Selbstmordversuch (erhängen und strangulieren); stößt Drohungen aus, hat sich heimlich ein Eisengewicht als Waffe beschafft; Visionen, Stimmen, Selbstanklagen.« »Brutaler Hysteriker mit sehr schwachem Charakter«, resümierten die Ärzte die lange »Schadensliste« des gefeierten Kriegshelden und glücklosen Putschisten, und an anderer Stelle: »eine sentimentale Person, der es grundsätzlich an moralischem Mut fehlt«. Dennoch wurde der Patient am 7. Oktober 1925 entlassen, ohne Anzeichen von Geistesgestörtheit, wie Professor Olov Kinberg auf Verlangen Görings festhielt, der um seine Reputation in Deutschland fürchtete. Offiziell galt Göring als geheilt, tatsächlich aber war er krank – ein Süchtiger, der sich täglich weiterhin bis zu 50 Milligramm Morphium spritzte. Niemand außer Carin sollte von seinem Leben im Schatten der Droge wissen, aber je weiter er ins Rampenlicht der Öffentlichkeit rückte, desto zahlreichere Gerüchte wucherten über den Morphinisten an der Spitze des Staates. Görings Sucht bot eine gefährliche Angriffsfläche, denn Morphinismus galt unter Nationalsozialisten als »jüdisches« Laster. Es stigmatisierte Göring unter seinesgleichen, und doch kam er nicht von ihm los.

Er muss sich sehr große Mühe gegeben haben, normal zu erscheinen, wenn ich dort war, denn er machte auf mich noch immer den Eindruck eines freundlichen und lustigen Menschen; einen Eindruck, den ich schon als kleiner Junge von ihm gehabt habe.

Thomas von Kantzow über Görings Auftreten in Schweden

Veränderte das Morphium seinen Charakter? Waren seine extreme Fettleibigkeit, seine ungezügelte Sammelleidenschaft, seine Skrupellosigkeit, mit der später seine Ziele verfolgte, Folge seiner Sucht? Für Professor Springer vom Anton-Prosch-Institut in Wien greifen solche Deutungen eindeutig zu weit. Zum einen: »Eine auffettende Wirkung von Morphinen ist nicht bekannt. Im Allgemeinen sind Morphinisten eher appetitlos. Und letztlich kennen wir alle ja auch aus dem Stadtbild die eher mageren Süchtigen.« Zum anderen: »Wie weit die psychischen Folgeerscheinungen von der Droge abhängen und wie weit sie damit zusammenhängen, dass jemand, der als Morphinist bekannt ist, ja auch in einer sehr prekären sozialen und psychosozialen Situation lebt, das ist im Einzelfall recht mühsam zu entwirren. Chronischer Morphinismus führt meist dazu, dass die Menschen eher apathisch werden, sich um nichts mehr kümmern, alles geschehen lassen. Andererseits kennen wir auch Morphinisten, bei denen das ganz anders ist. Es scheinen also doch die Begleitumstände immer wieder eine sehr große Rolle zu spielen. Ich würde bei Göring wie auch bei anderen Menschen nie die Droge als das Zentrum ihres Erlebens und ihrer Reaktionen sehen.« Nicht die Sucht habe seinen Charakter maßlos werden lassen, sondern sein maßloser Charakter habe ihn anfällig für die Sucht gemacht. Wie nach allem, was ihm Glücksgefühle verschaffte, habe Göring auch nach Morphium gegriffen.

Obwohl er weiter an der Spritze hing, war der Klinikaufenthalt nicht vergeblich gewesen. Er half Göring, sein Leben neu zu ordnen – trotz der Droge als ständiger Begleiter. Äußere Umstände kamen ihm zu Hilfe. In Deutschland war in diesem Jahr der ehemals kaiserliche Generalfeldmarschall von Hindenburg als Nachfolger des Sozialdemokraten Ebert zum Reichspräsidenten gewählt worden. Dem politischen Wechsel folgte eine politische Amnestie, von der auch Göring profitierte. Am 12. November 1925 wurde der Haftbefehl gegen ihn aufgehoben, im Mai 1926 das Verfahren wegen Hochverrats eingestellt. Seiner Rückkehr nach Deutschland stand nun nichts mehr im Wege. Doch dieser Weg war mühselig und dornenvoll. Als Vertreter der schwedischen Fallschirmfirma Thornblad ließ er sich 1927 in Berlin nieder – die kränkelnde Carin blieb zunächst in Schweden. Nach Jahren der Zurückhaltung suchte Göring auch wieder den Kontakt zu Hitler und der Partei, der nie ganz abgerissen war. Die Resonanz war ernüchternd. Man hatte den einstigen Kommandeur der SA zwar nicht vergessen, doch nirgendwo wurde er mit offenen Armen aufgenommen. Ein Antrittsbesuch bei Hitler in dessen Münchner Wohnung in der Thierschstraße verlief unbefriedigend. Der Parteiführer empfing den Heimgekehrten, doch eine Position in der NSDAP bot er ihm nicht an. Ausweichend empfahl er Göring, in Berlin zu bleiben und dort Kontakte zu knüpfen – das Weitere werde man sehen. Göring mietete sich darauf in einem Hotel am Kurfürstendamm ein und besuchte alte Fliegerkameraden wie Bruno Loerzer, der mittlerweile in die Berliner Geldaristokratie eingeheiratet hatte. Noch einmal warf ihn seine Drogenabhängigkeit zurück. Vom 7. bis zum 26. September 1927 war er wieder in Långbrö wegen »Abusus von Morphium, Dosis 40–50 cgm täglich«, wie die Krankenakte vermerkte. Ein Blick in seine Geschäftsbücher dürfte seine Stimmung nicht aufgehellt haben: »Er versetzte seine Sachen und tat so, als ob er Fallschirme verkaufte, obgleich er nie einen einzigen an den Mann brachte«, behauptete nach dem Krieg sein späterer Intimus Erhard Milch.

Alles in allem sah die Bilanz dieser zwanziger Jahre miserabel aus. Das einstige stolze Fliegerass hatte nicht mehr viel vorzuweisen. Göring war süchtig, aufgedunsen, ein körperliches Wrack. Seine Frau war krank und lebte fern von ihm. Die Geschäfte liefen schlecht, und seine Hoffnungen auf ein politisches Comeback waren allenfalls diffus. Er war ganz unten.

Umso erstaunlicher ist der politische Senkrechtstart, der Göring nun gelang. Binnen fünf Jahren avancierte der abgestürzte Kriegsheld, den alle schon abgeschrieben hatten, zum zweitmächtigsten Mann im Staat. Der Ausgangspunkt für diese Jahrhundertkarriere war ein erneutes Gespräch mit Hitler. Im Januar 1928 suchte Göring ihn abermals in München auf und forderte, als einer der Spitzenkandidaten der inzwischen neu gegründeten NSDAP bei der bevorstehenden Reichstagswahl aufgestellt zu werden, und zur Überraschung vieler erhielt er seinen Willen. Hitlers innerparteilicher Gegner Otto

Oben: »Verbindung zur NS-Bewegung fast gänzlich abgerissen«: Als Hitler im Februar 1925 die NSDAP neu gründete, war Göring nicht einmal mehr Mitglied der Partei
Unten: Hitler nach einer NSDAP-Versammlung am 1. Mai 1927 in Berlin. Noch spielte Göring in seinen Plänen keine Rolle

Strasser behauptete später, Göring habe Hitler mit der Drohung erpresst, die Partei ansonsten auf Schadensersatz zu verklagen für seine zahlreichen Zuwendungen in den Monaten vor dem fehlgeschlagenen Putschversuch. Auch wenn diese Zuwendungen in der Tat durch Briefe Görings belegt sind, so ist doch zweifelhaft, ob Hitler sich für die inzwischen neu gegründete NSDAP Sorgen um irgendwelche Regressansprüche machte. Immerhin mag er einen Prestigeverlust befürchtet haben, wenn ein ehemaliger Kriegsheld und Mitverschwörer gegen ihn prozessierte. Ausschlaggebend und für die künftige Karriere Görings bestimmend waren jedoch mit größerer Wahrscheinlichkeit andere Überlegungen: Görings Wahl passt in das Vorhaben Hitlers, den linken Flügel der Partei um die Brüder Strasser in Schach zu halten. Ihre Parteigänger, darunter der ehrgeizige junge Gauleiter von Berlin, Joseph Goebbels, wetterten gegen den Kapitalismus und liebäugelten mit einer Annährung an das sozialistische Russland. Indem er Göring einen sicheren Listenplatz verschaffte, stellte Hitler den linksrevolutionären Parteitheoretikern im Reichstag ein nationalkonservatives Gegengewicht an die Seite. Auch mögen ihm Görings Auftreten und dessen nach wie vor vorhandene Kontakte zur besseren Gesellschaft imponiert haben. Immer noch fehlte es der Partei an Männern, die nicht nur in Bierkellern und auf der Straße, sondern auch in den Salons eine gute Figur machten.

Ungeduldig fieberte Göring der Wahl zum neuen Reichstag am 20. Mai 1928 entgegen. Siegesgewiss hatte er die kränkelnde Carin aus Schweden zu sich gerufen, um mit ihr gemeinsam den Triumph zu feiern. Er täuschte sich nicht. Zwar kam die NSDAP nur auf 2,6 Prozent der Stimmen und damit auf den neunten Platz unter den zahlreichen Parteien des Reichstages, aber es genügte. Da die Weimarer Verfassung keine Sperrklausel vorsah, die Splitterparteien den Einzug in den Reichstag verwehrte, war Göring einer von zwölf Abgeordneten, die die NSDAP in das neu gewählte Parlament entsandte. Selbst für die Kollegen in der Fraktion war der Neuzugang ein weithin unbeschriebenes Blatt, da er nicht über die Parteischiene, sondern durch unmittelbare Protektion Hitlers ins Parlament gelangt war. Als der neue Reichstag am 13. Juni zum ersten Mal zusammentrat, würdigte Joseph Goebbels in seinem Tagebuch den neuen Fraktionskollegen Göring nur mit knappen, kaum schmeichelhaften Worten: »Neue Gesichter: … Göring. Fliegerhauptmann. Etwas gedunsen.« Besonders angetan war er nicht vom neuen Mitstreiter.

Für Göring bedeutete der Sitz im Reichstag das Ende der dunklen Jahre, die mit dem gescheiterten Hitlerputsch begonnen hatten. Mit einem Schlag errang er eine neue Stellung und mit ihr zum ersten Mal wieder ein gesichertes Einkommen. Als Abgeordneter verdiente er jetzt 500 Mark im Monat, dazu kamen 800 Mark als Reichsredner der NSDAP. »Nun können wir endlich anfangen, alle unsere alten Schulden usw. zu bezahlen, die uns so bedrückt haben«, schrieb seine Frau erleichtert. Ihr Mann aber dachte nicht daran, seinen finanziellen Verpflichtungen nachzukommen, und genoss zunächst einmal seinen neuen Status. Umgehend bezog er mit Carin eine große Fünf-Zimmer-Wohnung in der Badenschen Straße 7 im Stadtteil Schöneberg. Er war wieder wer und wollte es allen zeigen – auch wenn die politische Organisation, die er vertrat, am rechten Rand des Parteienspektrums dahindümpelte und unter den etablierten Parteien nicht als koalitionswürdig galt.

Wie schon in München war er bei den Parteigenossen nicht beliebt. Seine herablassende Art schuf ihm auch in Berlin wenig Freunde. Am 27. Juni 1929 echauffierte sich Goebbels in seinem Tagebuch über einen Zusammenstoß mit Göring: »Erregte Szene mit Göring, der sich immer mehr zum Fraktionsekel entwickelt. Dabei ist er so dumm wie Stroh und so faul wie eine Kröte. Er behandelte die anderen bislang en canaille und versuchte das gestern auch mit mir. Da kam er aber an den Richtigen.« Erneut hielt Göring Abstand zur Partei und nahm an der mühseligen täglichen Organisationsarbeit und Agitation, die Goebbels in Berlin betrieb, kaum Anteil. Er begnügte sich damit, zuweilen bei großen Parteiveranstaltungen im Reich Reden zu halten. Auch das Arbeitspensum des Abgeordneten Göring blieb überschaubar. Nur ein einziges Mal in zwei Jahren meldete er sich im Reichstag zu Wort und forderte höhere staatliche Subventionen für die zivile Luftfahrt. Dahinter stand nicht nur das Herz des einstigen Kampffliegers, sondern auch das Bedürfnis seines Portemonnaies. Angeblich ließ sich die Lufthansa das Wohlwollen des neuen Abgeordneten rund 1000 Mark monatlich kosten. Andere Firmen wie BMW, Heinkel und Thyssen zogen nach und unterstützten Göring mit einmaligen Zahlungen oder großzügigen »Spesenkonten«. Dankbar griff Göring zu. Moralische Skrupel, bestechlich zu sein, plagten ihn nicht.

Ohne seine geschäftlichen Interessen je zu vergessen, entwickelte sich Göring … zu einem gewieften politischen Taktiker und zu einem wirkungsvollen Redner, der in geschickter Weise Hitlers Stil und Redewendungen nachzuahmen verstand.

Ernst Hanfstaengl, *»Zwischen Weißem und Braunem Haus«*

Obwohl er sich weder als Parteifunktionär noch als Abgeordneter besondere Meriten erwarb, stieg sein Ansehen bei Hitler kontinuierlich. Die Erfolge, mit denen er beeindruckte, lagen auf anderem Gebiet: Göring war ein begnadeter Lobbyist. Mithilfe eines kleinen Stabes aus ehemaligen Weltkriegskameraden, darunter Bruno Loerzer und sein Faktotum Paul »Pili« Körner, sammelte Göring einen hochkarätigen Kreis um sich. Einflussreiche Köpfe der Wirtschaft wie der Großindustrielle Fritz Thyssen, der ehemalige Reichsbankpräsident Hjalmar Schacht oder der Vorstand der Deutschen Bank, Emil Georg von Stauss, gingen in der Badenschen Straße, wo Carin Göring als perfekte Gastgeberin agierte, ein und aus. Humorvoll parlierend und berechnend charmant, machte ihr Gatte Hitler und die Partei »hoffähig«. Gerne umgab sich der Bürgersohn mit Vertretern des Hochadels, wie dem Kaisersohn Prinz August Wilhelm, genannt »Auwi«. Zweimal, im Januar 1931 und im Mai 1932, suchte Göring den einstigen Kaiser sogar persönlich in seinem Exil im holländischen Doorn auf. Seinem Hang zu Glanz und Gloria hätten ein Kaiser und ein Adelstitel wohl behagt, obwohl er kein überzeugter Monarchist war. Wenn er den Kaiser und den Adel hofierte, dann geschah es, um sich im Schimmer des alten Glanzes zu sonnen und Hitler und die Partei gesellschaftsfähig zu machen.

Die Reichstagswahl vom 14. September 1930 war für Göring der Durchbruch. In einem politischen Erdrutsch, wie ihn die Weimarer Republik bis dahin nicht erlebt hatte, schoss der Stimmenanteil der NSDAP von 2,6 Prozent im Mai 1928 auf nun über 18 Prozent. 6,4 Millionen Wähler, das heißt fast achtmal so viele wie beim letzten Mal, hatten der Hitlerpartei ihre Stimme gegeben, die damit ihre Abgeordnetenmandate von zwölf auf 107 erhöhte und hinter der SPD die zweitstärkste Fraktion im Reichstag wurde. Obwohl Göring persönlich wenig zu diesem Erfolg beigetragen hatte, katapultierte ihn der Sieg gleichwohl in die erste Reihe der Weimarer Politiker. Am Tag der Wahl ernannte ihn Hitler offiziell zu seinem »politischen Bevollmächtigten« in Berlin. Durch den Wahlerfolg war die NSDAP mit einem Schlag zu einem politischen Faktor geworden, den die anderen Parteien nicht mehr außer Acht lassen konnten. Jetzt kam es darauf an, diesen Wahlerfolg in politische Macht umzumünzen. Dafür schien Göring in den Augen Hitlers der richtige Mann zu sein. Ihm, der schon jetzt über gute Beziehungen verfügte, traute Hitler zu, der Partei auf dem gesellschaftlichen und politischen Parkett der Hauptstadt zum endgültigen Durchbruch zu verhelfen. Für den Parteichef, der in München blieb, wurde Göring die wichtigste Schaltstation in der Reichshauptstadt; er vermittelte ihm einflussreiche Gesprächspartner und führte in dessen Auftrag geheime Verhandlungen. Wie selbstverständlich begleitete Göring daher Hitler am 5. Oktober 1930 zum ersten Treffen mit Reichskanzler Brüning. Auf Geheiß Hitlers wählte die Fraktion Göring zum stellvertretenden Vorsitzenden. Den Abend nach der Fraktionssitzung, die Hitler persönlich geleitet hatte, verbrachte dieser in Görings Wohnung in der Badenschen Straße mit so illustren Gästen wie dem Prinzen von Hessen oder dem Prinzen und der Prinzessin von Wied. Goebbels, der ebenfalls in Görings Wohnung geladen war, mokierte sich über den politischen Senkrechtstarter, der sich im Glanz der neuen Bedeutung sonnte. In sein Tagebuch notierte er: »Göring tut so, als ob er stellvertretender Papst sei, nachdem er im Fraktionsvorstand sitzt. Na ja, neue Besen.«

Überzeugt von Görings Nutzen, sah Hitler über dessen pompöses und eigenwilliges Auftreten hinweg. Görings Drogensucht war ihm kein Geheimnis. Am 21. Februar 1931 notierte Goebbels: »Göring ist Morphinist. Chef will ihn zur Rede stellen. Er macht die tollsten und ausgefallensten Sachen, fühlt sich abwechselnd als Reichskanzler und Wehrminister, kurzum, typischer Größenwahn. Er muss in eine Radikalkur. Heute macht er nur eine lächerliche Figur.« Doch die harsche Kritik, auf die Goebbels gehofft hatte, blieb aus. Stattdessen schenkte Hitler seinem Berliner Generalvertreter im Juli 1931 einen Luxuswagen. »Es ist ein großartiges Fahrzeug, das auf der letzten Automobilschau in Berlin ausgestellt war«, jubelte seine Frau Carin in einem Brief an ihre Mutter, »ein Mercedes, außen grau, innen mit rotem Leder, lang, elegant, schick!« Das Präsent bedeutete einen herben Schlag für den Berliner Gauleiter Goebbels, der Hitler seit langem vergeblich um einen Dienstwagen ersucht hatte. Doch auch er verschloss keineswegs die Augen vor den Verdiensten und Talenten des Rivalen. In Görings Wohnung war er häufiger Gast und bekam dort die Gelegenheit zu nützlichen Kontakten. Der Meister der Propaganda übersah nicht, wie gut Göring auf die Massen wirkte: Am 28. März 1931 notierte er »Sportpalast... Göring redet besonders gut. Nur seine Bitte an Hindenburg, uns zu empfangen, ist unangebracht. ... Göring wird allmählich unerträglich. Der kranke Mann des Größenwahns.« Bis zum Ende ihres gemeinsamen Weges verband ihn mit Göring eine merkwürdige Hassliebe. Mal lobte er ihn in höchsten Tönen, mal verdammte er seine Faulheit. Eine Freundschaft zwischen ihnen war nicht möglich, zu sehr rivalisierten beide um Hitlers Gunst. Erbost notierte Goebbels am 8. Juni 1931: »Göring hetzt ununterbrochen gegen mich. Aus einer krankhaften Eifersucht heraus. Er kriecht

Es fiel mir aber auch schon damals seine stark ausgebildete Eitelkeit und Egozentrik auf; wer ihn in dieser Richtung verletzte, musste mit seiner Rache rechnen.
Erhard Milch, damals Chef der Lufthansa

Oben: »Stellvertretender Papst«: Goebbels und Göring lassen sich im Oktober 1930 zur Eröffnung des neuen Reichstags chauffieren
Unten: »Schulterschluss der Rechten«: Die Abordnung der NSDAP während der Gründung der »Harzburger Front« im Oktober 1931. In der ersten Reihe stehen u. a. Göring, Röhm und Himmler

Hitler förmlich in den Arsch. Wenn er nicht so dick wäre, würde ihm das wohl auch gelingen.« Dabei schien ihm nicht aufzufallen, dass er genau das Gleiche tat.

Während Görings politischer Stern immer höher stieg, traf ihn ein schwerer persönlicher Schlag. Seit Jahren schon kränkelte seine Frau. Alle Kuren und sonstige medizinische Maßnahmen hatten nicht geholfen. Gegen den Rat der Ärzte bestand Carin darauf, zur Beerdigung ihrer Mutter, die am 25. September gestorben war, nach Stockholm zu reisen. Am Tag darauf brach sie in einem Stockholmer Hotel mit einem Herzanfall zusammen – der Arzt erklärte dem mitgereisten Hermann Göring, dass er an eine Gesundung nicht mehr glaube. Während Göring gemeinsam mit Carins Sohn Thomas von Kantzow im Hotelzimmer auf Carins Tod wartete, erreichte ihn am 4. Oktober ein Telegramm aus Berlin. Reichspräsident von Hindenburg sei bereit, mit den Führern der NSDAP über die Bildung einer neuen Regierung zu sprechen. Göring müsse sofort zurückkommen. Hin- und hergerissen zwischen Liebe und Ehrgeiz, zögerte Göring seine Abreise einige Tage hinaus; schließlich war es Carin, die ihn drängte, nach Berlin zu fahren. Am 10. Oktober begleitete er Hitler ins Reichspräsidentenpalais, wo ihre Bemühungen, den greisen Feldmarschall für sich einzunehmen, allerdings scheiterten. Enttäuscht initiierte Göring am 16. Oktober im Reichstag ein Misstrauensvotum, um die Regierung Brüning zu stürzen, doch die Mehrheit stimmte dagegen. Als er am nächsten Morgen wie üblich in Stockholm anrief, erfuhr er, dass Carin in der Nacht gestorben war, vier Tage vor ihrem vierundvierzigsten Geburtstag. Voller Reue fuhr er zurück nach Schweden, wo Carin an der Seite ihrer Mutter in der Familiengruft auf dem Friedhof der kleinen Insel Lovö, nur wenige Kilometer westlich von Stockholm, beigesetzt wurde. Der Tod Carins bedeutete einen tiefen Einschnitt. Sie hatte in den Zeiten der Krise, der Drogenexzesse und Schulden, immer zu ihm gehalten, seine Gedanken und Obsessionen geteilt. Die acht Jahre ihrer Ehe waren glücklich gewesen. Zurück in Berlin, gab er die gemeinsame Wohnung in der Badenschen Straße auf und zog ins Hotel Kaiserhof. Er konnte es nicht ertragen, in Räumen leben zu müssen, in denen ihn alles an Carin erinnerte. Später mietete er sich eine Wohnung am Kaiserdamm. Von nun an hatte er nur einen Ehrgeiz: mit Hitler die Macht zu erringen.

Über das Ziel war Göring sich mit Hitler einig, ebenso über die Mittel, wie dieses zu erreichen sei. Während die Heißsporne der Partei nach dem Erfolg

»Tiefer Einschnitt«: Der Schrein für Görings verstorbene Frau Carin in seiner Wohnung am Berliner Kaiserdamm

bei der Septemberwahl gerne einen zweiten Anlauf zum politischen Umsturz nach dem Vorbild des Novembers 1923 genommen hätten, hatten Hitler und Göring aus dem gescheiterten Putsch ihre Lehren gezogen. Sie wollten nun den bestehenden Staat auf legalem Weg aushebeln. In öffentlichen Reden agierte Göring vorsichtig, um seinen Gegnern keine juristischen Angriffspunkte zu geben, da das Republikschutzgesetz vom März 1930 verbale Ausfälle gegen die verfassungsmäßige republikanische Staatsform mit Strafe belegte. Am 6. Juni 1932 wurde Göring vom Amtsgericht München zu einer Geldstrafe von 300 Reichsmark verurteilt, weil er in einer Wahlveranstaltung im August 1930 wiederholt die Weimarer Verfassung als »Weimarer Zeitschrift oder Druckschrift« verunglimpft hatte. Vergeblich dementierte er die vergleichsweise harmlose Äußerung, die durch mehrere Zeugenaussagen belegt war. Gegenüber Parteifreunden sprach er Klartext: »Wir kämpfen gegen diesen Staat und das gegenwärtige System, weil wir sie restlos vernichten wollen, aber auf legalem Wege. Ehe wir das Gesetz zum Schutz der Republik hatten, haben wir gesagt, wir hassen diesen Staat; seitdem wir es haben, sagen wir, wir lieben ihn – und immer noch weiß jedermann, was wir meinen.«

Die Macht rückte in den nächsten Monaten in greifbare Nähe. Im Juli 1932 wurde ein neuer Reichstag gewählt, und wieder feierte die NSDAP einen großen Sieg. 13,7 Millionen Wähler, mehr als doppelt so viele wie zwei Jahre zuvor, stimmten für Hitler. Mit 230 Mandaten stellte die NSDAP jetzt die mit Abstand stärkste Fraktion im Reichstag. Erneut begleitete Göring Hitler ins Reichspräsidentenpalais, um die Macht zu fordern, und erneut wies Hindenburg die Bildung einer Regierung Hitler zurück. Lediglich den Posten des Vizekanzlers unter seinem Wunschkandidaten Franz von Papen bot er Hitler an, was dieser strikt ablehnte und sich enttäuscht auf den Obersalzberg zurückzog. Er überließ es Göring, in Berlin weiter die Fäden zu spinnen, wo dieser in der Folgezeit immer mehr zur Schlüsselfigur im Poker um die Macht wurde. Eine neue Funktion unterstrich seine Ambitionen. Da traditionell die stärkste Fraktion den Reichstagspräsidenten stellte, wurde er mit einer Mehrheit der Abgeordneten aus NSDAP, Zentrum und Bayerischer Volkspartei in das dritthöchste Amt der Republik gewählt. Nun hatte er eine Dienstwohnung gegenüber dem Parlament und direkten Zugang zu Hindenburg. Heimlich umwarb er den Präsidenten, während er gleichzeitig Pläne schmiedete, die von diesem installierte Minderheitsregierung Papen zu stürzen. Für den 13. September wollten die Kommunisten einen Misstrau-

Oben: »Begnadeter Lobbyist«: Göring brachte Hitler mit Vertretern der Wirtschaft zusammen. Der Stahlmagnat Fritz Thyssen spricht vor Hitlers Rede im Industrieclub Düsseldorf, Januar 1932
Unten: »Einzigartiger Vorgang in der Parlamentsgeschichte«: Reichstagspräsident Göring verweigert Reichskanzler Papen (stehend, links) am 12. September 1932 das Wort

ensantrag im Reichstag einbringen. Papen, gewarnt, dass die Nazis diesmal mit ihrem Erzfeind gegen ihn stimmen würden, eilte zu Hindenburg, um seiner Absetzung durch eine Auflösung des Reichstags zuvorzukommen. Mit der Auflösungsvollmacht in der Hand kehrte er zurück und wollte sich zu Wort melden, doch Göring reagierte umgehend. Geflissentlich übersah er vom erhöhten Präsidententisch die Wortmeldung des Kanzlers und rief den Reichstag zur Abstimmung über das Misstrauensvotum auf. Mit 513 gegen 62 Stimmen erlebte die Regierung Papen die größte Niederlage der deutschen Parlamentsgeschichte. Erst nachdem er das Ergebnis verkündet hatte, nahm Göring die Auflösungsurkunde Hindenburgs, die Papen ihm auf den Tisch gelegt hatte, und las sie unter dem Gelächter des Hauses vor. Papen könne den Reichstag nicht mehr auflösen, da er nicht mehr Reichskanzler sei, erklärte er süffisant, woraufhin der Düpierte zornbebend den Sitzungssaal verließ. Am Ende erklärte Hindenburg den Reichstag dann doch für aufgelöst und hielt Papen per Notverordnung im Amt. Dessen Debakel im Parlament ließ sich jedoch nicht rückgängig machen. Noch im Nürnberger Gefängnis freute sich Göring über diesen Triumph.

Auch privat ging es aufwärts. Wenige Monate nach Carins Tod machte Göring in Weimar die Bekanntschaft der Schauspielerin Emmy Sonnemann, die dort im Nationaltheater auftrat. Wie Göring trauerte auch Emmy um einen nahe stehenden Menschen. Kurz bevor sie Göring kennen lernte, war ihre Mutter verstorben. In Emmys Gesellschaft, in ihrem unpolitischen, gutmütigen Wesen, fand Göring Entspannung von den Anstrengungen des politischen Lebens. Auch in ihrer äußeren Erscheinung entsprach die blonde, stattliche Frau um die vierzig in vielem den nationalsozialistischen Vorstellungen weiblicher Schönheit. Nachdem Göring am 30. August 1932 zum Reichstagspräsidenten gewählt worden war, hatte er die ersten Zeilen auf offiziellem Briefpapier nach Weimar gesandt: »Ich liebe Dich. H.« Görings Gefühlslage blieb der Öffentlichkeit kaum verborgen. Bereits im August 1932 ging das Gerücht einer Liebesbeziehung zwischen Göring und Emmy herum. Bei offiziellen Gelegenheiten wurde sie jedoch diskret als »Privatsekretärin« Görings vorgestellt.

Nach einer erneuten Reichstagswahl im November 1932 musste die NSDAP erstmals einen Rückschlag verkraften. Sie verlor zwei Millionen Stimmen und 34 Sitze, doch sie blieb weiterhin stärkste Fraktion im Reichstag und Göring Reichstagspräsident. Am 17. November trat Papen entmutigt zurück. Abermals bot Hindenburg Hitler den Posten des Vizekanzlers an,

»Unpolitisches, gutmütiges Wesen«: Emmy Sonnemann (links) gibt in einem Theaterstück die preußische Königin Luise

abermals bestand dieser, unterstützt von Göring, entweder auf dem Amt des Kanzlers oder gar keinem. An die Stelle Papens rückte daher General von Schleicher, der ebenfalls per Notverordnungen regierte, aber eine ehrgeizige Taktik verfolgte. Er wollte eine »Querfront« hinter sich bringen, die vom Gewerkschaftsflügel der SPD bis zum linken Flügel der NSDAP unter Gregor Strasser reichte. Sein politisches Kalkül war keineswegs unrealistisch. In den Reihen der NSDAP rumorte es. Die Wahlschlappe im Nacken, die Macht vor Augen, hielten viele es für einen Fehler Hitlers, die angebotene Regierungsbeteiligung auszuschlagen und auf »alles oder nichts« zu setzen. Eine Spaltung der Partei drohte, sollte Strasser auf Schleichers Angebot eingehen. Misstrauisch beäugte Göring vom Präsidentensitz die Reihen der eigenen Abgeordneten. »Eine Bewegung wie unsere«, drohte er, »kann viele Dinge verzeihen, aber nicht Treulosigkeit gegenüber dem Führer.« Ende Dezember fuhr er zur Erholung nach Schweden und verbrachte Silvester auf Schloss Rockelsta, wo er Carin kennen gelernt hatte. Die nächsten Monate würden die Entscheidung bringen.

Hinter den Kulissen begann ein finsteres Ränkespiel um die Gunst des altersschwachen Präsidenten, der den Schlüssel zur Macht in den Händen hielt. Schließlich war es Franz von Papen, Görings Widersacher, der den Ausschlag gab. Heimlich traf er sich mit Hitler in Köln und erklärte sich bereit, mit dem NSDAP-Chef als Kanzler eine Regierung zu bilden. Um Hindenburg auf ihre Seite zu ziehen, arrangierte Papen kurz darauf, am 22. Januar, ein Treffen in Berlin zwischen Hindenburgs Sohn Oskar und Hitler, bei dem auch Göring anwesend war. Gemeinsam bearbeiteten sie den Präsidentensohn, der sie beeindruckt verließ. Knapp eine Woche später waren die Würfel gefallen. Hindenburg verweigerte Schleicher neue Vollmachten und beauftragte Papen, sich mit Hitler in Verbindung zu setzen. Resigniert warf Schleicher am 28. Januar das Handtuch. Jetzt schob sich Göring in den Vordergrund. Als Mittelsmann Hitlers besprach er mit Papen die personelle Besetzung des Kabinetts. Gleichzeitig musste er Hitlers Forderung nach einer Neuwahl durchsetzen, von der sich dieser eine absolute Mehrheit im Parlament erhoffte. In schwierigen Verhandlungen rang Göring Alfred Hugenberg, dem Führer des rechten Flügels der Deutschnationalen Volkspartei, die Papen stützte, die Annahme dieser Bedingung ab. Am 29. Januar lenkte Hugenberg ein, nachdem ihm Göring einen Posten im Kabinett versprochen hatte. Der Weg zur »Machtergreifung« war frei. »Am Nachmittag, als wir gerade Kaffee mit dem Führer tranken«, notierte Goebbels am selben Tag in sein Tagebuch, »überbrachte Göring dann die Meldung, dass er, der Chef, morgen mit der Kanzlerschaft und Regierungsbildung offiziell vom Alten Herren beauftragt werden würde.« Es war wohl, schrieb er weiter, Görings »glücklichste Stunde«, als der »aufrechte Soldat mit dem Herzen eines Kindes« Hitler die Botschaft verkündete. Im Augenblick des Triumphes versagte sogar er sich jede Kritik am Rivalen.

Der Komplize

Am Morgen des 30. Januar 1933 ernannte Hindenburg Hitler zum Reichskanzler. Am Mittag versammelte sich das Kabinett in der Reichskanzlei zu einem Empfang bei Hindenburg, der dabei seine Genugtuung über die endlich erzielte Einigung der Nationalen Rechten zum Ausdruck brachte. In Hitlers neuer »Regierung der nationalen Konzentration«, wie sie sich selbst nannte, sollte Göring als Reichsminister ohne Geschäftsbereich fungieren und war neben Innenminister Frick und dem »Führer« der einzige weitere Nationalsozialist. Den Rest des Kabinetts bildeten ausgewiesene Konserva-

Oben: »Görings schönste Stunde«: Die neu ernannte »Regierung der nationalen Konzentration«, 30. Januar 1933
Unten: »Eine Begeisterung wie in jenen Tagen von 1914«: Der »Führer« und sein »erster Paladin« beobachten den Fackelzug der SA vor der Reichskanzlei

Oben: »Jede Kugel, die jetzt aus dem Lauf einer Polizeipistole geht, ist meine Kugel«: SA-Mitglieder werden Anfang 1933 zu Hilfspolizisten ernannt
Unten: »Gnadenlose Hetzjagd auf politische Gegner«: Gefangene im Keller eines SA-Sturmlokals in Berlin

tive wie Vizekanzler Franz von Papen, Wirtschaftsminister Alfred Hugenberg oder der Führer des »Stahlhelms – Bund der Frontsoldaten«, Alfred Seldte, der als Arbeitsminister in die Regierung eintrat. Die Aufteilung der Ministerposten war Teil des Zähmungskonzeptes, mit dem Papen Hindenburg die Berufung Hitlers schmackhaft gemacht hatte. Die wahre Macht sollte in den Händen der Konservativen liegen, die Hitler für ihre Ziele einspannen wollten. »In zwei Monaten haben wir Hitler in die Ecke gedrückt, dass er quietscht«, erklärte Papen einem Vertrauten. Um auf Nummer sicher zu gehen, hatte er sich zusätzlich das Amt des Ministerpräsidenten von Preußen gesichert. Aus dieser Position heraus glaubte er auch Göring im Griff zu haben, den Hitler sofort nach der Regierungsübernahme zum kommissarischen preußischen Innenminister ernannte – ein grober Irrtum Papens, der den Weg in die Diktatur ebnete.

Am Abend standen Hitler und Göring am Fenster der Reichskanzlei und ließen sich von einer jubelnden Menge und mit einem eilig improvisierten Fackelzug der SA und anderer Parteigruppierungen huldigen. In der Eile dachte niemand daran, den historischen Moment professionell auf Film zu bannen – der Triumphzug wurde daher später zu Propagandazwecken noch einmal mit allem Pomp nachgestellt und zum Teil bereits auf den neuen Farbfilmen abgedreht. Neben den wenigen echten Filmschnipseln sind vor allem Fotos der Nacht erhalten. Auf einem von ihnen steht Göring wie selbstverständlich mit Hitler im Vordergrund. Hinter ihnen, halb verborgen, drängen sich Wilhelm Frick und Rudolf Heß, um einen Blick auf die unten vorbeiziehenden Massen zu erhaschen. Während Hitler den rechten Arm zum Gruß stramm durchstreckt, hält Göring ihn lässig zurückgeworfen mit der Handfläche nach oben – als sei die gerade errungene Macht schon etwas Selbstverständliches für ihn. Vom Balkon der Reichskanzlei hielt er kurz darauf eine Rede, die vom Rundfunk live übertragen wurde. »Der 30. Januar 1933«, rief er der Menge zu, »wird in die Geschichte eingehen als der Tag, an dem sich die Nation ruhmreich erhebt, an dem eine neue Nation entsteht, die alle Sorge, alle Not, alle Erniedrigungen der letzten 14 Jahre überwindet. ... Arbeit und Brot für unsere Volksgenossen und Freiheit und Ehre für die deutsche Nation.«

Was er unter der neuen ruhmreichen Zeit verstand, zeigte er schon in den nächsten Tagen. Als kommissarischem Innenminister Preußens unterstand ihm die stärkste Polizeitruppe im Reich – ein Machtmittel, dessen sich der joviale Paladin rücksichtslos bediente. In kürzester Zeit gelang es ihm, den Polizeiapparat in die Hand zu bekommen und dem Willen der Partei gefügig zu machen. Missliebige Beamte wurden kurzerhand in den Ruhestand versetzt oder kaltgestellt, die Polizeipräsidien mit hohen SA-Führern besetzt. Aus einem Instrument der Rechtsstaatlichkeit wurde fast über Nacht eine Waffe gegen politische Gegner, die Göring wirkungsvoll einsetzte. Ohne Skrupel blies er mit Blick auf die für den 5. März angesetzte Neuwahl zu einer gnadenlosen Hetzjagd auf politische Gegner wie Sozialdemokraten und Kommunisten. Noch am 30. Januar verfügte er ein erstes Demonstrationsverbot gegen die KPD, dem weitere Restriktionen folgten. Unbekümmert trat er den Rechtsstaat mit Füßen. Am 17. Februar erließ er den berüchtigten Schießbefehl, demzufolge die Polizei »gegen Gegner der Nationalen Front während des Wahlkampfes mit allen Mitteln der Gewalt ohne Rücksicht auf die Folgen des Schusswaffengebrauches« vorzugehen habe. »Jede Kugel, die jetzt aus dem Lauf einer Polizeipistole geht, ist meine Kugel. Wenn man das Mord nennt, dann habe ich gemordet. Das alles habe ich befohlen, ich decke das«, tönte er.

Mit der Rechtsstaatlichkeit fiel auch das Gewaltmonopol des Staates. Mitte Februar ernannte Göring in Preußen 50 000 SA-, SS- und »Stahlhelm«-Männer zu »Hilfspolizisten«. Ungehindert von der Polizei beziehungsweise Seite an Seite mit ihr konnten die Schlägertrupps der Nazis von nun an den Gegner terrorisieren. Der braune Mob kannte kein Halten mehr. Anerkennend notierte Goebbels in sein Tagebuch: »Göring räumt in Preußen auf mit einer herzerfrischenden Forschheit. Er hat das Zeug dazu, ganz radikale Sachen zu machen, und auch die Nerven, um einen harten Kampf durchzustehen.«

Um die Maßnahmen zu rechtfertigen, beschwor Göring im Chor mit Hitler und Goebbels unablässig die Gefahr eines kommunistischen Umsturzes. In Wahrheit war die Linke schwach und zerstritten. Die verfolgten Gegner agierten mit Parolen statt mit Gewalt. Dennoch klammerten sich Hitler, Goebbels und Göring wie besessen an die propagandistisch wirksame Vorstellung, die »Kommune« könne ihnen im letzten Moment die Macht aus den Händen schlagen. Fast schien es, als sollte sich diese Vision bewahrheiten, denn in der Nacht des 27. Februar 1933 schlugen Flammen aus der Kuppel des Reichstagsgebäudes. Wer hatte das Feuer gelegt? Der am Tatort festgenommene, später zum Tode verurteilte Kommunist Marinus van der Lubbe? Die KPD? Oder die Nationalsozialisten mit Göring an der Spitze? Den Reichstag und die Wohnung des Reichstagspräsidenten verband ein unterirdischer Gang. Veranlasste Göring den Brandanschlag, obwohl diesem etliche Erbstücke, an denen sein Herz hing, zum Opfer fielen?

Wir hatten die Listen der kommunistischen Funktionäre, die verhaftet werden sollten, vorher bereits zum großen Teil schon festgelegt. Es war völlig unabhängig vom Brande im Deutschen Reichstag.

Göring, Aussage in Nürnberg

Zwingende Hinweise auf die Identität der Täter fehlen bis heute. Entscheidend aber ist, dass Göring den brennenden Reichstag, das Symbol der Republik, zum Anlass nahm, die Hetzjagd auf Kommunisten und andere Gegner zu verschärfen. Er traf als Erster am Tatort ein, und er setzte als Erster die Parole vom Putsch der Linken in die Welt, um den Staatsstreich von rechts zu legitimieren. »Das ist der Beginn des kommunistischen Aufstandes!«, schrie Göring gegen das Heulen der Sirenen den späteren Gestapochef Rudolf Diels am Tatort an. »Sie werden jetzt losschlagen! Es darf keine Minute versäumt werden.« Noch in derselben Nacht ergingen Befehle, über 4000 Funktionäre vor allem der KPD zu verhaften, ihre Büros zu schließen, ihre Presse zu verbieten und missliebige Schriftsteller wie Carl von Ossietzky in »Schutzhaft« zu nehmen. Schon bevor sich die Meldung vom Brand wie ein Lauffeuer im Reich verbreitete, lagen Görings schwarze Listen mit den Namen der Opfer bereit.

Bei der Kabinettssitzung am nächsten Morgen rechtfertigte Göring die Verhaftungswelle mit schamlosen Lügen: Der Anschlag sei eindeutig von der KPD ausgegangen, die, wie beschlagnahmte Geheimdokumente belegten, schon lange Terrorgruppen bilde. Insbesondere sei geplant worden, staatliche Gebäude anzustecken, öffentliche Küchen zu vergiften sowie Frauen und Kinder von Ministern als Geiseln zu verschleppen. Seine Anschuldigungen und Beweise waren frei aus der Luft gegriffen, doch sie erfüllten ihren Zweck. Auch die konservativen Minister im Kabinett stimmten für die Notverordnung, die Präsident Hindenburg noch am selben Tag »zum Schutz von Volk und Staat« erließ. Grundrechte wie jene auf freie Meinungsäußerung, die Pressefreiheit, die Vereinigungs- und Versammlungsfreiheit, das Brief- und Postgeheimnis und die Unverletzlichkeit der Wohnung wurden auf unbestimmte Zeit außer Kraft gesetzt. Das bereits zuvor erweiterte Instrument der »Schutzhaft« verlor seine letzten Einschränkungen. Die Polizei und ihre Helfer waren von nun an befugt, jeden Verdächtigen, wo er sich auch befand, auf unbefristete Zeit festzunehmen, ohne dass der Verhaftete Anspruch auf eine richterliche Überprüfung hatte. Ab sofort herrschte ein permanenter Ausnahmezustand.

Als Kettenhund der braunen Revolution verdiente sich Göring in diesen Wochen den Beinamen »Der Eiserne«. Vielen galt nun er und nicht Hitler als »der gefährliche Mann«, wie Finanzminister Krosigk in seinem Tagebuch notierte. Zur gleichen Zeit vergaß er nicht, seine Kontakte zur Wirtschaft auszuspielen, um Spenden für den teuren Wahlkampf zu sammeln. Am 20. Februar 1933 lud er als Reichstagspräsident 25 führende Vertreter der deutschen Wirtschaft, darunter Gustav Krupp von Bohlen und Halbach, Georg von Schnitzler von der I.G. Farben und Albert Vögler von den Vereinigten Stahlwerken, zu einem Empfang in seine Dienstvilla. Zur Überraschung der Geladenen, die einen Vortrag Hjalmar Schachts erwarteten, sprach Hitler persönlich zu ihnen, um für seine Politik zu werben. Die anstehende Wahl werde den Kommunismus in Deutschland besiegen helfen und zum Wohle der Wirtschaft die innere Ruhe herbeiführen, erklärte er den Anwesenden. Im Anschluss an die Ausführungen seines »Führers« leitete Göring geschickt zur Notwendigkeit über, dass hierfür andere, »nicht im politischen Kampf stehende Kreise wenigstens die nun mal erforderlichen finanziellen Opfer« bringen müssten. Unverfroren hielt er am Ende die Hand auf. Das erbetene Opfer werde der Industrie sicherlich umso leichter fallen, wenn sie wisse, dass die Wahl am 5. März sicherlich die letzte innerhalb zehn Jahren, voraussichtlich aber in hundert Jahren sei. Seine Worte fielen auf fruchtbaren Boden. Wunschgemäß zückten die anwesenden Industriekapitäne ihre Scheckbücher, um ihren Beitrag zum Ende der Demokratie in Deutschland zu leisten.

Trotz Propaganda und Terror ging die Reichstagswahl am 5. März 1933 für die Nazis enttäuschend aus. Mit 43,9 Prozent der Stimmen erreichte die NSDAP zwar den größten Wahlerfolg einer Partei in der Geschichte der Weimarer Republik, doch wurde das von Hitler gesteckte Ziel »absolute Mehrheit« klar verfehlt. Noch einmal brauchte er die Stimmen der konservativen Koalitionäre, um als Reichskanzler bestätigt zu werden. Doch inzwischen hatten seine Parteigänger, allen voran Göring, den Staatsapparat so weit in die Hand bekommen, um nach der alleinigen Macht zu greifen. Mit den Worten: »Weimar ist endgültig überwunden«, begrüßte Göring als alter und neuer Reichstagspräsident die Abgeordneten des neu gewählten Parlaments am 23. März zu ihrer ersten Sitzung, in der die Legislative sich selbst entmachtete. Nach dem Ausschluss von 81 kommunistischen Abgeordneten erreichten die neuen Machthaber durch massive Drohungen und vage Versprechungen, dass das Parlament mit Zweidrittelmehrheit das Ermächtigungsgesetz annahm, das der Regierung Hitler diktatorische Vollmachten übertrug. Sie konnte von nun an Gesetze allein beschließen, ohne Zustimmung des Parlaments – ein Blankoscheck für ungezügelte Alleinherr-

»Weimar ist endgültig überwunden«: Mit einem Fernglas beobachtet Präsident Göring am 23. März 1933 im Reichstag die »unbotmäßige« SPD-Fraktion

Norddeutsche Ausgabe
60. Ausg. • 46. Jahrg. • Einzelpreis 20 Pf.

Norddeutsche Ausgabe
Berlin, Mittwoch, 1. März 1933

VÖLKISCHER BEOBACHTER

Herausgeber Adolf Hitler

Die Brennessel heute neu!

Kampfblatt der national-sozialistischen Bewegung Großdeutschlands

Das Maß ist voll!

Jetzt wird rücksichtslos durchgegriffen

Kommunistische Brandstifter zünden das Reichstagsgebäude an – Der Mitteltrakt mit dem großen Sitzungssaal vernichtet – Kommunistischer Brandstifter verhaftet – Das Zeichen zur Entfesselung des kommunistischen Aufruhrs – Schärfste Maßnahmen gegen die Terroristen – Alle kommunistischen Abgeordneten in Haft – Alle marxistischen Zeitungen verboten

Das brennende Reichstagsgebäude

Der amtliche Bericht:

Der Brand des Reichstags sollte das Fanal zum bolschewistischen Aufstand sein

Der Wallot-Bau in Flammen

Das Fanal!

Von Dr. Joseph Goebbels

Wie das Feuer gelegt wurde

Oben: »Die Linken waren vorher fertig«: Den Reichstagsbrand nutzte Göring als Vorwand für die Verhaftung zahlreicher politischer Gegner
Unten: »Missliebige Elemente«: Wie hier in München gehörten Juden zu den ersten Opfern der neuen Machthaber. Ein jüdischer Anwalt wird von SA-Leuten durch die Innenstadt getrieben und verspottet

Ich möchte keinen Zweifel darüber lassen. Ich habe erst angefangen zu säubern. Es ist noch längst nicht fertig.

Göring, 10. März 1933

schaft. Einzig die SPD-Fraktion unter ihrem Führer Otto Wels stimmte dagegen. Unbeeindruckt von den bewaffneten SA- und SS-Wachen, die zur Einschüchterung im Saal aufgezogen waren, hielt Wels eine mutige Rede, die zum Schwanengesang der Weimarer Republik wurde: »Wir grüßen die Verfolgten und Bedrängten. Wir grüßen unsere Freunde im Reich. Ihre Standhaftigkeit und Treue verdienen Bewunderung. Ihr Bekennermut, ihre ungebrochene Zuversicht verbürgen eine hellere Zukunft.« Das Reichstagsprotokoll vermerkte »wiederholten lebhaften Beifall bei den Sozialdemokraten« und »Lachen bei den Nationalsozialisten«. Die Weimarer Verfassung war nur noch ein Papier.

Unterdessen tobten sich auf den Straßen die von Göring zu Hilfspolizisten ernannten SA- und SS-Männer aus. In leer stehenden Lagerhallen, alten Feldscheunen, in Hinterzimmern, Lokalen und Kasernen errichteten sie provisorische Lager, in denen Kommunisten, Sozialdemokraten, Gewerkschafter, Juden und alle anderen, die der SA als »missliebige Elemente« galten, eingesperrt wurden. Allein in Berlin entstanden mehr als 150 Haftstätten, in denen SA und SS ihre Opfer ungestört verhören und quälen konnten. Die größte und berüchtigtste Folterkammer der SA in Berlin befand sich im Keller der General-Pape-Kaserne am Werner-Voß-Damm, in der die SA-Feldpolizei Berlin-Brandenburg stationiert war. Zeitgleich waren hier mehrere hundert Häftlinge eingesperrt, Männer und Frauen, in erdrückender Enge. Viele von ihnen wurden mitten in der Nacht aus ihren Wohnungen geholt und auf offene LKWs verfrachtet. Nach der Fahrt durch die Dunkelheit kamen sie zu einem freien Platz auf dem Kasernengelände, der mit Scheinwerfern taghell ausgeleuchtet war. Mit Gummiknüppeln und Gewehrkolben wurden die Gefangenen vom Wagen gestoßen und unter Flüchen und Drohungen in den Keller getrieben. Hier begann der Spießrutenlauf. Unter lautem Gejohle der SA-Männer mussten die Gefangenen in dem Kellergang hin- und herrennen, wobei ihre Peiniger mit Koppeln, Knüppeln und schweren Stiefeln auf sie eindroschen und -traten. Unter einem der niedrigeren Deckenbalken hatten die braunen Sadisten eine Holzbank aufgestellt, die die Gefangenen überspringen mussten, wobei sie sich den Kopf anstießen. Anschließend folgte für viele das »Verhör« in der so genannten »Turnhalle« des Kellers. Ihren Namen verdankte sie zwei Böcken, auf die Häftlinge mit freiem Operkörper festgebunden wurden. Ein Gefangener erinnert sich:

»Deine Glieder werden mit Lederriemen an die Beine des einen Bocks geschnallt. Die Verhörskala ist nach Windstärken eingeteilt. Begonnen wird mit Windstärke fünf. Nach Sturm kann sich keiner mehr auf den Beinen halten. Orkan bedeutet das Ende.«

Noch heute sind an den Mauern des Folterkellers Spuren der Taten sichtbar: grob in die Wand geritzte Hakenkreuze, die offenkundig von gelangweilten SA-Wachen stammen. Eines gibt die Einheit des Schmierfinken an: »F. J. K. III. B.«: Feldjägerkorps, 3. Bataillon. Nicht weit davon ist das Profil eines jüdischen Häftlings an die Wand gekritzelt. Vermutlich drückten SA-Leute seinen Kopf an die Mauer und zeichneten ihn mit übertriebener Haartolle und spitzer Nase nach. Am Ende ihres groben Spaßes zwangen sie ihr Opfer, die Zeichnung mit seinem Namen in Deutsch und Hebräisch zu signieren: »David Moses Wiener-Trisker. 15. Juni 1933«. Nur wenig ist über die Opfer bekannt. Eines von ihnen war Leo Krell, dessen Schicksal auf einem zufällig erhaltenen Krankenblatt dokumentiert wird. Am 17. März 1933 nahm der SA-Sturm 27 den Sechsundzwanzigjährigen in Berlin fest. Die braunen Schergen brachten ihn in ein SA-Heim, wo er mit »Gummiknüppeln und Schulterriemen geschlagen« und dann der Hilfspolizei Gruppe Berlin-Brandenburg, Abteilung III, übergeben wurde. Von ihr wurde er in den Keller der General-Pape-Kaserne verschleppt und dort erneut auf die gleiche Art misshandelt. Das Krankenblatt verzeichnet »ausgedehnte Hämatome am ganzen Körper mit Hautläsionen«. Nahrung und Wasser erhielt er der Inhaftierte nur sporadisch – am Ende versagten der Darm und das Herz des Gefolterten. Drei Tage dauerte sein Martyrium, drei Tage, die er ohne »Stuhlgang« und »Wasserlassen« mit starken Schmerzen im Kopf und in der Herzgegend aushielt. Sein kritischer Zustand veranlasste die Peiniger schließlich, ihn am Abend des 20. März in das Staatskrankenhaus der Polizei einzuweisen. Hier verstarb er am nächsten Morgen gegen 7.30 Uhr, nachdem er den Ärzten seine Leidensgeschichte erzählt hatte. Die Krankenakte vermerkt lakonisch: »Todesursache nicht sicher zu bestimmen.« Auch ein prominentes Opfer starb in den Kellern der General-Pape-Kaserne: der berühmt-berüchtigte Wahrsager und Magier Jan Erik Hanussen. Er hatte Göring einen steilen Aufstieg prophezeit, dann aber komme der Verfall des ganzen Reiches. Die SA setzte seinem Leben ein Ende. Die Täter wurden niemals zur Rechenschaft gezogen.

Die willkürlichen Übergriffe der SA und SS wurden allmählich selbst in den Augen der NS-Führung zu einer Belästigung. Nachdem die erste Phase der

Nachdem nun die Totalität des Staates erreicht ist, das heißt zu deutsch: Vernichtung der Parteien, ist die große nationalsozialistische Freiheitsbewegung das Fundament des neuen Staates geworden.

Göring, 8. Juli 1933

»Machtergreifung« abgeschlossen war, schien die Zeit gekommen, das Staatsschiff in ein ruhigeres Fahrwasser zu lenken. Anfang August 1933 löste Hitler offiziell die »Hilfspolizei« in Preußen auf. Zwei Monate später, im Oktober, ordnete Göring per Erlass an, Schutzhäftlinge nur noch in staatlich kontrollierten Lagern unterzubringen. Unterdrückung und Verfolgung der Gegner sollten ab jetzt »geordnet«, »kontrolliert« und »dosiert« erfolgen. Mit Billigung Hitlers schuf Göring die Grundlagen des Terrorstaates. Am 26. April wandelte er ein Nebenressort im Berliner Polizeipräsidium in das »Geheime Staatspolizeiamt« um, das zur Keimzelle der berüchtigten »Gestapo« wurde. Im Auftrag Görings machten die Beamten im Ledermantel Jagd auf politische Gegner, die sie jederzeit, unbefristet und ohne gerichtliche Kontrolle festnehmen konnten. Die Zahl der von ihnen und anderen Polizeiorganen festgenommenen »Schutzhäftlinge« stieg im Laufe des Jahres auf zehntausende an, sodass die regulären Gefängnisse völlig überlastet waren. Um neuen Haftraum zu schaffen, ließ Göring in Oranienburg, Papenburg und anderswo Lager errichten, die nach dem Vorbild der englischen Internierungslager für Zivilgefangene im Burenkrieg (1901) »Konzentrationslager« genannt wurden. Sie sollten die »wilden Konzentrationslager« der SA und SS ersetzen, die in den nächsten zwei Jahren nach und nach aufgelöst wurden.

Für seine »Verdienste« um die Eroberung der Macht forderte Göring reiche Belohnung und erhielt sie. Mit Wirkung vom 20. April 1933 ernannte ihn Hitler anstelle Papens zum Ministerpräsidenten Preußens. Zuvor hatte der »Führer« gezögert, ihm neben dem Innenministerium, das Göring zunächst noch behielt, auch das höchste Amt in Preußen zu übertragen. Vermutlich wollte er Hindenburgs Günstling Papen nicht aus dem Amt drängen, solange er die Unterstützung der Konservativen noch nötig hatte. Zwar waren nach dem Durchpeitschen des Ermächtigungsgesetzes derlei Rücksichten obsolet, doch Hitler ließ sich Zeit. Fürchtete er, dass Göring in Preußen zu mächtig und ihm, Hitler, gefährlich werden könnte? Was immer seine Gründe waren, am Ende gab er auch hier dem Wunsch Görings und dem Drängen der NS-Fraktion im preußischen Landtag nach, die unbedingt einen Nazi als Ministerpräsidenten wollte. Papen wurde nach Rom gesandt, wo er im Auftrag Hitlers die schon eingeleiteten Verhandlungen über ein Konkordat mit dem Vatikan führen durfte. Widerstandslos fügten er und seine konservativen Kabinettskollegen sich den neuen Machthabern, die sie selbst in den Sattel gehoben hatten. Im Hochgefühl der neu errungenen Stellung beeilte sich Göring, seinem Meister unbedingten Gehorsam zu geloben. Mit großem Pathos verkündete er am 18. Mai vor dem preußischen Landtag, Hitlers Wille sei sein Wille geworden. Er übernehme die Regierung Preußens in erster Linie als »treuester Paladin« des »Führers«. Noch in der Bekundung seiner Hingabe an Hitler offenbarte er seinen unersättlichen Machthunger. Auch in der Treue zum Diktator wollte er sich von niemandem in der Partei übertrumpfen lassen. Der »*treueste* Paladin« wollte der *erste* Paladin des »Führers« sein.

Göring kommt. Das alte Ekel. Will General werden. Warum nicht gleich Feldmarschall. Göring hat Rosinen im Kopf. Er brüskiert alle Menschen durch sein pampiges Großmannstum. Hoffentlich fährt der bald ab.

Goebbels, Tagebuch, 31. August 1933

Rastlos arbeitete er daran, sich neue Ämter und Kompetenzen einzuverleiben. Der besondere Ergeiz des einstigen Fliegerhelden galt der Schöpfung einer neuen Luftwaffe, die unter seiner Leitung entstehen sollte. Bereits am 30. Januar 1933 hatte Hitler ihn zum »Reichskommissar für den Luftverkehr« ernannt. Die Errichtung eines Reichsluftfahrtministeriums, das Göring für sich gefordert hatte, war mit Blick auf das Ausland, vor allem aber aus Rücksicht auf die Führung der Reichswehr vermieden worden. Diese fürchtete die Konkurrenz einer neuen unabhängigen Teilstreitkraft, die ihr nicht unterstellt war. Mit der Rückendeckung Hitlers, der den Aufbau der durch den Versailler Vertrag verbotenen Luftstreitkräfte wünschte, setzte sich Göring nunmehr selbstherrlich über die Bedenken hinweg. Am 5. Mai 1933 wurde ihm von Hindenburg und Hitler der Posten eines »Reichsministers der Luftfahrt« übertragen. Umgehend begann er mit dem geheimen Aufbau der Luftwaffe und überredete Reichswehrminister von Blomberg, ihm vier Heeresoffiziere im Rang von Obersten zur Verfügung zu stellen. Um ihnen gegenüber auch optisch als Vorgesetzter aufzutreten, ersuchte Göring Hitler um einen höheren militärischen Rang. Dieser zeigte sich genervt von den nie aufhörenden Forderungen Görings und äußerte sich gegenüber Goebbels »sehr scharf« über dessen »Uniformfimmel«, am Ende aber erfüllte er dem Mann, der ihm wie kein anderer bei der Eroberung der Macht behilflich gewesen war, auch diesen Wunsch. Am 30. August 1933 erhob Reichspräsident von Hindenburg den Hauptmann a.D. Hermann Göring in »Anerkennung seiner hervorragenden Verdienste im Kriege und Frieden« in den Dienstgrad eines Generals der Infanterie. Binnen weniger Monate hatte Göring eine Fülle von Ämtern und Würden auf sich gehäuft, die in der deutschen Geschichte beispiellos war. Ganze fünf Jahre zuvor war er ein arbeitsloser Fliegerheld a. D. gewesen, den die Suchtklinik nur als bedingt geheilt entlassen hatte. Jetzt war er in Personalunion Präsident des Reichstags, preußischer Innenminister und Ministerpräsident, Reichsluftfahrtminister und General der Infanterie. Er war ganz oben.

Neben dem Ausbau seiner Macht kümmerte sich Göring mit Passion um die Mehrung seines Vermögens. Der einstige Habenichts nahm bedenkenlos die erste Gelegenheit wahr, um sich aus den schwindsüchtigen Kassen des verarmten Staates zu bedienen. Für ihn waren seine Ämter Macht und Pfründe. In beide Richtungen sprengte er jeden Rahmen. Man sollte sehen, wie weit er es gebracht hatte. Er stellte Personal ein und ließ das Palais des Reichstagspräsidenten und des preußischen Ministerpräsidenten, die er beide bewohnte, auf Kosten des Steuerzahlers aufwändig umgestalten. Geld spielte für ihn nun keine Rolle mehr. Allein der Tabakkonzern Reemtsma überwies ihm bis 1943 jährlich eine Million Reichsmark, und die deutsche Automobilindustrie beglückte ihn mit einer Motoryacht – der »Carin II« – im Wert von anderthalb Millionen Mark, um im Gegenzug mit Rüstungsaufträgen bedacht zu werden. »Der dicke Hermann«, wie er im Volksmund hieß, genoss seinen Aufstieg in vollen Zügen. Leiblichen Genüssen gab er sich ohne Einschränkung hin. Nachts bewirtete Diener Robert Kropp seinen Herrn häufig mit Bier, belegten Broten und Kuchen mit Schlagsahne. Ende 1933 brachte Göring 280 Pfund auf die Waage. »Er hat die üblichen Proportionen eines deutschen Tenors«, spottete Washingtons Botschafter William C. Bullet. »Sein Hinterteil hat den Durchmesser von mindestens einem Yard. Da er sich in eine hautenge Uniform gezwängt hat, ist die Wirkung einmalig.« Ungeniert raffte Göring an sich, was immer ihm gefiel: Juwelen, Bilder, Uniformen, Orden… Die Kabarettistin Claire Waldoff brachte die Prunksucht auf den Punkt: »Links Lametta, rechts Lametta, und der Bauch wird immer fetta…«

Was das Groteske seiner eigenen Wirkung betraf, so dürfte Göring jeglicher Realismus gefehlt haben. Der narzisstische Koloss, der weder Kosten noch Mühen scheute, wenn es um seine äußere Erscheinung ging, der sich die Hände sorgfältig manikürte und sein Antlitz mit Cremes und Gesichtswassern pflegte, sah in den Augen der Schauspielerin Lola Müthel einfach »schrecklich« aus: »Er war doch sehr dick und hatte immer diese vielen wippenden Orden; das belus-

Als er 250 Pfund leichter war, muss er eine blonde Schönheit von der unangenehmsten Sorte gewesen sein. Er ist wirklich der unsympathischste Vertreter einer Nation, den ich je erblickt habe.

US-Botschafter William C. Bullet, 1935

»Er sonnte sich in der Beliebtheit beim Volk«: Der preußische Ministerpräsident verschenkt bei einer Tombola gewonnene Hitler-Devotionalien

tigte einen natürlich, weil man immer das Gefühl hatte, er wäre vielleicht auch gerne Schauspieler geworden. Er hatte so ein bisschen was Komödiantisches.« Bei aller unfreiwilligen Komik ging von der enormen Leibesfülle Görings auch noch etwas anderes aus: Im Vergleich zu Hitler und Goebbels wirkte er nicht nur eine Spur weltmännischer, sondern auch sympathischer: »Man hatte das Gefühl, er isst und trinkt gern, und zwar gut. Er genießt – und das ist ja etwas, was einem gewisse Sympathien einbringt, weil man sagt, das ist ein Mensch und nicht nur ein Ideologe, der dauernd Vorträge hält.« Als Lola Müthel Göring bei einem Empfang von Angesicht zu Angesicht gegenüberstand, blieb von dieser diffusen Sympathie für den korpulenten Reichsmarschall wenig übrig: »Ich kam in diesen Raum hinein, immer näher, bis ich ihm direkt vis-à-vis stand, ihm die Hand gab und zu Tode erschrak. Plötzlich sah er für mich ganz anders aus, er hatte ein vollkommen fremdes Gesicht, ein Gesicht, das in die Breite zerfloss, fast feminin, pastös, aufgeschwemmt und eigentlich gar nicht das, was ich bisher glaubte gesehen zu haben. Es war etwas ganz Neues, Erschreckendes, Befremdendes. Auch die Hand war weich und patschig, und ich weiß noch, wie ich mich umdrehte und dachte: ›Mein Gott, wieso sieht denn der in der Nähe so anders aus als von weitem?‹«

In den ersten Monaten seiner Amtszeit legte Göring den Grundstein für seinen späteren pompösen Herrensitz Carinhall. Als preußischem Ministerpräsidenten stand dem leidenschaftlichen Jäger das ehemalige kaiserliche »Jagdhaus Hubertusstock« zur Verfügung, doch dies genügte den Ansprüchen eines Göring nicht. Auf seinen Wunsch hin wies die Regierung Preußens ihrem frisch ernannten Ministerpräsidenten ein 120 Hektar großes Gelände nördlich von Berlin zur freien Nutzung zu: die Schorfheide. Sie war Teil einer urwüchsigen und wildreichen Landschaft, die sich von hier bis zur Oder erstreckte und gehörte zu den schönsten zusammenhängenden Waldgebieten im Deutschen Reich. Im Juni 1933 beauftragte Göring den Berliner Architekten Werner March mit dem Bau eines Jagd- und Landhauses. Hier, in ruhiger Abgeschiedenheit und doch nur eine Autostunde entfernt von der lärmenden Reichshauptstadt, wollte er seiner Jagdleidenschaft frönen und zugleich Politik nach Waidmannsart betreiben: »Bei der Pirsch lassen sich Probleme oft leichter lösen als am grünen Tisch.«

Für den Bau des Jagdhauses wurden ausschließlich Materialien aus der Region verwendet: Kiefernrundstämme für Wände und Decken, Schilfrohr als Bedachung, Findlinge als Grundmauerwerk. Im April 1934 war das Jagdhaus fertig. Den Kern des Hauses bildete eine große Halle, an die sich im Erdgeschoss ein niedriger Speiseraum, eine Küche sowie Dienstbotenzimmer anschlossen. Der *Völkische Beobachter* schrieb dazu am 9. April 1934: »In der inneren Stirnwand der Halle ist ein gewaltiger Kaminplatz aufgemauert, dem gegenüber hängt eine köstliche Jagdbeute im anderen Giebel: ein Urochs. Elchschaufeln grüßen von den Wänden, und über einem Bronzerelief des Führers hängt ein Adler. ... Die Halle ist groß und atmet Größe an sich. ... Im Obergeschoss befand sich Görings Arbeitszimmer, von dessen Balkon er den Döllnsee überblicken konnte. Alles in diesem Zimmer erinnerte an die verstorbene Frau des Hausherrn. An der Wand hing ein großes Ölgemälde, das Carin vor dem Hintergrund der bayerischen Alpen auf einer Wiese sitzend zeigte.«

Görings Erinnerung an seine verstorbene Frau nahm Züge einer Heiligenverehrung an. Ihr zu Ehren nannte er den neuen Jagdsitz »Carinhall«. Das »-hall« entlehnte Göring vermutlich aus »Walhalla«, der großen Götterhalle der nordischen Sagenwelt, in der Wotan oder Odin die gefallenen Helden zu einem Festmahl empfing. Wenige Minuten Fußweg vom Jagdhaus entfernt, an einem Hang oberhalb des Nordufers des Wuckersees, ließ

»Einer verstorbenen Königin würdig«: Hitler und Göring verlassen nach der Beisetzung Carin Görings das zu ihren Ehren errichtete Mausoleum in Carinhall, 19. Juni 1934

er für sie – zeitgleich mit dem Bau des Jagdhauses – eine unterirdische Gruft errichten. Zwei Findlinge, in die ein Edelweiß und germanische Runen eingeritzt waren, bewachten den Eingang. Im Juni 1934 wurden Carins Gebeine aus der Familiengruft in Schweden exhumiert und in einem Staatsakt, der einer verstorbenen Königin würdig gewesen wäre, nach Carinhall überführt. Ein Sonderzug brachte den Zinnsarg zu seinem neuen Ruheort. In den Ortschaften, an denen er vorbeifuhr, wurden die Fahnen auf Görings Anordnung auf halbmast gesetzt. Hitlerjungen und tausende Frauen warteten an jeder Station, um der drei Jahre zuvor verstorbenen Ehefrau des neuen Ministerpräsidenten die letzte Ehre zu erweisen. Am 20. Juni 1934 wurde ihr Sarg unter den Klängen von Wagners »Götterdämmerung« und im Beisein zahlreicher Ehrengäste, darunter Hitler und Himmler, in der Gruft beigesetzt. An ihrer Seite, so bestimmte ein sichtlich bewegter Göring, wolle er selbst dereinst begraben werden. Als er am Nachmittag seinen »Führer« in Carinhall verabschiedete, hatten sich seine Gedanken wieder profaneren Angelegenheiten zugewandt: Es werde Zeit, dass man etwas gegen Röhm unternehme, drängte er. Zu lang schon habe Hitler dem Treiben des übermütigen SA-Chefs zugeschaut. Er jedenfalls stünde bereit, um loszuschlagen. Noch blieb Hitler stumm und fuhr ab, ohne eine Entscheidung zu fällen. Im Hintergrund aber lief die Vorbereitung für die »Nacht der langen Messer« schon auf Hochtouren.

Der Schreibtischtäter

Schon wenige Tage nach dem Regierungswechsel in Berlin hatte Göring sich ein Instrument geschaffen, das ihm die Macht erhalten sollte. Er wollte wissen, was im Volk vor sich ging, vor allem aber, was seine Rivalen, insbesondere jene mit Beziehungen zum Ausland, planten, dachten und empfanden. Unter dem pseudowissenschaftlich-harmlos klingenden Namen »Forschungsamt des Reichsluftfahrtministeriums« installierte er mit ausdrücklicher Billigung Hitlers einen persönlichen Geheimdienst, der ihn mit allen Informationen versorgte, die notwendig waren, um im Ränkespiel zwischen den Rivalen um Macht und Posten Oberwasser zu behalten. In »Spitzenzeiten« waren hunderte Techniker, Dechiffrier-Spezialisten und Übersetzer damit beschäftigt, Telefonate und Telegramme von Reichskanzlei und Ministerien, Parteibüros und Botschaften zu überwachen. »Feind hört mit«, galt auch für ausländische Rundfunksender und diplomatische wie militärische Geheimsender.

Göring selbst prahlte mit den Leistungen, die sein Amt beim Entschlüsseln von Nachrichten aus der Schweiz und aus dem Vatikan erzielte. Wie diese »Forschungsergebnisse« zustande kamen, interessierte ihn nur am Rande, die Verwaltung des Spionagedienstes legte Göring in die Hände seines alten Freundes Paul Körner. Viel wichtiger war, dass die exklusiven Informationen nicht nur Görings eigene Politik stützten, sondern auch den Zugang zu Hitler erleichterten. Schätzungsweise eine halbe Million Meldungen sollte das Amt in den nächsten zwölf Jahren produzieren. Rund um die Uhr dechiffrierten Abhörexperten verschlüsselte Botschaften und schrieben private und dienstliche Konversationen mit. Ob Liebesgeflüster zwischen Goebbels und der tschechischen Schauspielerin Lida Baarova, ob politische Debatten unter Auslandskorrespondenten – Görings Lauscher notierten jedes Wort, sobald er einen der von Pili Körner vorgelegten Anträge, eine Leitung anzuzapfen, mit einem großen »G« genehmigt hatte. »Was ist das?«, scherzte die Frau des vormaligen Reichskanzlers Kurt von Schleicher, dessen Telefon ebenfalls abgehört wurde. »Ohne ein i will es kei-

»Das Gesicht der braunen Revolution«: Röhm, Göring und Hitler im November 1933

ner sein. Mit einem i jeder! Na, weißt du es?« Die Antwort: »Arisch!« Feixend und schenkelschlagend gab Göring »Nachrichten« wie diese vor seinen Mitabeitern zum Besten. Andere »Forschungsergebnisse«, die in den »Braunen Blättern« gesammelt und Göring jeden Morgen vorgelegt wurden, unterlagen hingegen strengster Geheimhaltung, deren Verletzung mit Todesstrafe bedroht war.

Aus den »Forschungsberichten« wusste Göring, dass der Führer der SA, Ernst Röhm, Hitler zunehmend kritischer gegenüberstand. Röhm war enttäuscht von der Machtergreifung. Statt die Macht im Bündnis mit der alten Elite fast legal zu erschleichen, wie es Hitler gelungen war, hatte Röhm von einer Revolution mit Kanonen und Gewehren geträumt, die die alten Zöpfe hinwegfegte. In der von ihm geführten SA sah er den Kern eines deutschen Volksheers, in dem die kleine Berufsarmee Reichswehr einfach aufgehen sollte – mit ihm an der Spitze. Die brutalen Übergriffe der SA auf den Straßen der Republik, die Massenaufmärsche und die verbalen Ausfälle Röhms gegen die Militärs gefährdeten Hitlers fragiles Bündnis mit Reichswehr und Industrie. Noch war er sich seiner Position nicht sicher, hielt er es für möglich, dass konserva-

Weshalb sind gestern Abend Unter den Linden alle Autofahrer geblendet worden? – Weil Hermann Göring vergessen hatte, auf dem Heimweg vom Büro seine Orden abzudecken.

Von Görings »Forschungsamt« abgehörter und aufgezeichneter Witz

tive Kreise mit Hindenburg und der Reichswehr im Rücken ihm die gerade errungene Macht wieder entreißen könnten. Im Übrigen schien ihm die gewünschte schnelle Wiederaufrüstung ohne die Experten der Reichswehr schlichtweg nicht denkbar. Hitler befahl daher Röhm, sich mit den Militärs zu arrangieren. Während diese den Schutz der Nation nach außen zu garantieren hätten, sei es Aufgabe der SA, den Sieg der nationalsozialistischen Revolution im Inneren zu sichern, beschwor er Röhm. Widerwillig gab dieser sich kompromissbereit, doch die befohlene Versöhnung mit Kriegsminister von Blomberg blieb äußerlich. Im Kreis der SA-Führer, durch Alkohol enthemmt, tobte Röhm über die angebliche Treulosigkeit Hitlers und redete davon, diesen »mindestens auf Urlaub« zu schicken. Unbedachte Äußerungen wie diese fanden ihren Weg zu Hitler; doch dieser zögerte vorerst, gegen seinen Duzfreund Röhm vorzugehen.

Während Hitler abwartete, formte sich hinter den Kulissen eine mächtige Fronde gegen Röhm. An ihrer Spitze standen neben Göring der »Reichsführer-SS« Heinrich Himmler und Propagandaminister Joseph Goebbels. Sonst erbitterte Rivalen im Kampf um die Gunst des »Führers«, verbündeten sie sich gegen den mächtigen SA-Chef, von dessen Fall sie gemeinsam zu profitieren hofften. Um den Bund mit Himmler zu schmieden, überließ Göring ihm und seiner SS sogar die von ihm gegründete Gestapo, die er bislang eifersüchtig als Machtinstrument gehütet hatte. Sein »Forschungsamt« wies er an, belastendes Material gegen Röhm zu sammeln, das er Hitler vorlegte. Insgeheim erstellten er und Himmler »schwarze Listen«, die die Namen von Personen enthielten, die ihnen aus dem einen oder anderen Grund als »unerwünscht« oder »gefährlich« galten.

Ohne Ahnung von der Schlinge, die sich allmählich zuzog, entließ Röhm die SA in den Sommerurlaub und fuhr mit einigen Getreuen zur Erholung nach Bad Wiessee. An die Öffentlichkeit gelangte nur wenig über die innere Krise in der NS-Führung, die sich nun zuspitzte. Am 19. Juni 1934, einen Tag vor Carins »Beerdigung«, nahm Göring in einer Rede vor dem preußischen Staatsrat in Potsdam öffentlich Stellung gegen Röhm, ohne dessen Namen zu nennen: »Nicht an uns liegt es festzustellen, ob eine zweite Revolution notwendig ist. Die erste Revolution war vom Führer befohlen und ist vom Führer beendet worden: Wünscht der Führer die zweite Revolution, dann stehen wir, wenn er es wünscht, morgen auf der Straße; wünscht er sie nicht, dann werden wir jeden unterdrücken, der gegen den Willen des Führers eine solche machen will.«

Während Göring im Hintergrund das Netz spann, in dem sich sein Rivale

»Ruhe vor dem Sturm«: Göring besucht am 24. Juni 1934 das Dinkelsbühler Stadtfest, die »Kinderzeche«

verfangen sollte, wahrte er nach außen hin den harmlosen Schein. Sein privates Fotoalbum, das heute in der Library of Congress in Washington verwahrt wird, enthält Aufnahmen aus diesen Tagen. Eine von ihnen, datiert auf den 24. Juni, zeigt Göring auf einem Kinderfest im fränkischen Dinkelsbühl.

Die ganze Aktion wurde als Staatsnotwehr bezeichnet. Es war ja ein Anschlag auf das Leben des Führers beabsichtigt, und die rasche Handlungsweise sollte als abschreckendes Beispiel gelten.

Göring

Zwei Tage später gönnte er sich einen Kurzurlaub auf Sylt, wo Emmy ein Sommerhaus besaß. Von dort ging es über Köln nach Essen, wo Gauleiter Terboven im Beisein des Diktators Hochzeit feierte. Nach der Feier zog Göring sich mit Hitler in das Hotel Kaiserhof zurück. Zu ihnen stieß Görings Staatssekretär Körner, der neue belastende »Forschungsberichte« gegen Röhm aus Berlin mitbrachte. Hitler gab sich überzeugt: Er habe genug gesehen und sei nun entschlossen, gegen Röhm vorzugehen, erklärte er der Runde. Befriedigt kehrte Göring nach Berlin zurück, um dort die notwendigen Maßnahmen im Verein mit Himmler zu leiten.

Am 30. Juni 1934 erfolgte das Kommando zum Losschlagen. Aufgestachelt durch neue Berichte über einen angeblichen Aufmarsch der SA in München, flog Hitler nach Bayern. An der Spitze eines SS-Trupps verhaftete er persönlich in den frühen Morgenstunden den völlig überraschten Röhm in seinem Urlaubsort Bad Wiessee. Goebbels, der Hitler begleitete, rief umgehend Göring an und nannte das verabredete Stichwort: »Kolibri«. Sofort setzte Göring den vereinbarten Mordplan in Berlin in Gang. Über Nacht hatte er sein neues Dienstpalais am Leipziger Platz verbarrikadieren lassen. Hinter den Sandsäcken hatte sich die Landespolizei mit entsichertem MG postiert. Kurz darauf meldete sich Himmler bei ihm. Im Kreis vertrauter Mitarbeiter gingen beide gemeinsam die »schwarzen Listen« durch, die sie aus den Schubladen geholt hatten. Himmler, so erläuterte Görings Vertrauter Erhard Milch später die Szene, las laut die Namen vor, zu denen Göring entweder bejahend nickte oder verneinend den Kopf schüttelte. Im Stile römischer Cäsaren, in deren Händen das Schicksal besiegter Gladiatoren lag, urteilten sie über Tod und Leben. Wer auf der Liste blieb, war des Todes, soweit die Mordkommandos seiner habhaft wurden. Ausgerechnet Görings ehemalige Kadettenanstalt in Berlin-Lichterfelde, nun Quartier der neuen »SS-Leibstandarte Adolf Hitler«, wurde zum Zentrum der befohlenen Morde. Lastwagenweise karrte die SS ihre Gefangenen auf den Kasernenhof, wo sie mit nacktem Oberkörper an die Mauer der Kapelle gestellt und erschossen wurden. 43 hohe SA-Führer starben im Kugelhagel ihrer einstigen Kameraden. Ihr Tod und der zahlreicher anderer zwang die Redakteure des »*Deutschen Führer-Lexikons*« zu Überstunden. Weil am 15. Juni 1934 Redaktionsschluss für den Jahrgang 1934/35 gewesen war, mussten nachträglich 81 Namen von ermordeten oder in Ungnade gefallenen SA-

Führern entfernt werden. Die Stellen, die für die Fotos dieser »Verschwörer« vorgesehen waren, blieben schwarz umrandete Freiflächen – ein makabrer Nachruf.

In der »Nacht der langen Messer«, wie sie nach einem Wort Goebbels genannt wurde, stieg Göring endgültig zum politischen Verbrecher ab. Ohne Skrupel nutzte er im Verbund mit Himmler die Gunst der Stunde, um alte Rechnungen zu begleichen. Eines der Opfer war der siebzigjährige Gustav von Kahr, der als bayerischer Generalstaatskommissar den Putsch von 1923 niedergeschlagen hatte. Er wurde im Konzentrationslager Dachau ermordet, seine Leiche zerstückelt. Wie er starb der einstige Reichskanzler Kurt von Schleicher. Ein SS-Kommando erschoss ihn und seine Frau in ihrer Villa in Babelsberg – weil er sich angeblich der Verhaftung widersetzt hatte. Unbekümmert stellte Göring sich vor die Presse und rechtfertigte das Morden: Seit Monaten seien vonseiten der SA-Führung Pläne geschmiedet worden, »um die Bewegung zu schädigen, den Staat zu stürzen und einen Staat aufzurichten, der dann ein Staat dieser kranken Individuen geworden wäre. ... Die armen SA-Männer sind alarmiert worden, sie wurden bewaffnet und wussten nicht, wozu. Man sagte: Gegen die Reaktion, und marschierte gemeinsam mit ihr. Das war das Verwerflichste, dass die oberste SA-Führung das Phantom einer zweiten Revolution gegen die Reaktion errichtete und selbst mit ihr eng verbunden war. Der Hauptmittelsmann war der frühere Reichskanzler General von Schleicher, der die Verbindung knüpfte zwischen Röhm, einer ausländischen Macht und jenen unzufriedenen, gestrigen Gestalten. Ich habe meine Aufgabe erweitert, indem ich auch gegen diese Unzufriedenen einen Schlag führte.«

Am späten Abend empfing Göring den aus Bayern zurückkehrenden Hitler mit militärischen Ehren am Flughafen Tempelhof. Inmitten des Mordens, das er selbst veranlasst hatte, gab sich der »Führer« merkwürdig ambivalent. Er, der bei der Verhaftung Röhms über den »größten Treuebruch der Weltgeschichte« gewettert hatte, besuchte am Tag darauf in Berlin ein Gartenfest für Parteiprominenz und Kabinettsmitglieder. Während in Lichterfelde noch die Salven der Erschießungskommandos krachten und die Familien der in der Nachbarschaft wohnenden Offiziere verstört ihr Viertel verließen, zeigte sich Hitler in aufgeräumter Laune unter seinen Gästen, plaudernd, Tee trinkend, Kinder tätschelnd. »Es steckt ein großes Stück Psychologie in der Szene, unschwer drängt sich die Physiognomie eines der Shakespeareschen negativen Helden auf, die dem Bösen nicht gewachsen sind«, urteilt Hitler-Biograph Joachim Fest.

»Er [Göring] hat unmittelbar nach meinem Tode die Mitglieder der Reichsregierung, die Wehrmacht des Deutschen Reiches sowie die Formationen der SA und SS auf seine Person zu vereidigen.«

Gesetz über die Nachfolge Hitlers, Dezember 1934

Scheinbar widerstrebend, als würde er nur dem Drängen Görings und Himmlers nachgeben, ließ Hitler es zu, dass Ernst Röhm im Gefängnis München-Stadelheim von zwei SS-Männern erschossen wurde. Als ihm wenige Tage später die Liste mit den Namen der Ermordeten vorgelegt wurde, soll er einem Augenzeugen zufolge sprachlos vor Empörung gewesen sein über die eigenmächtige Ausweitung der Liquidierung durch Göring und Himmler. Statt die Täter jedoch zu bestrafen, belohnte er sie: Himmlers SS, die bislang formell der SA unterstanden hatte, wurde zur eigenständigen Organisation erklärt. Zug um Zug übernahm der Reichsführer-SS die gesamte Polizeigewalt in Deutschland; sein schwarzer Orden wurde zum Synonym für den Terror- und Überwachungsstaat. Auch Görings Eifer zahlte sich aus. Dem »Führer« gefiel, wie »eiskalt« sein »treuester Paladin« in Krisenzeiten handelte. Göring, der Haudegen, hatte sich einmal mehr bewährt. Als Staatspräsident Hindenburg am 2. August 1934 verstarb und Hitler sich das Amt des Staatsoberhaupts aneignete, erfüllte sich Görings größter Wunsch. Am 7. Dezember bestimmte Hitler per Geheimerlass, dass Göring – »sollte ich an der Ausübung der in meiner Person vereinigten Ämter des Reichspräsidenten und Reichskanzlers verhindert sein« – sein Stellvertreter und im Falle seines Todes sein Nachfolger werden sollte. Damit rückte Göring offiziell zum »zweiten Mann« hinter Hitler auf.

Über das Morden, dem er seinen neuen Karriereschub verdankte, äußerte Göring weder damals noch später Bedauern. Am 2. Juli 1934, zwei Tage nach dem Beginn der Morde, lud er Himmler, Reichswehrminister von Blomberg sowie Körner und Milch zu einem exquisiten Krebsessen ein, um den Sieg über Röhm gebührend zu feiern. Fünf Tage später spendierte er den Beamten der von ihm gegründeten und jetzt von Himmler geführten Gestapo eine Feier auf seinem neuen Jagdhof Carinhall. Fotos zeigen Göring, wie er Autogramme gibt, während die Informanten, Wärter und Richter der braunen Bartholomäusnacht in einem eigens errichteten Biergarten mit ihren Frauen und Freundinnen feiern. Noch im Verlauf des Nürnberger Prozesses brüstete sich Göring damit, dem »dreckigen, homosexuellen Schwein« Röhm und seiner »Blase perverser, blutgieriger Revolutionäre« den Garaus gemacht zu haben: »Was war doch die SA für eine Rotte perverser Banditen! Es ist eine verflucht gute Sache, dass ich sie beseitigte, oder sie hätten uns umgebracht!« Dennoch blieb er um das Urteil der Nachwelt besorgt. Die Polizeidienststellen wies er unmittelbar im Anschluss an die Morde an, »alle mit der Aktion der beiden letzten Tage zusammenhängenden Akten... zu verbrennen«.

Der zweite Mann

Nach der inneren Konsolidierung der Macht sah sich Göring nach neuen Ämtern und Aufgaben um. Die Entmachtung des Reichstags und die Gleichschaltung der Länder, die ihre traditionelle Eigenständigkeit und Selbstverwaltung im neuen Führer-Staat verloren, untergruben die Bedeutung seiner Stellung als Reichstagspräsident und preußischer Ministerpräsident. Um diesen Verlust zu kompensieren, verlagerte Göring das Schwergewicht seiner Stellung nun auf andere Ämter, die er bereits besaß oder in Bälde zu erwerben trachtete. In der für ihn charakteristischen Mischung aus Machtgier und Repräsentationsdrang war er freilich nie bereit, eine einmal erreichte Würde freiwillig aufzugeben, und sei es nur, um die dazugehörigen Dienstvillen und Mitarbeiter zu seiner Verfügung zu halten. In einer selbst für das »Dritte Reich« beispiellosen Ämterhäufung kumulierte der »Zuständigkeitsgigant«, wie er genannt wurde, bis zum Ende des Regimes eine Fülle heterogener Stellungen. Neben gewichtigen Positionen wie der eines Oberbefehlshabers der Luftwaffe standen so exotische Titel wie der eines »Reichsforstmeisters« oder »Reichsjägermeisters«. Seine eigentliche Macht, dies blieb Göring stets bewusst, beruhte ohnehin nicht auf der Anzahl seiner Ämter, sondern auf seiner privilegierten Stellung bei Hitler. Es war nicht nur eine Verbeugung gegenüber Hitler, sondern auch eine durchaus realistische Einschätzung der Grenzen seiner Autorität, die ihn in seinem Buch »*Aufbau einer Nation*« schreiben ließ: »Wer nur irgend die Verhältnisse bei uns kennt, weiß, dass jeder von uns genauso viel Macht besitzt, als der Führer ihm zu geben wünscht. Und nur mit dem Führer und hinter ihm stehend ist man tatsächlich mächtig und hält die starken Machtmittel des Staates in der Hand, aber gegen seinen Willen, ja auch nur ohne seinen Wunsch wäre man im gleichen Augenblick vollständig machtlos. Ein Wort des Führers, und jeder stürzt.«

Nach der Beseitigung Röhms richtete Göring seine Energie vor allem in den Ausbau des eigens für ihn gegründeten Luftfahrtministeriums. In seinem Wunsch, der Schöpfer und Befehlshaber einer neuen deutschen Luftwaffe zu werden, die den Deutschen aufgrund des Versailler Vertrags verboten war,

»Bei der Pirsch lassen sich Probleme oft leichter lösen als am grünen Tisch«: Im Wald und auf der Heide war »Reichsjägermeister« Göring ganz in seinem Element

wusste er sich im Einklang mit den Zielen Hitlers, das Reich so schnell wie möglich wieder zur militärischen Großmacht zu erheben. Der Löwenanteil der Rüstungsausgaben, so hatte Hitler schon 1933 bestimmt, sollte in den Aufbau der neuen Luftwaffe fließen. Gegen den Widerstand der Heeresspitze unterstützte Hitler zugleich die Ambitionen Görings, der »seine« Luftwaffe als dritte, unabhängige Teilstreitkraft neben Heer und Marine etablieren wollte. Auf Drängen Hitlers musste Reichswehrminister von Blomberg die bereits insgeheim aufgestellten militärischen Fliegerverbände dem neuen Luftfahrtministerium überlassen. In gewohnter Gigantomanie machte Göring sich ans Werk. Sein Stiefsohn Thomas von Kantzow, Carins einziges Kind, besuchte ihn im Dezember 1934 in seiner Reichstagspräsidenten-Dienstvilla und war bestürzt über den Umfang der Pläne, die Göring vor ihm ausbreitete. »Ich warnte ihn, denn ich fürchte, dass er ein zweiter Ludwig II. von Bayern wird, jener Wahnsinnige, der den Tick hatte, ein Schloss nach dem anderen zu bauen«, notierte er in sein Tagebuch. Vergebens, wie er an Görings Reaktion bemerkte: »Er trat ans Fenster und zeigte auf das Reichstagsgebäude und sagte, er wolle ein

Das deutsche Volk muss ein Volk von Fliegern werden.
Göring

»Monument des eigenen Machtanspruchs«: Das riesige Gebäude des Reichsluftfahrtministeriums sprengte alle bekannten Dimensionen

fünfmal so großes Luftfahrtministerium errichten lassen, auf dessen Dach Flugzeuge landen und starten können.«

Im Januar 1935 legte Göring den Grundstein für den Bau, der zum Monument seines Machtanspruchs wurde. In der Mitte Berlins, zwischen Wilhelmstraße, Leipziger Straße und Prinz-Albrecht-Straße entstand ein gigantisches Gebäude mit fast 3000 Räumen – ein Reich aus Beton, Glas und Marmor, in dem schon bald 4000 Offiziere und Angestellte arbeiten sollten. »Schlicht und einfach – koste es, was es wolle«, witzelten die Berliner über das neue Ministerium des »dicken Hermann«. Die massige Figur ihres obersten Dienstherrn sahen die hier Beschäftigten freilich nur selten. Die »Knochenarbeit« im Ministerium überließ Göring dem einstigen Fliegerkameraden und Direktor der Lufthansa, Erhard Milch, den er zum Staatssekretär ernannt hatte. Dass Milch väterlicherseits jüdische Vorfahren hatte, war für ihn kein Problem. Mit der Bemerkung: »Wer Jude ist, bestimme ich«, wischte Göring alle Bedenken vom Tisch. Milch zur Seite stellte er Ernst Udet und Bruno Loerzer – beide erfolgreiche Weltkriegs-Jagdflieger und Pour-le-Mérite-Träger wie er selbst. Ihre Berufung war typisch für Görings gesamte Personalpolitik. Als enge Mitarbeiter bevorzugte er entweder Kriegskameraden oder parteiungebundene Fachleute. Auf die Führungskader der NSDAP griff er nur selten zurück. Nach wie vor hielt er die Partei auf Distanz. Seine Macht beruhte auf dem Vertrauen Hitlers und den von ihm okkupierten Teilen des Staatsapparats, die er durch loyale Untergebene kontrollierte.

Die forcierte Aufrüstung ließ sich auf Dauer nicht verheimlichen. Gegenüber dem britischen Luftwaffenattaché brüstete sich Göring im Februar 1935, er habe bereits 1500 Kampfflugzeuge unter seinem Kommando. Die Briten, so das Kalkül, würden umso weniger gegen den Vertragsbruch vorgehen, je stärker sie die deutsche Luftwaffe einschätzten. Tatsächlich verfügte die insgeheim aufgebaute Luftwaffe zu diesem Zeitpunkt über gerade einmal 100 alte Jäger, 60 Bomber und 45 Aufklärungsflugzeuge. Doch die englischen Politiker schluckten die Übertreibung und nahmen die Verletzung des Versailler Vertrags hin. Und da sie es taten, wagte auch die zweite große Siegermacht, Frankreich, nicht, den offenen deutschen Vertragsbruch anzuprangern. Anfang März 1935 konnte Hitler offiziell die Existenz einer deutschen Luftwaffe verkünden. Die Zeit des Versteckspielens war vorbei. Im September wurde die Luftwaffe beim Reichsparteitag in Nürnberg öffentlich zur Schau gestellt. Für Göring war dies nur der Beginn. »Mir schwebt vor, eine Luftwaffe zu besitzen«, äußerte er bei einer Vereidigung von Flie-

Oben: »Ein Volk von Fliegern«: Milch, Göring und Hitler besichtigen im April 1935 ein Luftwaffengeschwader
Unten: »Eine Luftwaffe besitzen, die wie ein Chor der Rache über den Gegner hereinbricht«: Flugvorführung auf dem Reichsparteitag in Nürnberg, 1935

gerleutnanten, »die, wenn einmal die Stunde schlagen sollte, wie ein Chor der Rache über den Gegner hereinbricht; der Gegner muss das Gefühl haben, schon verloren zu sein, bevor er überhaupt mit euch gefochten hat.«

Auch im Privaten hatte das Versteckspiel ein Ende. Seit längerem hatte Hitler ihn gedrängt, die Liaison mit Emmy Sonnemann zu legalisieren. Bis dahin war sie bei offiziellen Anlässen, zu denen sie ihn begleitet hatte, als »Privatsekretärin« vorgestellt worden – eine unziemliche Maskerade, wie Hitler meinte, der es freilich bei der eigenen Geliebten Eva Braun nicht anders hielt. »Der Führer meint, es gibt zu viele Junggesellen unter uns hohen Tieren in der Partei«, erklärte Göring Lady Phipps, der Frau des britischen Botschafters, als er die Verlobung im März 1935 bei einer kleinen illustren Abendgesellschaft in Berlin verkündete. Einen Monat zuvor, im Februar 1935, hatte er der Geliebten ein Billet geschickt: »Magst Du mich Ostern heiraten? Der Führer wird unser Trauzeuge.« Freudestrahlend war ihm Emmy Sonnemann um den Hals gefallen und hatte Ja gesagt.

Die Hochzeit war Göring ein willkommener Anlass seine Machtstellung als zweiter Mann hinter Hitler zu demonstrieren. Zum zweiten Mal heiratete er eine geschiedene Frau, mit der er jahrelang in »wilder Ehe« gelebt hatte. Beim ersten Mal hatte er sich mit einer schlichten, standesamtlichen Trauung begnügt. Die neue Ehe ließ er im Stile königlicher Traumhochzeiten inszenieren – mit gnädiger Duldung seines Herrn und Meisters. Seit Kaisers Zeiten hatte Berlin keine derartige Prachtentfaltung mehr gesehen. Die opulenten Feierlichkeiten, deren Kosten von der »Reichsgruppe Handwerk« getragen wurden, erregten internationales Aufsehen. Am Vorabend der Hochzeit luden Göring und Emmy im großen Foyer des Opernhauses zu einem grandiosen Empfang mit vier riesigen Champagnerbuffets ein, anschließend nahm man Platz zu einer Galavorstellung der zweiten Hälfte von »Lohengrin«. Vor der Oper zogen indessen Parteigenossen und Schaulustige durch die festlich geschmückten Straßen. Am Vormittag des 10. April 1935, des Hochzeitstags, spielten acht Kapellen vor dem Palais des Ministerpräsidenten auf. Ganz Berlin war auf den Beinen, um Görings Hochzeit zu feiern. »Wer Berlin in diesen Tagen besuchte«, bemerkte der britische Botschafter Sir Eric Phipps, »könnte glauben, die Monarchie sei wiederhergestellt und man sei mitten in die Vorbereitungen für eine königliche Hochzeit hineingeraten.« In einem offenen Wagen, gekleidet in die Uniform eines Generals der Luftwaffe, fuhr Göring zur standesamtlichen Trauung ins Rathaus. Von der Reichskanzlei näherte sich Hitler in einer weiteren Li-

»Wie bei einer königlichen Hochzeit«: Das Brautpaar während des Hochzeitsfrühstücks im Hotel Kaiserhof

mousine, die Braut kam – ganz in Weiß – in einem dritten Wagen. Schließlich vereinigten sich die drei Wagen zu einer gemeinsamen Prozession. Rund 30 000 Soldaten standen Spalier, um die Menge der Gaffer zurückzuhalten.

Entgegen den Regeln der NSDAP und obgleich er in der Luftwaffe keine Militärpfarrer gestattete, hatte Göring auf einer anschließenden kirchlichen Trauung bestanden. Er war nicht religiös, doch er schätzte das kirchliche Zeremoniell. Zu den Feierlichkeiten im Berliner Dom waren rund 320 Gäste geladen, darunter das gesamte diplomatische Korps. Auch das Volk sollte an all der Pracht teilhaben dürfen: Eintrittskarten für den Dom wurden zu 20 Reichsmark verkauft. Die Predigt des evangelischen Reichsbischofs Ludwig Müller war allerdings auf wenige Minuten beschränkt. Viel wichtiger als die erbaulichen Bibelworte »Und redete ich mit Menschen- und mit Engelszungen, und hätte der Liebe nicht, so wäre ich ein tönend Erz oder eine klingende Schelle« war für Göring das Rahmenprogramm: Zehn Luftwaffengeneräle hoben ihre Säbel über dem Paar zum Spalier, als dieses nach der

Trauung die Stufen des Berliner Domes hinunterschritt und sich der jubelnden Masse zeigte. Begleitet von vielen »Ahs« und »Ohs«, dröhnten Jagdflugzeuge dicht über die Köpfe der Gaffer hinweg. Görings Kalkül ging auf: Gleichermaßen ironisch wie beeindruckt bemerkte der englische Botschafter Phipps nach der Hochzeit: »Jetzt bleibt ihm nur noch eins – der Thron oder das Schafott.« Im Pariser Exil veröffentlichte der Schriftsteller Klaus Mann, der Sohn von Thomas Mann, einen bissigen Brief an die Braut: »Himmel, was haben Frau Landesmutter für eine Karriere gemacht. Und was für Hochzeitsgäste sie hatten: Sämtliche alten Mitkämpfer, die ihr flotter Gatte noch nicht hatte umbringen lassen.«

Im Anschluss an die kirchliche Trauung fuhr das Brautpaar mit seinen Gästen zum »Kaiserhof« zwecks Hochzeitsfrühstück. Danach begaben sich die frisch Vermählten mit Verwandten und engeren Freunden nach Carinhall, wo Göring seine Gäste einige Zeit allein ließ und das Grab seiner ersten Frau aufsuchte. Darauf bedacht, das repräsentative Potenzial der Hochzeit möglichst tiefgehend auszuschöpfen, ließ Göring in einer Mischung aus Berechnung, Prunksucht und kindlicher Eitelkeit am Tag nach der Hochzeit seine Geschenke vorführen: »Meine Herren, ich habe Sie hergebeten, damit ich Ihnen die Geschenke zeigen kann, die mein Volk mir gegeben hat«, ließ er das handverlesene Publikum nach den Worten des Korrespondenten der Nachrichtenagentur »Associated Press«, Louis P. Lochner, wissen. Voller Stolz präsentierte Göring in zwei bewachten Räumen seine neuen Kostbarkeiten, darunter den höchsten bulgarischen Orden für sich selbst und ein Saphirarmband für seine Frau vom bulgarischen Zaren Boris, ein Bismarck-Porträt von Lenbach aus der Hand Hitlers und das berühmte Breslauer Stadtschloss-Essservice aus der Königlich-Preußischen Manufaktur, eine Gabe der Reichsbank. Lochners Kommentar angesichts der prächtigen Geschenke beschreibt, wovon Göring bei all seiner Prunksucht profitierte: »Und doch ist Göring ein Typ, dem man nicht böse sein kann. Seine Eitelkeit ist so unverhohlen und seine Prachtliebe so naiv, dass man einfach lachen muss und Ja und Amen dazu sagt.« Ähnlich wie Lochner mochte es vielen Deutschen gegangen sein, zumal das Bedürfnis nach einer Repräsentationsfigur des Reichs ungebrochen war. Hitler selbst war als propagandistisch überhöhter »Führer« viel zu weit entrückt, als dass die breite Masse sich mit ihm zu identifizieren vermochte, Reichspräsident Hindenburg

Emmy war eine rührende, reizende, freundliche Frau, keine sehr bedeutende Schauspielerin, aber eigentlich das Urbild der deutschen Frau, die man sich damals erträumte. Sie mussten ja alle blond und groß und lieb und fraulich sein. So war sie.

Lola Müthel, Schauspielerin

»Erste Dame des Reiches«: Emmy Göring bei einer Straßensammlung am »Tag der nationalen Solidarität« 1938

nicht mehr am Leben. Was blieb, war Göring, der die Rolle des Machthabers »zum Anfassen« mit Vergnügen übernahm und ausfüllte.

Wegen Hitlers Ehelosigkeit übernahm Emmy fortan die Rolle der First Lady im nationalsozialistischen Deutschland. Dabei hielt Görings Frau sich auch nach der Eheschließung ganz im Sinne ihres Herrn Gemahls aus dem politischen Geschehen heraus, ein Verhalten, das ihre Popularität beim Volk wie bei den in- und ausländischen Machthabern eher steigerte als schmälerte. Göring selbst zog eine scharfe Trennung zwischen Ehe und Politik, Emmys Rolle war die der aufmerksamen und freundlichen Gastgeberin bei den zahlreichen Bällen, Empfängen und Jagden – Gelegenheiten, bei denen sie sich gerne mit »Hohe Frau« anreden ließ. In den Augen der Schauspielerkollegin Lola Müthel war Görings zweite Ehefrau Emmy zwar keine sehr bedeutende Mimin, aber auch keine Frau, die ihre Nähe zum zeitweise wichtigsten Mann nach Hitler für Intrigen oder eigene politische Interessen genutzt hätte. »Blond und groß und lieb und fraulich«, dabei »harmlos und töricht«, habe Emmy gewissermaßen das »Urbild der deutschen Frau« verkörpert. Ihrem mächtigen Gatten war sie allem Anschein nach in aufrichtiger Zuneigung verbunden, und auch Hermann Göring liebte seine zweite Frau, die selbst sein heiligenartiges Angedenken an die verstorbene Carin klaglos hinnahm. Obwohl Göring die Verehrung seiner ersten Frau ebenso wenig aufgab wie den Kontakt zu deren Familie, war seine zweite Ehe für beide Partner eine glückliche Verbindung.

Der Wirtschaftsdiktator

Seit Hitler die Existenz einer deutschen Luftwaffe offiziell verkündet hatte, träumte Göring davon, die neue Waffengattung unter seiner Führung zur schlagkräftigsten in Europa zu machen. Binnen kurzem, beschwor er Hitler, könne er die Stärke der Luftwaffe verdoppeln, wenn man ihm nur die notwendigen Geldmittel und Rohstoffe zur Verfügung stelle. Der Diktator war angetan, doch angesichts der Engpässe bei Material und Devisen, mit denen das Reich im Lauf des Jahres 1935 kämpfte, mussten Görings Pläne illusorisch bleiben – es sei denn, es gelang ihm, bei der Verteilung der knappen Güter, um die die Reichswehr unter Kriegsminister von Blomberg und andere Ressorts einen erbitterten Kampf führten, einen größeren Anteil für die Luftwaffe herauszuschlagen. Dieser Wunsch war Görings Triebfeder, seine Hände nun auch in die Bereiche der Wirtschaft auszustrecken, die bis zu diesem Zeitpunkt die Domäne des Wirtschaftsministers und Reichsbankpräsidenten Hjalmar Schacht gewesen waren.

Ironischerweise war es Schacht selbst, der Hitler Anfang April 1936 veranlasste, Göring zum »Devisen- und Rohstoffkommissar« zu ernennen.

Schacht glaubte sich dadurch der leidigen Streitigkeiten auf dem Rüstungssektor entledigen zu können und mehr Zeit für seine eigentlichen Aufgaben als Wirtschaftsminister zu haben – eine krasse Fehleinschätzung. Er übersah zum einen, dass Wirtschaftspolitik im »Dritten Reich« vor allem Aufrüstung bedeutete, und zum anderen schätzte er den Charakter Görings völlig falsch ein. Der geheime Erlass Hitlers vom 4. April 1936 markierte den Beginn des Aufstiegs Görings zum deutschen Wirtschaftsdiktator.

Kaum im Amt, begann Göring, seine Kompetenzen auszuweiten und Schacht, der ihn an Bord geholt hatte, seinerseits auszubooten. Obwohl der Erlass ausdrücklich als »Geheime Reichssache« deklariert worden war, sorgte Göring persönlich dafür, dass er in die Zeitungen kam. Ohne Konsultation der anderen Ressorts richtete er am 1. Mai 1936 eine neue selbstständige Dienststelle ein mit der Bezeichnung »Ministerpräsident Generaloberst Göring – Rohstoff- und Devisenstab«. Umgehend protestierte Schacht bei Hitler gegen die Amtsanmaßung – vergeblich. Am 3. Mai 1936 notierte Goebbels in sein Tagebuch: »Er [der »Führer«] hatte Unterredung mit Schacht. Der wollte Görings Vollmacht wieder einschränken, aber das hat der Führer abgelehnt. Es wird nicht mehr lange gut gehen mit Schacht. Er gehört doch nicht mit dem Herzen zu uns. Vor allem über das, was er öffentlich redet und schreibt. Aber auch Göring wird sich schwer tun, mit der Devisen- und Rohstofflage fertig zu werden, er versteht nicht allzu viel davon und ist auf Ratschläge angewiesen.« Görings rücksichtsloser Elan und seine Nähe zu Hitler erwiesen sich als stärker als das Recht und die Kompetenz, die Schacht für sich beanspruchen konnte.

Statt Görings Vollmachten einzuschränken, weitete sie Hitler in den nächsten Monaten noch aus. Im Oktober 1936 übertrug er ihm bei einem Spaziergang auf dem Obersalzberg das Amt, das Göring mit einem Schlag zum mächtigsten Mann der deutschen Wirtschaft machte. Als »Beauftragter für den Vierjahresplan« war er weisungsbefugt gegenüber allen anderen Wirtschafts- und Kriegswirtschaftsbehörden. Im Auftrag Hitlers sollte er in seinem neuen Amt »Nahrungsfreiheit für das deutsche Volk erkämpfen«, vor allem aber Rohstoffe und Devisen beschaffen, um die Rüstung voranzutreiben und nach dem Motto Hitlers den »Krieg im Frieden« vorzubereiten. Nur die Eroberung von neuem Lebensraum, so ein geheimes Memorandum Hitlers im selben Jahr, könne den Mangel an Rohstoffen dauerhaft beheben. Um dieses Ziel

»I. Die deutsche Armee muss in vier Jahren einsatzfähig sein. II. Die deutsche Wirtschaft muss in vier Jahren kriegsfähig sein.«
Denkschrift Hitlers, 26. August 1936

»Kanonen statt Butter«: Göring verkündet am 28. Oktober 1936 im Berliner Sportpalast den Vierjahresplan

zu erreichen, müssten die Wehrmacht und die gesamte Wirtschaft in vier Jahren kriegsbereit sein. Einwände ließ der Diktator nicht gelten. Wirtschaftsprobleme waren für Hitler »Willensprobleme«, und nur Göring traute er diesen starken Willen zu. »Er ist der beste Mann, den ich habe, ... ein Mann von Entschlossenheit, der weiß, was gefordert wird, und es durchsetzt.«

Die neue Devise lautete, Kanonen statt Butter: Flugzeuge, Panzer, Schiffe waren nun wichtiger als privater Konsum oder solide Staatsfinanzen. Die Warnungen und Beschwerden Schachts wischte Göring vom Tisch. Wie zu Beginn der Diktatur setzte er auch jetzt alles daran, Hitlers Politik gegen jedweden Widerstand durchzupeitschen. Wer eins und eins zusammenzählte, musste erkennen: Die maßlose Rüstung legte den Entschluss zum Krieg zwanghaft nahe, sollte der Staatsruin vermieden werden. »Es ist kein Ende der Aufrüstung abzusehen«, schrieb Göring im Dezember 1936 führenden Industriellen ins Stammbuch. »Wenn wir siegen, wird die Wirtschaft genug entschädigt werden. ... Es darf nicht kalkuliert werden, was kostet es. ... Wir spielen jetzt um den höchsten Einsatz. Was würde sich wohl mehr lohnen als Aufträge für die Aufrüstung?« Noch konkreter wurde er am 2. Dezember 1936 vor Führungskräften der Luftwaffe: »Die allgemeine Lage ist sehr ernst, Ruhe ist bis 1941 erwünscht. Wir können aber nicht wissen, ob schon vorher Verwicklungen kommen. Wir befinden uns bereits im Kriege, nur wird noch nicht geschossen.«

Die von Göring geführte Wirtschaftspolitik nach der Losung »Krieg im Frieden« forderte im Alltag ihren Tribut. Die in schwindelerregende Höhen steigenden Rüstungsausgaben gingen zu Lasten von Wohnungsbau und Lebensmittelversorgung. Es mangelte an Rohstoffen und Devisen und bald auch an Arbeitskräften. Schon vor Kriegsbeginn fehlten dem vermeintlichen »Volk ohne Raum« die Menschen für die Rüstungspläne des Regimes. Vor allem das Eisenerzproblem bereitete Göring Kopfzerbrechen. Als sich Eisen und Stahl im Juli 1937 dramatisch verknappten und die private Wirtschaft der Krise nicht Herr zu werden drohte, trieb Göring die Nazifizierung der Ruhrindustrie handstreichartig voran. Mit den »Reichswerken Hermann Göring« ließ der Namenspatron in Salzgitter den größten Stahlkonzern Europas aus dem Boden stampfen und die dazugehörige Stadt unter dem bescheidenen Namen »Hermann-Göring-Stadt« auf dem Reißbrett entwerfen – vorläufiger Höhepunkt eines mittlerweile krankhaften Selbstdarstellungsdrangs. Diesen ruinösen Rüstungswahn des pfauenhaften Dilettanten wollte Hjalmar Schacht nicht länger mittragen. Im November 1937 nahm der Minister seinen Hut – ein Triumph, den Göring, für kurze Zeit Schachts Nachfolger, weidlich auskostete. Höhnisch ließ er seinen entmachteten Konkurrenten am Telefon wissen: »Ich sitze jetzt auf Ihrem Stuhl.«

Görings »Machtergreifung« in der Wirtschaft nährte zahlreiche Spekulationen. Viele Beobachter, auch im Ausland, sahen in ihm bereits den »De-facto-Reichskanzler des Dritten Reichs«, der unter Hitlers Oberhoheit die Regierungsgeschäfte führte. Diese Deutung wurde durch andere Indizien untermauert. Da Hitler das Reichskabinett nur noch selten zusammenrief, übernahm Göring in seiner Eigenschaft als preußischer Ministerpräsident einen guten Teil von dessen Aufgaben. In den regelmäßigen Sitzungen des preußischen Ministerrates, die er leitete, wurden viele Reichsgesetze vorbereitet. Oft genug nahmen Reichsminister wie Schacht, Gürtner oder selbst Außenminister von Neurath an den Besprechungen teil, wenn Themen ihres Ressorts behandelt wurden. Auch Spitzenfunktionäre wie der Reichsführer-SS Heinrich Himmler folgten Görings Einladung. Durch sein Ausgreifen in die Wirtschaftspolitik hatte er sich endgültig als der zweite Mann hinter Hitler positioniert.

Oben: »...und der Bauch wird immer fetter«: Von der öffentlich gepredigten Enthaltsamkeit war Göring selbst meilenweit entfernt. Der Minister auf der »Grünen Woche« 1937 in Berlin
Unten: »Ruinöser Rüstungswahn«: Göring bei der Besichtigung einer neu errichteten Hochofenanlage in Salzgitter

Göring wäre nicht er selbst gewesen, hätte er seine neue Machtstellung nicht auch zu seinem privaten Vorteil ausgenutzt. Schon als Reichstagsabgeordneter hatte er der Wirtschaft bedenkenlos seine Dienste als Lobbyist angeboten. Jetzt, da alle zu ihm kamen, die einen lukrativen Rüstungsauftrag oder eine großzügige Zuteilung von Rohstoffen und Devisen erhofften, hielt Göring ebenso unverfroren beide Hände auf. Er stürzte sich in seine neue Aufgabe mit der Begeisterung eines kleinen Jungen, »der plötzlich unbegrenzten Kredit bei allen Läden in der Nähe der Schule hatte«, wie ein Augenzeuge bemerkte. Die Vorstandschefs von Versicherungsunternehmen wie der Allianz, von Konzernen wie Rheinmetall, Junkers und BMW, sie alle zogen ihre Scheckbücher hervor, um Göring zu Gefallen zu sein. Der Tabakfabrikant Reemtsma allein überwies bis 1943 alle drei Monate 250 000 Mark auf Görings Konto. Offiziell wurden die »Spenden« durch Görings Privatsekretärin Fräulein Grundtmann als mildtätige Gabe verbucht, die der Chef an den Naturschutz, für kulturelle Aktivitäten oder »für in Not geratene Flieger« weiterleitete. Tatsächlich investierte Göring den größten Teil in den weiteren Ausbau von Carinhall, das nun zu einer wahrhaft prunkvollen Residenz geriet.

Nach der Hochzeit mit Emmy Sonnemann hatten sich der Zweck und die Bestimmung von Carinhall entscheidend geändert. Bislang hatte Göring Carinhall als Wochenend- und Jagdhaus benutzt. Gemeinsam beschloss das Paar, Carinhall zu seinem Hauptwohnsitz zu machen. Schritt für Schritt wurde Görings privates Refugium nun zu einem repräsentativen Herrensitz ausgebaut. Das »alte« Jagdhaus wurde nicht abgerissen, doch förmlich geschluckt durch einen gewaltigen Neubau, den »Waldhof Carinhall«. Am 20. Juli 1937 erhielt Hermann Göring in Anwesenheit vieler Gäste die Schlüssel zum neuen Komplex überreicht. Dominiert wurde die Anlage durch einen gewaltigen zweigeschossigen Mittelbau, in dem sich die Privaträume der Familie Göring befanden. Durch das große Hauptportal, dessen Dachterrasse zwei liegende Rothirsche aus Bronze schmückten, gelangte man in eine große Galerie, die durch den gesamten Mittelbau verlief. Von hier aus konnte der Besucher alle Räume des Erdgeschosses erreichen, insbesondere das riesige Arbeitszimmer Görings, die Bibliothek. Im Keller des Mittelbaus lagen Gymnastikräume mit Sportgeräten und eine Sauna. Hier war auch der kleine Kinosaal eingerichtet, in dem Göring seinen Gästen abends gerne Filme vorführen ließ. An den Mittelbau schlossen sich links und rechts zwei lange Seitenflügel an, die, durch einen offenen Bogengang verbunden, einen großen rechteckigen Innenhof umschlossen.

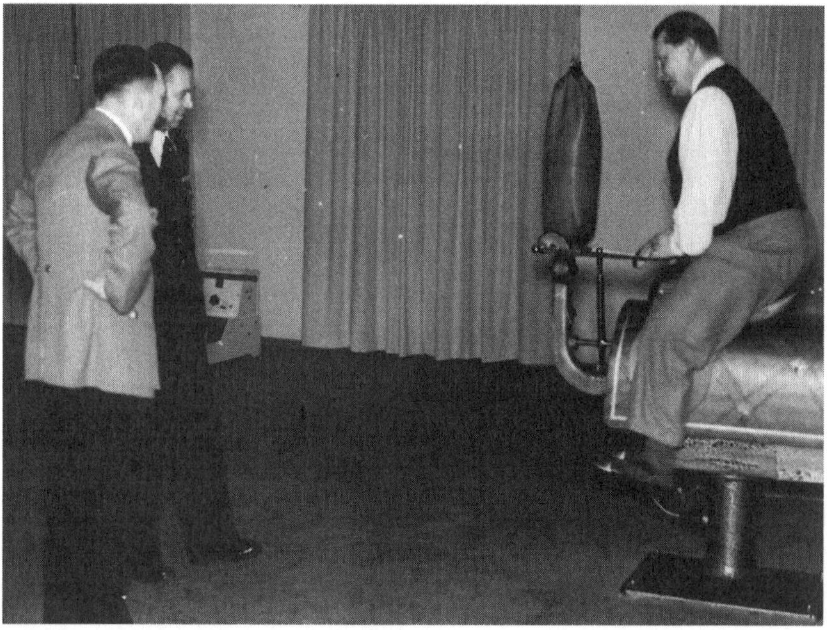

Oben: »Das Versailles, in dem Göring den Sonnenkönig spielen durfte«: Der Hausherr eröffnet den umgebauten Waldhof Carinhall, 20. Juli 1937
Unten: »Er zeigte seinen Gästen gern die Wunder seiner Residenz«: Carinhall beherbergte auch einen Gymnastikraum – was offenbar selbst Hitler in Erstaunen versetzte

Oben: »Der Reichsmarschall versteht es ausgezeichnet, sich architektonisch anzuziehen«: Die gewaltigen Ausmaße der großen Halle in Carinhall beeindruckten die Besucher
Unten: »Onkel Hermann, lass doch mal den französischen Zug heraus!«: Göring spielt gemeinsam mit seinem Neffen Klaus mit der Modelleisenbahn

Ich bin nun einmal ein Mensch der Renaissance, ich liebe die Pracht.

Göring

Ich lasse ihm seinen Spaß. Er ist nun einmal eine barocke Figur.

Hitler, 1938

Unter den reetgedeckten Dächern seiner Residenz empfing Göring einen endlosen Strom von Prominenten, Staatsgästen und Diplomaten. Mit Genuss übernahm er repräsentative Aufgaben, vor denen Hitler sich gerne auf den Obersalzberg zurückzog. Carinhall war das »Versailles«, in dem Göring den Sonnenkönig spielen durfte. Eine besondere Attraktion, die der Hausherr mit Vorliebe ausländischen Besuchern vorführte, beherbergte der Dachboden des nördlichen Flügels. Auf einer Fläche von 100 Quadratmetern stand hier die größte Modelleisenbahn der Welt mit über 600 Meter Schienennetz – ein Geschenk des Preußischen Staatstheaters. Von zwei Schaltstellen aus konnten 40 elektrische Weichen und Signallampen gesteuert werden. Stolz wie ein Junge präsentierte Göring die Anlage dem französischen Botschafter André François-Poncet. Dem Diplomaten verriet das Szenario einiges über die Gedanken, die Göring umtrieben. »Als er mir das Spielzeug vorführte«, erinnerte er sich, »rief einer der Neffen: ›Onkel Hermann, lass doch mal den französischen Zug heraus!‹ Der Zug verließ den Schuppen. Der Neffe ließ über einen der Drähte, die über die Landschaft gespannt waren, ein kleines Flugzeug gleiten, und aus dem Flugzeug fielen Bomben, mit Zündern versehen, mit denen der Junge den französischen Zug zu treffen versuchte.«

Zu diesem Zeitpunkt sammelte die deutsche Luftwaffe bereits ihre ersten Erfahrungen im Kampfeinsatz. Seit Juni 1936 unterstützte die deutsche Regierung den Rebellengeneral Franco im Kampf gegen die sozialistische Regierung Spaniens. Neben Kriegsgerät und Transportmitteln stellte Deutschland Franco auch die »Legion Condor« zur Verfügung – für Göring eine willkommene Gelegenheit, die neu entwickelten Flugzeuge und Waffen zu testen. Am 26. April 1937 griffen neun deutsche Flugzeuge unter dem Kommando von Oberst Wolfram von Richthofen, einem Vetter des »Roten Barons«, die Stadt Guernica an. Einsatzziele hätten eine Brücke und eine Straßengabelung nordwestlich der Stadt sein sollen, um dem Gegner den Rückzug abzuschneiden. Doch Rauch aus der umkämpften Stadt behinderte die Sicht der Piloten, die ihre Bombenlast unversehens über dem Zentrum abwarfen. 90 Tote forderte die Bombardierung unter der Bevölkerung, die kleine Stadt lag in Schutt und Asche.

Die Wirkung im Ausland war verheerend. Die Zerstörung Guernicas, die der Maler Pablo Picasso auf einem Bild verewigte, wurde von den Gegnern Hitlers und Francos in aller Welt als typisch faschistische Gräueltat ange-

»Verheerende Wirkung im Ausland«: Die Zerstörung der baskischen Stadt Guernica durch die »Legion Condor« im April 1937 schockte die Weltöffentlichkeit

prangert. Dieses Vernichtungswerk seiner Luftwaffe wurde insbesondere Göring zur Last gelegt. Im britischen Parlament sprach die Labour-Abgeordnete Ellen Wilkinson von Görings »blutbefleckten Schuhen«, und linke Gruppierungen verfassten Protestresolutionen gegen den Angriff auf Guernica. Göring gab sich unbeeindruckt und beförderte Richthofen wenig später zum Generalmajor. Dennoch ärgerte es ihn, dass die britische Regierung unter diesen Umständen davon absah, ihn zur Krönung Georges VI. nach London einzuladen. Statt seiner hatte Kriegsminister von Blomberg die Ehre, als deutscher Vertreter der Zeremonie in Westminster Abbey, dem traditionellen Krönungsort der britischen Monarchie, beizuwohnen. Für Göring war dies lediglich ein weiterer Grund, einen längst gefassten Plan in Angriff zu nehmen: den unbequemen Kriegsminister zu stürzen und sich selbst an seine Stelle zu setzen. Er wartete nur auf eine Gelegenheit.

Der Erpresser

Zur Sonderstellung Görings im NS-Staat gehörte, dass er sich nie auf eine bestimmte Domäne festlegen ließ. Wie Hitler beanspruchte er Kompetenz in allen Bereichen der Politik, auch und gerade in der Außenpolitik, der Königsdisziplin des Staatsmannes. Er knüpfte intensive Kontakte zu den ausländischen Diplomaten in Berlin, die ihn als einflussreiche Informationsquelle schätzten, und pflegte zudem eine ausgedehnte Reisediplomatie in den Ländern Südosteuropas. Er liebte es, Staatsgäste von Rang zur Jagd nach Carinhall einzuladen und am »grünen Tisch« hohe Politik zu treiben – sehr zum Unwillen des Außenministers von Neurath, der nur zähneknirschend Görings ständige Einmischungen abseits der offiziellen Kanäle hinnahm. Wie sein Ministerkollege Schacht hatte freilich auch Neurath die Erfahrung machen müssen, dass diesbezügliche Beschwerden bei Hitler nicht fruchteten. Der »Führer« war nicht nur geneigt, seinem zweiten Mann eine gewisse Narrenfreiheit zuzugestehen, sondern er beauftragte Göring auch mit heiklen Sondermissionen, für die er die von ihm wenig geschätzten Berufsdiplomaten unfähig hielt.

Schon früh richtete sich das Augenmerk beider auf Österreich. Hitler wollte seine Heimat »heim ins Reich« holen und fand in Göring einen wild entschlossenen Helfer. Obwohl er die preußische Kadettenanstalt in Lichterfelde besucht hatte, fühlte sich Göring mehr dem Süden als dem Norden Deutschlands verbunden und hatte enge Bindungen zum Nachbarland. Als

Kind hatte er viel Zeit auf dem Schloss seines Patenonkels in Mauterndorf verbracht. Überdies lebten in Österreich seine Schwestern Olga und Paula, die beide österreichische Anwälte geheiratet hatten. Über seine Schwäger Franz Rigele und Franz Ulrich Hueber hielt Göring engen Kontakt zu der nationalsozialistischen Bewegung jenseits der Grenze.

Aus seiner Überzeugung, dass Österreich als deutsches Land zum Reich gehöre, machte Göring keinen Hehl. Im Sommer 1937 sorgte er sogar für einen diplomatischen Zwischenfall, als er eine Gruppe österreichischer Industrieller damit begrüßte, dass das »deutsche Volk diesseits und jenseits der Grenze sich nicht nur in freundschaftlichen Formen finden« müsse, sondern auch »durch einen tatsächlichen Zusammenschluss«. Es sei »ein trauriger Ruhm, dass die österreichische Unabhängigkeit sich auf Bajonette stützt«, die dazu ausländisch seien und von denen man nicht wisse, ob sie im Ernstfall zur Verfügung stehen würden. Nur mit seinem anschließend ausgedrückten Bedauern über das angebliche »Missverständnis« konnte Göring die vorzeitige Abreise der Delegation verhindern. Aber auch so sorgte seine Äußerung für beträchtlichen Wirbel im Ausland und rief sogar die Kritik Hitlers hervor, da die »ausländischen Bajonette« ganz offensichtlich auf das Italien Mussolinis gemünzt waren, der trotz seiner Freundschaft mit Hitlerdeutschland an der Nordgrenze lieber ein unabhängiges Österreich als ein Großdeutsches Reich sehen wollte. In einem »Sondergespräch« pfiff Hitler Göring zurück. Keinesfalls wollte er den »Duce« verärgern.

Einige Monate später kam Hitler indes seinerseits auf einen gigantischen Expansionsplan zu sprechen, den er bereits in »*Mein Kampf*« entwickelt hatte und dessen Zeitpunkt zu verwirklichen er nun für gekommen hielt. Unzufrieden mit dem in seinen Augen nur schleppenden Fortgang der Aufrüstung, lud er am 7. November 1937 zu einer Geheimkonferenz in den Wintergarten der Neuen Reichskanzlei ein. Anwesend waren Außenminister von Neurath, Kriegsminister von Blomberg und die Oberbefehlshaber von Heer, Marine und Luftwaffe, Fritsch, Raeder und Göring. Er bitte die Runde, leitete Hitler seine Rede dramatisch ein, die folgenden »Ausführungen als seine testamentarischen Hinterlassenschaft für den Fall seines Ablebens anzusehen«. Wenn eine dauerhafte Sicherung, Erhaltung und Vermehrung der Volksmasse, fuhr er daraufhin fort, das höchste Ziel der deutschen Politik sein müsse, dann sei dies dauerhaft nur durch die Gewinnung neuen Le-

Im Südosten werden wir noch das österreichische Problem bewältigen. Aber unsere Zukunft ist die Ostsee und der russische Raum. Lieber noch einmal zwei Millionen Männer im Kriege opfern und dann raumpolitisch endlich Luft haben.

Hitler, September 1937

bensraums im Osten möglich. Freilich berge jede Expansion erhebliche Risiken, da der Angreifer stets auf den Besitzer stoße, doch lohne das Endziel – ein räumlich geschlossenes, autarkes und von einem festen »Rassekern« beherrschtes Großreich – jeden Einsatz. Am Beginn dieses Weges habe, bei günstiger Gelegenheit schon im nächsten Jahr, die Eroberung Österreichs und der Tschechoslowakei zu stehen. Spätestens bis 1943/45 müsse die gesamte Raumfrage gelöst sein, da sich danach die Verhältnisse nur noch zu Ungunsten Deutschlands entwickeln könnten. Allgemein gelte: Zur Lösung der deutschen Frage könne es nur noch »den Weg der Gewalt« geben.

Seine Ausführungen lösten bei einem Teil der Anwesenden verblüfftes Entsetzen aus. Vehement warnten vor allem Blomberg, Neurath und Fritsch vor den Gefahren eines Krieges mit den Westmächten. Auch Raeder wies darauf hin, dass die Kriegsmarine noch keineswegs kriegsbereit sei. Nur Göring hielt sich auffällig zurück und beschränkte sich auf den Rat, zunächst die deutschen Operationen im Spanischen Bürgerkrieg zu beenden. Was auch immer er persönlich über die Pläne Hitlers denken mochte, eine entschiedene Gegenrede wagte er nicht. Instinktsicher und skrupellos registrierte er die tiefe Verstimmung, die die Einwände der anderen bei Hitler hinterließen, und die Chance, die sich daraus für seinen ungestillten Ehrgeiz ergab. Seit einiger Zeit hatte er begehrliche Blicke auf ein neues Amt geworfen. Er wollte, beobachtete Finanzminister Lutz Graf Schwerin von Krosigk, »die Fülle seiner Ehren mit der Stellung des Kriegsministers krönen«. Jetzt, da Blomberg durch seine Widerrede Hitlers Unmut erregt hatte, witterte er die Gelegenheit, sich auf Blombergs Stuhl zu setzen und nach der Wirtschaft nun auch beim Militär den Ton anzugeben.

Blomberg selbst war es, der kurz darauf für die Gelegenheit sorgte, ihn ohne Widerstand und Angabe der wahren Gründe aus dem Amt zu drängen. Nach dem Tod seiner ersten Frau hatte der sechzigjährige Witwer sich frisch verliebt. Die Auserkorene, Erna Gruhn, war mit ihren 24 Jahren nicht einmal halb so alt wie der Bräutigam und doch, wie Blomberg selbst eingestehen musste, eine Frau mit einer gewissen Vergangenheit. Ratsuchend wandte sich Blomberg an Göring, der ihm versprach, seine Autorität einzusetzen, um der zu erwartenden Kritik vonseiten des Offizierskorps an der unstandesgemäßen Ehe die Spitze zu nehmen. Er erklärte sich zudem bereit, gemeinsam mit Hitler den Trauzeugen zu spielen und damit die Ehe mit höchsten Weihen zu versehen. Am 12. Januar 1938, Görings fünfundvierzigstem Geburtstag, fand die in aller Heimlichkeit vorbereitete Trauung hinter den verschlossenen Türen des Kriegsministeriums statt. Schon bald tauchten

»Der Weg der Gewalt«: Kriegsminister Blomberg (mit Marschallstab) sowie die Oberbefehlshaber von Luftwaffe, Heer und Marine, Göring, Fritsch und Raeder, während eines Empfangs bei Hitler

Gerüchte auf, die von einer Mesalliance sprachen. Wenige Tage nach der Hochzeit erschien der Berliner Polizeipräsident von Helldorf aufgeregt bei Göring. Er hatte eine Polizeiakte dabei, die belegte, dass die Frischvermählte einige Zeit als Prostituierte gearbeitet hatte und zudem schon einmal bestraft worden war, da sie für unzüchtige Nacktaufnahmen Modell gestanden hatte. Schnell machte die Nachricht die Runde, Blombergs Heirat geriet zum Sitten- und Politskandal. Voller Schadenfreude legte Göring die Akte samt Nacktfotos Hitler vor, der sich empört gab und seinerseits freute, den zaudernden Kriegsminister auf diese billige Art loszuwerden. Im Auftrag Hitlers fuhr Göring zu Blomberg und erklärte dem erschütterten Kriegsminister, dass seine Heirat die Ehre des Offizierskorps verletzt habe und sein Verbleiben im Amt unter diesen Umständen nicht mehr möglich sei.

Die Rolle des Überbringers schlechter Nachrichten dürfte Göring nicht allzu schwer gefallen sein, rechnete er sich doch selbst beste Chancen aus, die Nachfolge Blombergs anzutreten. Wie eine Spinne wob der Aspirant zudem an einem Netz schmieriger Intrigen, in das sich sein Rivale, der Oberkommandierende des Heeres, Generaloberst Werner Freiherr von Fritsch, verstricken sollte. Eine andere Polizeiakte, von Göring und Himmler eilig herbeigeschafft, beschuldigte Fritsch der Homosexualität – haltlose Vorwürfe, aber ausreichend, um Fritsch zum Rücktritt zu drängen. Der Drahtzieher schien obenauf, doch die Schmierenkomödie endete mit einer schallenden Ohrfeige für Göring. Am 4. Februar 1938 kürte Hitler sich selbst zum Oberbefehlshaber der Wehrmacht und setzte an die Stelle von Fritsch den gefügigen und blassen Walther von Brauchitsch. Einen Kriegsminister gab es fortan nicht mehr. Die administrativen Aufgaben des Ministeriums übernahm das »Oberkommando der Wehrmacht (OKW)«, welches Hitler unmittelbar seinem Befehl unterstellte. Den ämterhungrigen Luftwaffenchef speiste Hitler mit einem weiteren Titel ab: »Generalfeldmarschall«. Am 1. März 1938 notierte der deutsch-jüdische Romanist Victor Klemperer in sein Tagebuch: »Heute am Faschingsdienstag als Berliner Karnevalsfeier überreichte Hitler in großer Feierlichkeit Göring den Marschallsstab. Sie haben keinen Sinn für ihre eigene Komik.«

Mit Blomberg und Fritsch hatte sich Hitler dank Görings Hilfe einflussreicher Skeptiker am Kriegskurs entledigt. Mit ihnen ging auch der dritte Kritiker im Bunde, Außenminister Konstantin Freiherr von Neurath, der durch den devoten Botschafter in London, Joachim von Ribbentrop, ersetzt wurde. Ihr Abgang war der Startschuss für eine neue, schärfere Gangart gegenüber Österreich. Durch Hitlers vorübergehende taktische Zurückhaltung in dieser Frage hatte sich Göring nicht irre machen lassen. Im Grundsatz wusste er sich mit Hitler einig, und seit der Geheimkonferenz im vergangenen November war ihm bekannt, dass Hitler noch viel weiter gehende Pläne hegte. Gebetsmühlenartig wiederholte Göring vor ausländischen Staatsgästen und Diplomaten, dass Österreich früher oder später an das Reich fallen müsse. Für eine Wand in Carinhall hatte er eine kunstvolle Landkarte anfertigen lassen, auf der pikanterweise die Grenze zwischen Deutschland und Österreich fehlte. Mit Vorliebe führte Göring italienische und österreichische Gäste an ihr vorbei und freute sich, wenn seine Taktlosigkeit bemerkt wurde. »Es ist eine so schöne Karte, und ich möchte sie nicht ständig ändern müssen. Deshalb habe ich sie gleich so anfertigen lassen, wie es ohnehin bald aussehen wird«, erklärte er dann mit falscher Freundlichkeit.

Sein forsches Auftreten imponierte Hitler, der sich gerne mitreißen ließ. Am 12. Februar 1938 machte der »Führer« persönlich Druck. Der österreichische Bundeskanzler Kurt Schuschnigg besuchte Hitler auf dessen »Berghof« bei Berchtesgaden. Dabei forderte Hitler seinen »Gast« ultimativ auf, den österreichischen Nazi Arthur Seyß-Inquart zum Innenminister zu machen und eine Wirtschaftsunion der beiden Länder auf den Weg zu brin-

Oben: »Netz schmieriger Intrigen«: Nach der Heirat von Kriegsminister Blomberg (Mitte) mit der mehr als 35 Jahre jüngeren Erna Gruhn (links daneben) wurde Blomberg aus dem Amt gedrängt
Unten: »Sie haben keinen Sinn für ihre eigene Komik«: Göring erhält aus den Händen Hitlers den Marschallstab, 1. März 1938

In der österreichischen Angelegenheit war Göring Souffleur und Spielleiter der diplomatischen »Tragikomödie«, die sich vor einer entrüsteten, aber schweigenden Welt abspielte.

Ralph G. Albrecht, US-Ankläger in Nürnberg

gen. Um seine Worte zu unterstreichen, hatte Hitler einige der »am brutalsten aussehenden Generäle« der Wehrmacht zu den Gesprächen befohlen, die sich während des Mittagessens laut über die neuen Bomben und Flugzeuge unterhielten. Eingeschüchtert nahm Schuschnigg alle Bedingungen an und ließ sie drei Tage später als »Berchtesgadener Abkommen« ratifizieren. Hitler und Göring gratulierten sich gegenseitig. Der »Anschluss« Österreichs schien ihnen nur noch eine Frage der Zeit zu sein und auf friedlichem Wege zu erreichen. Österreich werde nun ganz von allein näher an Deutschland heranrücken, äußerte Hitler zu einem Adjutanten, sicher aber noch schneller, wenn Schuschnigg eine »Dummheit« beginge.

Vier Wochen später, am 9. März 1938, beging Schuschnigg ebendiese Dummheit. Überraschend kündigte er für Sonntag, den 13. März, eine Volksbefragung an, in der die Österreicher über die Frage des Anschlusses entscheiden sollten. Der Kanzler hoffte auf ein Nein, das ihm Rückhalt gegen Hitler geben sollte. Als dieser von Schuschniggs Überraschungscoup erfuhr, war er zunächst wie gelähmt. Aber noch in der Nacht telefonierte er mit Göring, der sich am nächsten Morgen zur Krisenbesprechung in der Reichskanzlei einfand. In den entscheidenden zwei Tagen, dem 10. und dem 11. März, war es Göring, der nun das Heft in die Hand nahm. Wie ein Trainer, der seinen Boxer anfeuert, drängte Göring den zaudernden Hitler in den Ring. Unter seinem Einfluss entschied Hitler am Nachmittag des 10. März, unter allen Umständen eine Absetzung der Volksbefragung zu erzwingen. Am Abend jenes Tages setzte Göring einen Brief an Schuschnigg auf, in dem er ultimativ dessen Rücktritt forderte. Mit demselben Kurier ging in der Nacht ein von Göring entworfenes Schreiben an Seyß-Inquart, in dem dieser aufgefordert wurde, sich an die Spitze einer neuen österreichischen Regierung zu setzen, die Berlin um den Einmarsch deutscher Truppen bitten sollte. In eigener Sache wies Göring Seyß-Inquart zugleich an, seinen Schwager Franz Hueber als Justizminister mit ins Kabinett zu nehmen.

Der 11. März 1938 wurde zum Tag der Entscheidung. Aus einer Telefonzelle der Reichskanzlei, in die er seine massige Gestalt zwängte, stellte Göring in 27 Gesprächen zwischen Berlin und Wien die Weichen in Richtung »Anschluss«. Auftragsgemäß zeichnete sein »Forschungsamt« alle Gespräche auf. Die Abhörprotokolle, gut 100 Seiten dick, wurden nicht wie üblich vernichtet, sondern überdauerten im Geheimarchiv Görings, der im

Unterschied zur Mordsache Röhm seine herausragende Rolle in dieser Angelegenheit für die Nachwelt dokumentieren wollte. Sein wichtigster Gesprächspartner am frühen Morgen war Seyß-Inquart. Der österreichische Bundespräsident Wilhelm Miklas weigere sich, erfuhr er, einen Nationalsozialisten anstelle Schuschniggs zum neuen Bundeskanzler zu ernennen. Göring befahl Seyß-Inquart, Miklas umgehend noch einmal aufzusuchen und diesmal den deutschen Militärattaché mitzunehmen: »Wenn unsere Forderungen nicht unverzüglich angenommen werden, dann erfolgt heute Nacht der Einmarsch, und mit der Existenz Österreichs ist es vorbei! Sagen Sie ihm, es gibt keinen Spaß jetzt. ... Wenn der Miklas das nicht in vier Stunden kapiert, muss er es jetzt eben in vier Minuten kapieren.« Seyß-Inquart tat, wie ihm befohlen, doch erfolglos. Der Tag verging, ohne dass Miklas einlenkte. Kurz nach 20 Uhr rief Seyß-Inquart erneut Göring an, um den Misserfolg seiner Mission zu melden. Jetzt zögerte Göring nicht länger. Ohne das verabredete Telegramm Seyß-Inquarts abzuwarten, in dem dieser um »baldmöglichste Entsendung deutscher Truppen« bat, gab er kurz danach »im Namen des Führers« den Befehl zum Einmarsch. Die Dinge waren im Rollen.

Während Hitler im Sog Görings in der Reichskanzlei die entsprechenden Befehle unterzeichnete, war der Generalfeldmarschall bereits unterwegs ins »Haus der Flieger«. Als hätte ein Dramaturg die Szene ausgerichtet, fand eben an diesem Abend ein alljährlicher Ball statt, zu dem Göring das gesamte diplomatische Korps geladen hatte. Trotz der Krise waren fast alle erschienen, nur der österreichische Botschafter und sein Militärattaché hatten sich entschuldigen lassen. Zwischen Sekt, Tanz und Ballett gab Göring letzte Anweisungen für den Einmarsch. Unauffällig nahm er den italienischen und den britischen Botschafter beiseite, um sie über die Operation zu informieren. Die Reaktion war eisig, sie entspannte sich jedoch bald aufgrund guter Nachrichten. Kurz vor 21 Uhr meldete ein Gewährsmann aus Wien, Bundespräsident Miklas habe den österreichischen Truppen befohlen, keinen Widerstand zu leisten. Wenig später traf aus Rom die Nachricht ein, Mussolini habe den Einmarsch der deutschen Truppen gebilligt. Da auch aus London kein wütender Protest kam, beglückwünschten sich Göring und Hitler wechselseitig. Das Fait accompli war gelungen. »Dies ist der glücklichste Tag in meinem Leben«, teilte Hitler Göring mit, bevor er am nächsten Tag frühmorgens nach München flog, um von dort aus nach Österreich weiterzureisen.

Göring blieb als offizieller Vertreter Hitlers in Berlin zurück und hörte am

»Eine einzige Triumphfahrt«: Wie hier in Wien wurde Göring überall in Österreich begeistert begrüßt

Radio, wie Hitler bei der Ankunft in seiner Heimatstadt Linz begeistert gefeiert wurde. Als der »Führer« unter dem Eindruck des Jubels noch am selben Tag den »Anschluss« Österreichs an das Deutsche Reich beschloss, war selbst Göring vom Tempo der Entwicklung überrascht. Bis zuletzt und auch zu Recht brüstete er sich jedoch, der Motor des Erfolgs gewesen zu sein. »Es war weniger der Führer als ich selbst, der hier das Tempo angegeben hat und sogar über Bedenken des Führers hinwegschreitend die Dinge zur Entwicklung gebracht hat«, gab er im Nürnberger Prozess unwidersprochen zu Protokoll.

Zwei Wochen später brach er selbst nach Österreich auf. Zweimal, vom 24. März bis zum 2. April und vom 12. bis zum 17. Mai unternahm er eine Rundreise durch die »Ostmark«. In der für ihn typischen Weise verwob er politische, propagandistische und private Anlässe zu einer einzigen Triumphfahrt. Bei einer Dampferfahrt auf der Donau ließ er sich von den führenden Industriellen des Landes die Wirtschaftslage Österreichs erklären, besuchte Sehenswürdigkeiten und inspizierte das Terrain für künftige Flugplätze. Eine ganz besondere Station auf seinem Weg war Mauterndorf, das

Schloss seiner Kindheit, in dem noch immer die Witwe seines Taufpaten, Elisabeth von Epenstein, wohnte. Farbaufnahmen zeigen Hermann Göring im Schloss mit seinen Schwestern Olga und Paula. Wie ein heimkehrender Prinz wurde Hermann Göring von seiner Familie und den Bewohnern des angrenzenden Dorfes empfangen. Er nutzte den Besuch, um der ältlichen Witwe sein Interesse an den Schlössern seines Patenonkels zu signalisieren, die die Kulisse für die Ritterträume seiner Jugend gebildet hatten. War es seine gewinnende Art, Geld oder sanfte Erpressung? Elisabeth von Epenstein wollte oder wagte nicht, dem Triumphator aus Berlin seine Wünsche abzuschlagen. Noch im selben Jahr ging Burg Veldenstein in Görings Besitz über. Als Elisabeth von Epenstein im September 1939 starb, fiel auch Mauterndorf als Vermächtnis an den Feldmarschall. Die Verwandten der Verstorbenen gingen leer aus. Erst nach dem Krieg erhoben sie Anspruch auf das Schloss und erhielten es tatsächlich vor Gericht zugesprochen, da Göring es versäumt hatte, seine Neuerwerbung ins Grundbuch eintragen zu lassen.

In diesen Monaten schien es, als könne ihm nichts misslingen, als habe er einen Pakt mit dem Teufel geschlossen und seine Seele für den Erfolg verkauft. Kurz nach der Rückkehr von der zweiten Rundreise in Österreich durfte er sich in einer neuen Rolle sonnen. Mit 45 Jahren wurde der Feldmarschall zum ersten Mal Vater. Zur Verblüffung vieler, die an Nachkommen nicht mehr geglaubt hatten, brachte seine gleichaltrige Frau Emmy am 2. Juni 1938 eine Tochter zur Welt. Nach Mussolinis Tochter wurde sie Edda genannt, und Hitler übernahm die Patenschaft. An spöttelnden Bemerkungen über den Neuzugang in der Familie Göring änderte das freilich nichts. Wofür, juxte der Volksmund, steht EDDA? Antwort: Ewiger Dank Dem Adjutanten. Und der Kabarettist Werner Finck meinte, das Kind müsste eigentlich Hamlet heißen: »sein« oder »nicht sein«. Göring nahm ihm das übel, Finck kam ins KZ. Der Feldmarschall fühlte sich getroffen, denn er selbst hatte sich seit der Schussverletzung beim Hitlerputsch 1923 für unfruchtbar gehalten – ein Irrtum, wie der amerikanische Urologe Dr. Lattimer glaubt, der Göring nach der Gefangennahme untersuchte: »Er hatte eine große Schussnarbe, die tief und schwulstartig war«, erinnert sich Dr. Lattimer noch heute. »Sie war ziemlich beeindruckend, denn niemand hatte die Wunde genäht. Sie hatten sie nur verbunden und dann von den Seiten her heilen lassen, daher war die Narbe so groß und tief. Aber ansonsten war, soweit ich als Urologe sehen konnte, alles in Ordnung mit ihm. Er konnte Sex haben und Kinder auf normalem Wege zeugen. Es war nicht die Verletzung, sondern das Morphium, das ihn jahrelang unfruchtbar machte. Wenn man

»Sein« oder »nicht sein?«: Die Taufe von Görings Tochter Edda am 4. November 1938 wurde im großen Stil inszeniert – mit Hitler als Taufpate

Morphium dauerhaft injiziert, dringt es nach einer Weile in die Hoden ein und tötet den Samen ab. Aber sobald er das Morphium absetzte, konnte er binnen eines Monats oder etwas länger wieder zeugungsfähig sein.« Die Geburt einer Tochter ist somit ein Indiz, dass Göring seine Sucht in dieser Zeit im Griff hatte. Anstelle von Morphium berauschte er sich jetzt an Macht und Luxus. Er war auf dem Gipfel seiner Karriere und seines Ansehens.

In ebendiesem Zeitraum, in dem Göring offenbar von Triumph zu Triumph eilte, setzte, zunächst unmerklich, bereits der Niedergang ein – ein »Abstieg im Zeichen des Erfolges«, wie es der Historiker Steffen Martens formulierte. Erstmals traten Differenzen zwischen ihm und Hitler zutage, die zu einer wachsenden Entfremdung zwischen dem ersten und dem zweiten Mann des »Dritten Reichs« führten. Auslöser war die Sudetenkrise. Wie in der Novemberkonferenz von 1937 angekündigt, wandte sich Hitler unmittelbar nach der Einvernahme Österreichs seinem nächsten Ziel zu. Am 20. April 1938 befahl er dem OKW »generalstabsmäßige Vorarbeiten« für einen Angriff auf die Tschechoslowakei: Das Problem müsse einmal gelöst werden, nicht nur wegen der unterdrückten Sudetendeutschen, sondern mehr noch wegen der kommenden Auseinandersetzung im Osten, bei der die Tschechoslowakei russische Absprungbasis sei und tschechische Truppen rasch im Reich stünden. Er wolle, betonte Hitler, nicht sogleich einen Krieg entfachen, es sei denn, eine besonders günstige Konstellation trete ein. Dann allerdings wolle er unverzüglich losschlagen können.

Als der Generalstabschef des Heeres, Ludwig Beck, von diesen Plänen erfuhr, war er entsetzt. Noch war in seinen Augen die eilig aufgebaute Wehrmacht viel zu schwach, um es mit der Tschechoslowakei aufzunehmen, wenn diese von Frankreich und womöglich noch von England unterstützt wurde. Im Unterschied zum »Anschluss« Österreichs neigte auch Göring in dieser Frage zur Vorsicht. Zwar wusste er aus den geplünderten Archiven der österreichischen Botschaften in Berlin, Prag, Paris und London und den Abhörprotokollen seines »Forschungsamts«, wie sehr England und Frankreich einen Krieg fürchteten. Aber ihm lagen auch Memoranden aus der eigenen Luftwaffe und Wirtschaft vor, denen zufolge das Reich für einen Krieg gegen England nicht ausreichend gerüstet sei. Er setzte daher darauf, die Sudetenfrage mit ähnlichen Erpressermethoden wie im Falle Österreichs zu lösen. Er wollte den »Blinddarm Europas«, die Tschechoslowakei, gewaltlos »zerschneiden und unter Polen, Ungarn und Deutschland« verteilen. Der »Griff nach Prag« befürchtete er, könne die Westmächte auf den Plan rufen und einen Weltkrieg provozieren.

Doch sein Plan ging nicht auf. Diesmal bestimmte Hitler das Tempo. Göring sah sich in die Rolle des Zuschauers versetzt. Ende Mai 1938 befahl Hitler Göring und die Spitzen der Wehrmacht zu einer erneuten Geheimkonferenz in die Reichskanzlei. Vor deren Beginn nahm er Göring beiseite und erklärte ihm, dass er zum Angriff entschlossen sei – eine rein politische Lösung halte er nicht mehr für möglich. Göring brachte vorsichtig Bedenken vor: Der Westwall, die Grenzbefestigung an der französischen Grenze, sei erst im Rohbau. Wäre es nicht besser, das Reich hochzurüsten, um die Gefahr eines Angriffs auf Deutschland zu verringern? Hitler schlug die Einwände seines Paladins in den Wind. »Weiter gehende Entschlüsse können nur alleine gefasst werden«, erklärte er in der anschließenden Konferenz indirekt an Görings Adresse. »Es ist mein unerschütterlicher Wille, dass die Tschechoslowakei von der Landkarte verschwindet.« Er wollte angreifen. Frieden war für ihn nur noch ein Vor-Krieg. Göring schwieg. Nie brachte er den Mut auf, seine kontroversen Ansichten vor Hitler von Angesicht zu Angesicht mit Nachdruck zu vertreten. Seinem »Führer« gegenüber verhielt sich der kraftmeierische Kämpe unterwürfig und unwürdig devot. Görings

Dilemma hieß Hitler. Ihm konnte er nicht entkommen. Er war, beobachtete Botschafter François-Poncet, »empfindlich und schnell verletzt. Dann zog er sich in sein Zelt zurück wie Achill. Aber Hitler hielt ihn zurück, schlug ihm auf die Schulter und sagte: ›Mein guter Göring!‹ Und Göring wurde rot vor Freude, und alles war vergessen.«

Göring ging auf Distanz zu Hitlers Kriegskurs, blieb aber peinlich darauf bedacht, nicht entschieden zu widersprechen. Er wusste aus langjähriger Erfahrung, dass hartnäckige Gegenargumente Hitler in seinen Absichten noch mehr bestärkten. Statt zu opponieren, bemühte sich Göring um Alternativen, die den »großen Krieg« verhindern konnten. Er signalisierte London und Paris Verhandlungsbereitschaft und suchte mit Lockungen und Drohungen die Westmächte zum Stillhalten zu bewegen. Göring war zwar keine Taube, aber im Vergleich zu Hitler ein eher kleiner Falke, der dem fixen Ideal einer deutsch-britischen Herrschaft über Europa anhing. Sein vorsichtiger Kurs führte zu einer wachsenden Entfremdung zwischen ihm und Hitler. Als Ratgeber zog Hitler an seiner statt nun zunehmend den neuen, willfährigen Außenminister Joachim von Ribbentrop heran. Er wollte nichts mehr von den Friedensschwüren wissen, mit denen Göring bei Jagdgesellschaften in der Schorfheide britische Diplomaten einlullte. Keineswegs gewillt, eine günstige Konstellation geduldig abzuwarten, ermutigte Hitler die Sudetendeutschen zu immer weiter gehenden Forderungen an die Prager Regierung und betonte seine Unterstützung mit drohenden Manövern an der Grenze. Die Wehrmacht erhielt Anweisung, sich für den 1. Oktober 1938 in Bereitschaft zu setzen. Es roch nach Krieg. Fieberhaft und mit wachsendem Pessimismus suchte Göring nach einem Ausweg.

Am Rande des Nürnberger Parteitags im September 1938 versprach der »Reichsjägermeister« dem britischen Botschafter Sir Neville Henderson die vier besten deutschen Hirsche, falls England nicht länger seine schützende Hand über Prag halte. Mehrmals drängte Göring den Diplomaten, Hitler und Premierminister Neville Chamberlain müssten sich zu einem Gespräch unter vier Augen treffen. Obwohl Chamberlain, um Frieden bemüht, Görings Wunsch beherzigte und Hitler am 15. September auf dem Obersalzberg besuchte, verschärfte sich die Lage weiter. Ultimativ forderte Hitler die sofortige Herausgabe der sudetendeutschen Gebiete. Damit schien die britische Politik des »appeasement«, des

Wenn England mit Deutschland Krieg machen will, ist eines ganz sicher: Bevor der Krieg vorbei ist, werden nur noch wenige Tschechen am Leben und von London wird nur noch wenig übrig geblieben sein. Aber es besteht kein Anlass zu Besorgnissen, es sei denn, irgendetwas Katastrophales geschieht.

Göring zu Henderson, 17. September 1938

»Kein Anlass zu Besorgnissen«: Göring und Sir Neville Henderson am Rande des Nürnberger Parteitags 1938

Beschwichtigens und Einlenkens, endgültig gescheitert zu sein. Görings Albtraum drohte Realität zu werden. Am 28. September 1938, kurz vor Ende des Ultimatums, blaffte er Ribbentrop an: »Wenn's zum Krieg kommt, dann bin ich derjenige, der dem deutschen Volk erzählt, dass Sie es in den Krieg ge-

Als er nach der Besprechung in München aus dem Sitzungssaal kam, sagte er zu uns spontan: »Das ist der Friede.«

Karl Bodenschatz, Adjutant Görings, Aussage im Nürnberger Prozess

trieben haben.« Ribbentrop giftete zurück, er verbitte sich das. Zwei der höchsten Repräsentanten des Regimes beschimpften sich in Gegenwart Hitlers, so ein Augenzeuge, wie »zwei Primadonnen vor der Generalprobe«. Später sollte Göring behaupten, er habe dem »Führer« gesagt, dass er keinen Krieg wolle, weil er wisse, was Krieg bedeute. Wenn aber, fuhr Göring fort, der »Führer« den Befehl zum Marschieren geben sollte, »so werde ich mich im ersten führenden Flugzeug befinden«. Er werde freilich darauf bestehen, dass Herr von Ribbentrop neben ihm sitze, fügte er als Seitenhieb hinzu.

Die Nachgiebigkeit der anderen Mächte führte noch einmal dazu, dass sich Görings Verhandlungslinie durchsetzte. Kurz vor Ablauf des Ultimatums rief Mussolini in Berlin an, bot seine Vermittlung an und bat Hitler um Aufschub. Gleichzeitig signalisierten der britische und der französische Botschafter, dass ihre Regierungen die Forderung nach Abtretung der sudetendeutschen Gebiete zu akzeptieren bereit seien. Schon am nächsten Tag, so wurde vereinbart, sollten die Regierungschefs der vier Staaten sich in München zu einer Konferenz treffen. Umgehend entwarf Göring ein Papier über die Verhandlungsziele der Konferenz, das nach Rom weitergeleitet und von Mussolini in München als eigener, italienischer Vermittlungsvorschlag präsentiert wurde. Die Unterzeichnung des Münchner Abkommens am 30. September war danach nur noch Formsache. Die Tschechoslowakei wurde verpflichtet, die sudetendeutschen Gebiete bis zum 10. Oktober an Deutschland abzutreten. Noch einmal hatte die deutsche Politik der Erpressung, gepaart mit Säbelrasseln, zu einem gewaltlosen Sieg geführt. Noch einmal konnte sich Hitler im Gefolge der deutschen Truppen als Triumphator von den jubelnden Massen des Sudetenlandes feiern lassen. Der Sieg schloss die »revisionistische Phase« von Hitlers Außenpolitik ab. Ab jetzt würde er nicht mehr Deutsche »befreien«, sondern fremde Völker unterwerfen.

Für Göring wurde die Münchner Konferenz zum Pyrrhussieg. Zwar hatte er sein Ziel einer gewaltfreien Lösung à la Österreich durchgesetzt, doch der Preis war eine merkliche Abkühlung des Verhältnisses zu Hitler. Das Ende des tschechoslowakischen Staates war mit der Unterzeichnung des Münchner Abkommens zwar besiegelt, und Göring freute sich über diesen Erfolg. Hitler aber war verstimmt und bezichtigte seinen Paladin sogar der »Feigheit«. »Das nächste Mal werde ich so schnell handeln, dass mir die alten

»Erpressung, gepaart mit Säbelrasseln«: Die Münchner Konferenz war Görings letzter außenpolitischer Erfolg

Weiber nicht dreinreden können«, murrte er hinter Görings Rücken. Der von ihm gewollte Krieg war aufgeschoben, und dafür machte er zu Recht auch Göring verantwortlich. In Hitler keimte der Verdacht, sein Gefolgsmann stehe nicht mehr so bedingungslos hinter seinem rücksichtslosen Raum- und Rassenprogramm wie der liebedienerische Außenminister. In der Tat verriet sich Göring in diesen Monaten, ungeachtet seiner brutalen Methoden, als Vertreter einer älteren, konventionelleren Tradition deutscher Großmachtpolitik, die das Ende des Kaiserreichs überdauert hatte. Er wollte Deutschland im Einklang mit England zur führenden Macht auf dem europäischen Kontinent machen und betrachtete vor allem den Südosten Europas als natürliche deutsche Hegemonialzone. Unausgesprochen blieb er damit noch im Rahmen des traditionellen, mittlerweile um die USA und Japan erweiterten, Mächtekonzertes, das Hitler durch die Errichtung eines von einem festen »Rassekern« beherrschten germanischen Großreichs ein für alle Mal sprengen wollte. Während für Hitler der eigentliche Eroberungszug erst begann, war er für Göring schon weitgehend abgeschlossen. Göring zauderte, das bereits Erreichte wieder aufs Spiel zu setzen. Im Unterschied zu Hitler genoss er den Frieden, der ihm ein Leben in ungehemmtem Luxus erlaubte. Er widersprach Hitler nicht, doch als treibende Kraft fiel er aus und folgte nur halbherzig. In den kommenden Monaten schlüpfte daher Ribbentrop in jene Rolle, die Göring beim »Anschluss« Österreichs gespielt hatte. Formal blieb Göring zwar der »zweite Mann« im Staate, tatsächlich aber begann seine Machtposition zu bröckeln.

Der Antisemit

Bei den Feierlichkeiten in München war von einem Riss in der Beziehung von Hitler zu Göring nichts zu spüren; vor der Öffentlichkeit blieb der Schein der Einheit zwischen dem »Führer« und seinem »treuesten Paladin« gewahrt. In großer Menge säumte die Münchner Bevölkerung, für die der 9. November ein inoffizieller Feiertag war, den Straßenrand. Die Fenster und Balkone waren voll mit Neugierigen, die einen Blick auf die vorbeiziehende Parteiprominenz zu erhaschen suchten. Wie jedes Jahr zog diese im Gedenken an den gescheiterten Putsch von 1923 vom Bürgerbräukeller zur Feldherrnhalle und von da aus weiter zum Königsplatz, wo Hitler an den Sarkophagen der bei der Revolte umgekommenen nationalsozialistischen »Märtyrer« mit diesen »stumme Zwiesprache« hielt. Wie jedes Jahr marschierte Göring in der ersten Reihe – ein Foto zeigt seine füllige Gestalt an der rechten Seite des etwa gleich großen Hitler. Jedes Mal, wenn die Führungsgruppe einen der 16 Pylonen passierte, die entlang der Marschroute aufgestellt waren, erschallte aus Lautsprechern der Name eines der erschossenen Putschisten. Inmitten des makabren Totenspektakels, das vom Rundfunk live übertragen wurde, mag Göring zuweilen gedacht haben, wie nahe er selbst daran gewesen war, als einer dieser toten »Helden« zu enden.

Am Rande der Feierlichkeiten führte er an diesem Tag ein längeres Gespräch mit Hitler. Diesmal ging es nicht um neue Eroberungen, sondern um die so genannte »Judenfrage«. Der Führer habe ihm erklärt, rekapitulierte Göring das Gespräch drei Tage später, er werde eine außenpolitische Aktion starten und den Mächten, die sich für die Juden einsetzten, sagen: »Was redet ihr immer von den Juden? Nehmt sie!« Anlass für die erregte Äußerung Hitlers war ein Anschlag zwei Tage zuvor in Paris, bei dem ein siebzehnjähriger Jude namens Herschel Grynszpan in der deutschen Botschaft auf den Legationsrat Ernst vom Rath mehrere Schüsse abgefeuert und diesen lebensgefährlich verletzt hatte. Mit der Tat wollte der Jugendliche gegen das

Schicksal seiner Familie protestieren, die Ende Oktober mit 17000 anderen Juden in einer spektakulären Nacht-und-Nebel-Aktion über die Grenze nach Polen gejagt worden war, dessen Staatsangehörigkeit sie, obwohl seit langem in Deutschland ansässig, noch immer besaß. Ohne Verpflegung und Unterkunft campierten die Vertriebenen wochenlang in einem Niemandsland an der Grenze, da die überraschten Polen ihre Einreise zunächst verweigerten.

Das Attentat war für Hitler ein willkommener Anlass, die 1933 begonnene Politik der Entrechtung und Austreibung der Juden aus Deutschland neu zu forcieren. Während Ernst vom Rath in einem Pariser Krankenhaus um sein Leben rang, berichtete die Presse auf Weisung des Propagandaministeriums in großer Aufmachung über den Anschlag und drohte schwere Folgen für die Juden in Deutschland an. Mit einem bloßen Appell an das Ausland, mehr deutsche Juden bei sich aufzunehmen, würde Hitler sich kaum begnügen, zumindest diese Einsicht dürfte Göring aus ihrem Gespräch und der Stimmungsmache in der Presse mitgenommen haben. Dass er noch mehr wusste, ist vermutet, aber nie bewiesen worden.

»Was redet ihr immer von den Juden?«: Hitler und Göring am Rande der Feiern zum Jahrestag des Hitlerputsches in München, 9. November 1938

Während Göring nach dem Gespräch mit einem Sonderzug nach Berlin zurückkehrte, mussten Hitler und Goebbels am Abend des 9. November noch einen weiteren Termin wahrnehmen. Der Gauleiter von München und Oberbayern hatte im Auftrag Hitlers die »alten Kämpfer« zu einem geselligen Zusammensein in den Festsaal des Alten Rathauses am Marienplatz eingeladen. Kurz vor Beginn der Feier traf aus Paris die Nachricht ein, dass vom Rath seinen Verletzungen erlegen sei. Goebbels, der gerade wegen seiner Affäre mit der tschechischen Schauspielerin Lida Baarova bei Hitler in Ungnade war, sah seine Chance, sich neu zu profilieren. Inmitten des Trubels ließ er sich von seinem »Führer« Vollmacht geben, den Mord als Vorwand für einen kaltblütig inszenierten »Racheakt« zu benutzen. Als Hitler gegen 22 Uhr das Fest verließ, hob Goebbels an zu einer wüsten antisemitischen Hetzrede, die in der Forderung gipfelte, dass der Mord eine Sühne verlange. Zwar dürfe die Partei nicht selbst tätig werden, erklärte er den Anwesenden, doch habe Hitler auf seinen Vortrag hin entschieden, dass den bereits laufenden und noch zu erwartenden »spontanen« Übergriffen auf jüdische Geschäfte und Synagogen nicht entgegenzutreten sei.

Die Festgäste nahmen die Rede als das, was sie war: als kaschierte Aufforderung, so schnell wie möglich »spontane« Übergriffe zu inszenieren. »Stürmischer Beifall«, notierte Goebbels befriedigt in sein Tagebuch. »Alles saust gleich an die Telefone. Nun wird das Volk handeln.« Doch nicht das Volk wurde aktiv, sondern die Gefolgschaft in der Partei. Auf Befehl ihrer Führer schlugen SA, SS und ihre Helfer noch in der Nacht im ganzen Reich los. Synagogen, Geschäfte und Wohnungen wurden zu Trümmerfeldern, während Greifkommandos Jagd auf ihre jüdischen Besitzer machten. Über 400 Juden wurden in den nächsten Tagen ermordet oder in den Selbstmord getrieben, 30 000 jüdische Männer in Konzentrationslager verschleppt. In einer in Deutschland beispiellosen Orgie der Gewalt wurden über 1400 Synagogen zerstört, mehr als 7500 Geschäfte verwüstet und geplündert. Nach dem Glas der tausendfach zerschlagenen Fenster prägte der Berliner Volksmund für den ungeheuren Zivilisationsbruch bald den ironischen Begriff »Reichskristallnacht«.

Während in ganz Deutschland die Synagogen in Flammen aufgingen, war Göring in einem luxuriösen Sonderzug nach Berlin unterwegs. Erst bei der Ankunft dort, dies gab er später in Nürnberg zu Protokoll, habe er von den Ausschreitungen erfahren und sei empört gewesen – freilich nicht wegen der Gewalt gegen unschuldige Menschen, sondern wegen der damit einhergehenden Zerstörung von Sachgütern, wie erhaltene Dokumente belegen.

Noch am 10. November rief er Hitler in München an und wies ihn auf die schädlichen Folgen der »Goebbels-Aktion« für die deutsche Wirtschaft hin. In einer Zeit, in der er die Deutschen auffordern müsse »jede alte Zahnpastatube, jeden rostigen Nagel, jedes Altmaterial zu sammeln«, seien mit einem Schlag riesige wirtschaftliche Werte vernichtet worden. Auch außenpolitisch sei die Aktion, gerade nach der Münchner Konferenz, äußerst schädlich. Die gleiche Auffassung bekam »in sehr scharfen Worten« auch Goebbels zu hören.

Was zunächst wie eine handfeste Führungskrise aussah, erwies sich freilich bald als Sturm im Wasserglas. Geschickt distanzierte sich Hitler von Goebbels' Initiative, ohne diese im Grundsatz zu verdammen. Zugleich schmeichelte er Göring, indem er den Kritiker höchstpersönlich zum Beauftragten für die durch das Pogrom aus dem Gleis geratene Judenpolitik ernannte. Durch diese Zugeständnisse besänftigt, einigte sich Göring mit Hitler auf einen teuflischen Kompromiss: Statt die Pogrome fortzusetzen, die nur Verwüstungen anrichteten und das Reich in Misskredit brachten, wollten beide von den deutschen Juden lieber eine finanzielle Sühneleistung einfordern, die der durch die Rüstung ausgezehrten Staatskasse zugute käme. Großzügig setzte Göring eine Summe von einer Milliarde Reichsmark fest. Rechtliche Skrupel oder Mitleid mit den Opfern plagten ihn nicht.

Zwei Tage später, am 12. November 1938, fand unter Görings Vorsitz im Reichsluftfahrtministerium eine große Sitzung statt, an der zahlreiche Minister, darunter Goebbels, Innenminister Frick, Wirtschaftsminister Funk, Finanzminister Schwerin von Krosigk, und der Chef der Sicherheitspolizei, Reinhard Heydrich, teilnahmen. Die »Judenfrage«, so leitete Göring die Konferenz ein, müsse jetzt koordiniert und »so oder so« erledigt werden. »Durch telefonischen Anruf bin ich gestern vom Führer noch einmal darauf hingewiesen worden, jetzt die entscheidenden Schritte zentral zusammenzufassen.« Damit fungierte unwidersprochen Göring als oberster Koordinator für die »Lösung der Judenfrage«. In einem kaum zu überbietenden Zynismus handelte er Punkt für Punkt der Tagesordnung ab. Er bedauerte die Ausschreitungen der letzten Tage und machte zugleich deutlich, dass es ihm nicht um die Opfer ging: »Mir wäre lieber gewesen, ihr hättet 200 Juden erschlagen und hättet nicht solche Werte vernichtet.« Da der Schaden nicht wieder gutzumachen war, wollte er ihn so weit wie möglich auf die Opfer abwälzen. Mit dem anwesenden Vertreter der Versicherungsgesellschaften handelte er aus, dass die Entschädigungen für Glasbruch und Diebstahl nicht an die betroffenen Juden, sondern in die Staatskasse gezahlt wurden. Oben-

Es ist irrsinnig, ein jüdisches Warenhaus auszuräumen und anzuzünden, und dann trägt eine deutsche Versicherungsgesellschaft den Schaden, und die Waren, die ich dringend brauche, … werden verbrannt. Da kann ich gleich die Rohstoffe anzünden, wenn sie hereinkommen.

Göring, 12. November 1938

drein, verkündete er, würde den Juden eine Strafe von einer Milliarde Reichsmark auferlegt werden. Niemand in der Runde widersprach. Sechs Jahre »Drittes Reich« hatten das Rechtsempfinden der Verantwortlichen fast vollständig erodiert.

Im Laufe der Sitzung zeigte sich immer deutlicher, dass Göring sich von Goebbels weniger in den Zielen als in den Mitteln unterschied. Statt auf die Gewalt der Partei setzte Göring auf den staatlichen Würgegriff. Er nutzte die Eskalation der letzten Tage, um eine in seinem Ressort seit langem vorbereitete Maßnahme schlagartig umzusetzen: die völlige Ausschaltung der Juden aus dem Wirtschaftsleben. Per Gesetz wurde Juden nun Besitz oder Leitung eines Geschäftes verboten. Dem jüdischen Eigentümer, erläuterte Göring der Runde, müsse bei der jetzt erfolgenden Zwangsarisierung eine möglichst niedrige Entschädigung gezahlt werden, von der er fortan zu leben habe – die Differenz zum tatsächlichen Wert des Unternehmens solle nach dem Verkauf an den Staat fallen. Am Ende der Maßnahmen, darin waren sich die Anwesenden einig, müsse das Ziel stehen, die verarmten Juden möglichst schnell aus Deutschland herauszubringen. Auf Heydrichs Vorschlag beschloss die Konferenz, zu diesem Zweck die Errichtung einer »Zentrale für jüdische Auswanderung«, die die Vertreibung vereinfachen und forcieren solle. Sichtlich zufrieden sprach Göring in die Runde: »Im Übrigen muss ich noch einmal feststellen: Ich möchte kein Jude in Deutschland sein.«

Die Konferenz vom 12. Oktober 1938 war in gewisser Weise Görings »Wannsee-Konferenz«. Sie markiert eine wichtige Etappe auf dem Weg zur »Endlösung der Judenfrage«, der Ermordung von über sechs Millionen Juden. Die von ihm initiierten Beschlüsse nahmen den Juden in Deutschland jede Perspektive auf ein dauerhaftes Weiterleben in ihrer Heimat und reduzierten die »Lösungsmöglichkeiten« in der »Judenfrage« auf zwei Alternativen: Vertreibung oder Vernichtung. Noch wollten Göring und die Anwesenden die »Judenfrage« durch Ausplünderung und Vertreibung lösen. Doch dahinter schimmerte bereits die andere, schrecklichere Alternative durch, die Göring am Ende der Konferenz andeutete: »Wenn das Deutsche Reich in irgendeiner absehbaren Zeit in außenpolitischen Konflikt kommt«, erklärte er unter Hinweis auf seine Gespräche mit Hitler, »so ist es selbstverständlich, dass auch wir in Deutschland in allererster Linie daran denken werden, eine große Abrechnung an den Juden zu vollziehen.« Zwei Monate später, am 30. Januar 1939, wiederholte Hitler diese Drohung vor dem Reichstag: »Wenn es dem internationalen Finanzjudentum inner- und außerhalb Europas gelingen sollte, die Völker der Welt noch einmal in einen Weltkrieg zu stürzen, dann wird das Ergebnis nicht die Bolschewisierung der Erde und damit der Sieg des Judentums sein, sondern die Vernichtung der jüdischen Rasse in Europa.« Nur wenige Meter entfernt von ihm, auf dem Sitz des Reichstagspräsidenten, spendete Göring Beifall. Offener als in diesen Monaten sprach keiner von ihnen je das Verbrechen aus. War Göring ein überzeugter und aktiver Befürworter des Holokaust?

Der Befund ist weniger eindeutig, als er auf den ersten Blick scheint. Zweifellos bewegte auch Göring ein tief verwurzelter Judenhass, der schon 1925 in der schwedischen Heilanstalt Långbrö aufgefallen war. Als Reichstagspräsident verkündete er 1935 die Nürnberger Rassegesetze, durch die Juden aus dem politischen und kulturellen Leben eliminiert wurden. Nach dem »Anschluss« Österreichs sprach er in einer Rede in Linz offen aus, dass mit den deutschen Truppen auch der systematische Terror gegen die jüdische Bevölkerung Einzug halten werde: »Die Stadt Wien kann nicht länger als deutsche Stadt bezeichnet werden. Wo es 300 000 Juden gibt, kann man nicht von einer deutschen Stadt sprechen. Aber Wien muss wieder eine deutsche Stadt werden.« Verbal trat Göring als fanatischer Judenhasser auf, aber seine wahre Einstellung gegenüber Juden blieb bis zuletzt unklar und für einen Mann in Hitlers engstem Umfeld auffallend unideologisch und vielschichtig. Als ihm ein jüdischer Juwelier, einst ein Jagdflieger unter seinem Kommando, besorgt von judenfeindlichen Drohbriefen berichtete, gab sich Göring zunächst wohlwollend: »Mach dir keine Sorgen. Ich kümmere mich darum.« Dann aber betonte der Bittsteller, ebenfalls Deutscher zu sein. Göring herrschte ihn an: »Für einen ehemaligen Kameraden tue ich alles. Aber ich spreche dir das Recht ab, dich als Deutscher zu bezeichnen. Du bist Jude.«

Görings Haltung gegenüber Juden blieb abhängig von Launen und Neigungen, auch wenn er nach außen hin – zumindest aus Opportunismus – Hitlers Rassenlehre vertrat. Er war ein Schreibtischtäter, der mit sich reden ließ. Insbesondere auf Bitten seiner Frau Emmy bewahrte Göring einige ihrer ehemaligen jüdischen Schauspielkollegen vor dem Schlimmsten. »Wer Jude ist, bestimme ich«, lautete die gleichermaßen eigensinnige wie machtverliebte Maxime, nach der Göring seine Hand auch über Juden hielt, die ihm nützlich waren oder sein konnten. Unter seinem persönlichen Schutz stand

»Hör jetzt endlich mit den Dummheiten auf«: Albert Göring half immer wieder Verfolgten des Regimes. Hermann Göring und sein Bruder (links) mit ihren Ehefrauen

die Familie Ballin, die ihn nach dem gescheiterten Putsch von 1923 in ihrer Münchner Wohnung aufgenommen und seine schweren Verletzungen so gut es ging versorgt hatte. Schutzbriefe stellte er auch für versierte Kunsthändler wie die Familie Bernheimer aus, über die Göring Gemälde und die besonders geliebten Gobelins bezog. Fest hielt er ebenfalls an Erhard Milch, dem zweiten Mann der Luftwaffe, dem eine jüdische Abkunft nachgesagt wurde. Widerwillig schritt Göring ein, um seinen mehrfach verhafteten Bruder Albert aus den Fängen der Gestapo zu befreien. Als Außenhandelschef der besetzten tschechischen Škoda-Werke kämpfte dieser aktiv gegen das Unrecht und rettete Dutzenden jüdischen Familien und politisch Verfolgten das Leben, indem er Schutzbriefe ausstellte und Passierscheine unterschrieb. »Hör jetzt endlich mit den Dummheiten auf«, forderte Hermann seinen Bruder auf, der sich nicht beeindrucken ließ und bis Kriegsende zahlreichen Menschen mit seinen »Dummheiten« das Leben rettete.

Er war wohl für eine Ausschaltung der Juden aus dem politischen und dem wirtschaftlichen Leben, aber er sagte, dass er keinem Juden etwas zu Leide tun will.

Klaus Rigele, Neffe Görings

Von sich selbst behauptete Göring, einen mäßigenden Einfluss auf Hitler ausgeübt zu haben, und seinem Neffen Klaus Rigele erklärte er, dass er die

Juden zwar aus dem politischen und wirtschaftlichen Leben entfernen, aber keinem etwas zuleide tun wolle. Tatsächlich lief der spätere Massenmord in den Lagern weitgehend ohne ihn ab. Er ließ den jüdischen Besitz beschlagnahmen, wo er konnte, was mit den Eigentümern geschah, war ihm gleichgültig. Aus persönlichen Gründen verhalf er dem einen oder anderen zum Überleben, für die Masse aber setzte er sich nie ein. Wenn er auch millionenfachen Mord nie selbst betrieb, er wusste von ihm. Indem er darauf drängte, der jüdischen Bevölkerung in Deutschland die Lebensgrundlage zu rauben, verengte er bewusst die Alternativen auf Vertreibung oder Vernichtung. Als an eine Vertreibung im Krieg nicht mehr zu denken war, ging von ihm keine Initiative aus, in der »Judenpolitik« grundsätzlich umzusteuern. Er nahm die Tötung von Millionen Menschen billigend in Kauf und war froh, dass andere und nicht er das Mordwerk verrichteten.

Der Paladin

In den ersten Monaten des Jahres 1939 musste Göring erleben, wie wenig sein Rat bei Hitler in der Außenpolitik noch galt. Der Geist von München war schnell verflogen. Der Wind wehte nun aus einer anderen Richtung, und die Zeichen standen auf Sturm. Hitler machte sich daran, die Tschechoslowakei zu zerschlagen. Am 11. März 1939, einem Samstag, fiel der Startschuss zur Offensive. Generaloberst Wilhelm Keitel erhielt die Anweisung, der Tschechoslowakei ein Ultimatum zu stellen: Prag solle die Besetzung Böhmens und Mährens einfach hinnehmen. Göring blieb von alledem ausgeschlossen. Gesundheitlich angeschlagen, kurte er in San Remo. Spaziergänge und Tennis standen im bizarren Kontrast zur schweren Krise, die Europa überschattete. Hitler selbst hatte den Urlaub angeordnet, um ungestört den Todesstoß gegen die Tschechoslowakei vorbereiten zu können. »Sein Aufenthalt«, verkündete er, »trägt zur Beruhigung der Gemüter in Italien bei.« So erfuhr Göring erst am Tag des Einmarschs, am 15. März 1939, was Hitler hinter seinem Rücken geplant hatte. »Ich war verärgert«, erinnerte er sich in Nürnberg, »weil die ganze Sache über meinen Kopf hinweg entschieden worden war. Ich riet zu Geduld und betonte, eine Verletzung des Münchner Abkommens würde für Chamberlain einen Prestigeverlust bedeuten, der wahrscheinlich Churchill an die Macht bringen würde. Hitler hörte nicht auf mich.« Offensichtlich wollte Hitler vermeiden, dass Göring wie in München für Frieden plädierte.

Inzwischen hatte sich die Situation für die Tschechoslowakei weiter verschlechtert. Ungarn forderte die Karpato-Ukraine, die Slowakei erklärte ihre Unabhängigkeit, Nationalsozialisten zogen »Sieg heil« rufend über den Prager Wenzelsplatz. In dieser prekären Situation machte sich der tschechoslowakische Staatspräsident Emil Hacha mit dem Mut der Verzweiflung auf den Weg nach Berlin. Die Tschechoslowakei als eigenständigen Staat zu erhalten – darum wollte der herzkranke Politiker Hitler bitten. Die Mission endete als erniedrigendes, menschenverachtendes Schauspiel, bei dem der frisch erholte Göring eine der Hauptrollen übernahm. Hitler präsentierte dem flehenden Hacha das Todesurteil über sein Land und forderte ihn auf, dafür zu sorgen, dass sich der Einmarsch der deutschen Truppen »in erträglicher Form abspielt«. Hacha, von einem Schwächeanfall mitgenommen, sollte mit seiner Unterschrift das Schicksal des Vielvölkerstaats besiegeln. Um Hitler zu gefallen, überboten sich Göring und Ribbentrop in drastischen Schilderungen, was »gewiss« geschehen würde, wenn Hacha nicht unterschreibe: »Prag wird innerhalb von zwei Stunden in Schutt und Asche liegen.« – »Hunderte von Bombern warten auf den Startbefehl, der um sechs Uhr morgens hinausgeht, wenn die Unterschriften nicht geleistet werden.« Gebrochen von Görings Psychoterror, leistete Hacha die Unterschrift. Prag und die so genannte Resttschechei wurden von deutschen Truppen besetzt und hießen fortan »Reichsprotektorat Böhmen und Mähren«.

Wieder einmal hatte sich Göring dem »Führerwillen« beugen müssen. Aktiver Widerstand, offene Kritik sogar, hätte nach seinem Verständnis »Verrat« gegenüber dem Mann bedeutet, dem er alles in seiner politischen Laufbahn verdankte. Göring steckte in der Loyalitätsfalle. Einst unbestritten zweiter Mann hinter Hitler, war er durch Ribbentrops Aufstieg in seiner Stellung erschüttert. Nach langen Jahren als engster Vertrauter musste er sich damit abfinden, dass Hitler und sein Außenminister wichtige Pläne ohne ihn schmiedeten. Kaum etwas schmerzte den eitlen und egozentrischen Machtmenschen jedoch mehr als das Gefühl, politisch an Boden zu verlieren, übergangen zu werden. Hitler machte er dafür nicht verantwortlich, ihm blieb er treu ergeben. Sein Groll galt dem Rivalen im Außenministerium, Joachim von Ribbentrop, dem, so seine Worte, »ersten Papageien Deutschlands«, dem »kriminellen Narren«, der Hitlers aggressiven Kriegskurs unterstützte und damit Göring an Einfluss und Prestige den Rang ablief. Als am 22. Mai 1939 der »Stahlpakt«, das Militärbündnis zwischen Deutschland und Italien, ohne Göring verhandelt wurde, aber Ribbentrop ihn bat, für das Unterzeichnungsfoto hinter ihm zu posieren, lehnte Göring in ohn-

Oben: »Prag wird innerhalb von zwei Stunden in Schutt und Asche liegen«: Der tschechoslowakische Staatspräsident Hacha in der Reichskanzlei, 14. März 1939
Unten: Die Wehrmacht marschiert unter wütenden Protesten der Bevölkerung im »Reichsprotektorat Böhmen und Mähren« ein

mächtiger Wut ab: »Ich bin doch nicht verrückt, ich weiß ja nicht mal, was hier unterzeichnet wird.«

Dennoch hielt Hitler nach außen an seinem populären Wegbegleiter seit 1922 fest. Gegenüber dem Prinzen Paul von Jugoslawien beteuerte der Diktator: »Ich bin nicht einsam. Ich habe den besten Freund der Welt. Ich habe Göring.« Der beste Freund fuhr indes zweigleisig: Er prahlte einerseits mit der angeblich technisch modernsten und zahlenmäßig stärksten Luftwaffe der Welt, die in Wahrheit keineswegs für einen längeren Krieg gewappnet war, und bemühte sich andererseits intensiv um einen Ausgleich mit London – in der illusorischen Hoffnung, mit einem »zweiten München« den Frieden retten zu können, um weiterhin sein Luxusleben ungestört zu genießen.

Von Carinhall aus knüpfte Göring immer neue Verbindungen. Mehrmals fuhr der millionenschwere Chef des schwedischen Konzerns Electrolux, Axel Wenner-Gren, vor, der Zutritt zu Chamberlain hatte. Viermal sandte Göring seinen Sonderemissär, Ministerialdirektor Helmut Wohltat, nach London. Er ersuchte Adlige um ihre Vermittlung über ihre englischen Verwandten. Doch das deutsch-britische Verhältnis verschlechterte sich weiter, als Hitler und Stalin Ende August 1939 einen Nichtangriffspakt schlossen und der britische Botschafter in Berlin, Henderson, ankündigte, die Regierung Chamberlain stelle sich auf die Seite Polens. Als Hitler Mitte August den »Fall Weiß«, den Überfall auf Polen, für Ende August anordnete, notierte Milch in sein Tagebuch: »G. teilt Absicht mit! G. nervös.«

Die Zeit drängte, doch die Chancen, die glimmende Lunte zum Pulverfass im letzten Moment noch auszutreten, waren minimal. Göring wusste, dass Hitler, einmal entschlossen, kaum mehr umzustimmen war, zumal sein Wort entscheidend an Gewicht verloren hatte. Dennoch wagte er einen späten Versuch, England aus einem deutsch-polnischen Krieg herauszuhalten. Zwei Hoffnungen blieben ihm: einmal, dass Hitler bei seinem Vabanquespiel nur bluffte, und zum zweiten, dass die von ihm veranlassten Sondierungen des Schweden Birger Dahlerus in London Früchte trugen.

Göring kannte den Industriellen mit den vorzüglichen Kontakten in England und Deutschland seit 1934. Wie Göring ging auch Dahlerus fest vom Kriegseintritt Englands aus und war allein schon aus wirtschaftlichen Gründen an einem »letzten Versuch zur Rettung des Friedens« interessiert. Mehrmals pendelte Dahlerus in diesen schicksalhaften Sommertagen als Friedensbote zwischen London

Damals glaubte ich, ich könnte etwas dazu beitragen, um einen neuen Krieg zu verhindern, zumal ich eindeutig beweisen konnte, dass vonseiten der englischen Regierung alles geschehen ist, um den Krieg zu verhindern.

Birger Dahlerus, Aussage in Nürnberg

»Alles unternommen, um einen Krieg zu vermeiden«: Der schwedische Industrielle Birger Dahlerus versuchte zwischen Berlin und London zu vermitteln

und Berlin. Zwar verschaffte Göring seinem Hoffnungsträger Zutritt zu Hitler, der seinerseits auf Englands Neutralität hoffte, der aber auch drängte, zu handeln und nicht zu verhandeln. Görings halbherzige Absicht, über Dahlerus den Krieg zu verhindern, scheiterte. Inzwischen wusste er aus den Spitzelberichten seines »Forschungsamts«, dass England und Frankreich Polen beistehen wollten und Italien sich weigerte, an Deutschlands Seite zu kämpfen. Noch einmal versuchte er, Hitler von seinem Entschluss abzubringen: »Wir wollen doch das Vabanquespielen lassen!« Worauf der »Führer« entgegnete: »Ich habe in meinem Leben immer va banque gespielt.«

Der Kampf gegen den Krieg schien endgültig verloren. Dennoch bemühte sich Göring ein letztes Mal, über Dahlerus einen Termin für ein Vermittlungsgespräch in London zu ergattern. Göring saß wie auf glühenden Kohlen. Die Motoren zweier Ju 52 liefen warm, der Diener bügelte den Smoking, und die Leibwächter wurden angewiesen, ihre besten Anzüge zu tragen. Doch die naive Hoffnung, das Königreich fünf nach zwölf vom Kriegskurs abhalten zu können, zerschlug sich. Am Donnerstag, dem 31. August 1939 morgens, befahl Hitler den »Fall Weiß«, den Einmarsch in Polen. Danach riegelte der Diktator sich von der Außenwelt ab. Gegen zwei Uhr nachmittags waren alle Einheiten mit den nötigen Befehlen versehen. Wenig später wurden die Telefonverbindungen nach Warschau gekappt. Am nächsten Tag konnte der Krieg beginnen. Am Nachmittag, als die Militärmaschinerie bereits auf Hochtouren lief, sprach der Oberbefehlshaber der Luftwaffe ein letztes Mal bei Hitler vor und versuchte ihn zum Einlenken zu bewegen. Doch der Diktator kanzelte seinen Stellvertreter mit heftigen, knappen Worten ab. In der Nacht wurden die Flugzeuge der Luftwaffe mit Bomben beladen, aufmunitioniert und betankt. Am 1. September kurz vor vier Uhr starteten über 2000 Maschinen in Richtung Osten. Keine Stunde später griff die Wehrmacht an.

Als Göring am Vormittag des 1. September 1939 zum Reichstag fuhr, um die Rede Hitlers zum Ausbruch des Krieges zu hören, war er tief deprimiert. Auch der »Führer« war keineswegs in Hochform. Sein Auftritt wirkte hölzern, angestrengt. Es gab weniger Beifall als üblich. Unverfroren behauptete Hitler, der Krieg sei nur ausgebrochen, weil Polen sich geweigert habe, mit Deutschland zu verhandeln. Schließlich verkündete er: »Sollte mir in diesem Kampf etwas zustoßen, so ist mein erster Nachfolger Parteigenosse Göring.« Zwar hatte Hitler dies bereits in einem Geheimerlass vom Dezember 1934 bestimmt, doch jetzt erteilte er Göring vor aller Welt den Ritterschlag zum zweiten Mann des Reiches. Mit dieser effekthascherischen Geste bestätigte der »Führer« die Sonderstellung seines Paladins, obwohl

Ich habe den Krieg nicht gewollt und habe deshalb alles getan, um ihn, soweit es in meinen Möglichkeiten stand, zu vermeiden. Das hat nichts zu tun damit, welche Vorbereitungen ich pflichtmäßig in meiner Eigenschaft als hoher Offizier durchgeführt habe.

Göring, Aussage in Nürnberg

»Seit 5.45 Uhr wird zurückgeschossen«: Hitlers Regierungserklärung im Reichstag, 1. September 1939

dieser den Zenit seiner Macht schon überschritten hatte. Hitlers öffentliche Erklärung war ein »Trostpflaster« für den gescheiterten Friedenspolitiker Göring. Sie besiegelte dessen Abhängigkeit und stürzte ihn in ein Dilemma. Auf der einen Seite erkannte Göring, dass die Politik des Diktators fatal war und Deutschland einen langen Krieg nicht gewinnen konnte. Auf der anderen Seite fühlte er sich zu absoluter Loyalität verpflichtet. Dieser Zwiespalt sollte sein Denken, Fühlen und Handeln während des ganzen Krieges prägen.

Nach letzten missglückten Verhandlungsversuchen richtete London am 3. September ein Ultimatum an Berlin: Die deutschen Truppen hätten sich aus Polen zurückzuziehen. Als Hitler nicht reagierte, erklärte Großbritannien um 11.45 Uhr Deutschland den Krieg. Die Kriegserklärung Frankreichs folgte am Spätnachmittag. Vor Wut knallrot im Gesicht schrie Göring Außenminister Ribbentrop am Telefon an: »Jetzt haben Sie Ihren Scheiß-Krieg! Sie sind der einzig Schuldige!«

Der Reichsmarschall

Im dreiwöchigen Krieg gegen Polen errang Görings Luftwaffe leichte Siege. Die Blitzkrieg-Taktik überraschte die schwache und veraltete polnische Luftwaffe, deren Flugzeuge in vielen Fällen schon am Boden zerstört wurden. Virtuos spielten Sturzkampfbomber und Panzerdivisionen in der vordersten Linie zusammen. Bereits am 8. September, nur eine Woche nach Beginn des Krieges, drangen deutsche Einheiten in die Außenbezirke von Warschau ein. Doch die polnische Regierung erklärte die Hauptstadt zur Festung und machte sie zum letzten Zentrum des Widerstands in dem zusammenbrechenden Nachbarland. Mit der Erstürmung Warschaus begann ein neues Kapitel der Luftkriegsgeschichte. Göring ließ seine Flugzeuge am 24. und 25. September in Wellen angreifen, um die Stadt kapitulationsreif zu bombardieren. 400 Maschinen warfen 486 Tonnen Sprengbomben, davon 72 Tonnen Brandbomben ab: der erste Großangriff dieser Dimension. Binnen weniger Stunden waren große Teile Warschaus zerstört. Später wurden Kamerateams nach Polen geschickt, die die ausgebrannten Ruinen aus der Luft filmten. Aus den Aufnahmen entstand der Propagandafilm »Feuertaufe«, ein Streifen, der die Erfolge der Luftwaffe feierte. Gegen Ende des Films erschien Göring persönlich auf der Kinoleinwand und behauptete, dieses Schicksal stehe auch England bevor.

Die filmreife Drohung war vor allem taktisch motiviert. Göring war tief betroffen, als Hitler am 27. September, dem Tag der Kapitulation Warschaus, erstmals verkündete, er wolle bald im Westen angreifen. Selbst nach der Niederlage Polens hoffte Göring weiter auf einen Frieden mit Großbritannien und Frankreich. Im September und Oktober 1939 schickte er seinen schwedischen Kontaktmann Birger Dahlerus erneut zu Chamberlain. Hitler wusste davon und ließ seinen Paladin gewähren. Gleichzeitig verhandelte Göring hinter den Kulissen mit den Amerikanern. Auch mit dem Widerstand ging er vorsichtig auf Tuchfühlung. Beide Seiten spielten gedanklich die Möglichkeit einer Übergangsregierung durch. Doch konnte man Hitlers Stellvertreter wirklich vertrauen? Die Kontakte verliefen bald im Sande. Gleichwohl erkannte Hitler, dass Göring sich verträglich mit den Westmächten einigen wollte. Am 9. Oktober diktierte der »Führer« die Weisung Nr. 6 und erklärte in einer Denkschrift die militärische

Er war bemüht, mithilfe der Schwedenallianz den Ausbruch des Krieges zu verhindern. Für ihn war die Kriegserklärung der Engländer und der Franzosen ein Schock, wie für uns alle übrigens. Er hatte bis zum letzten Moment gehofft, dies verhindern zu können.

Heinz Cramer, 1937/38 Adjutant Görings

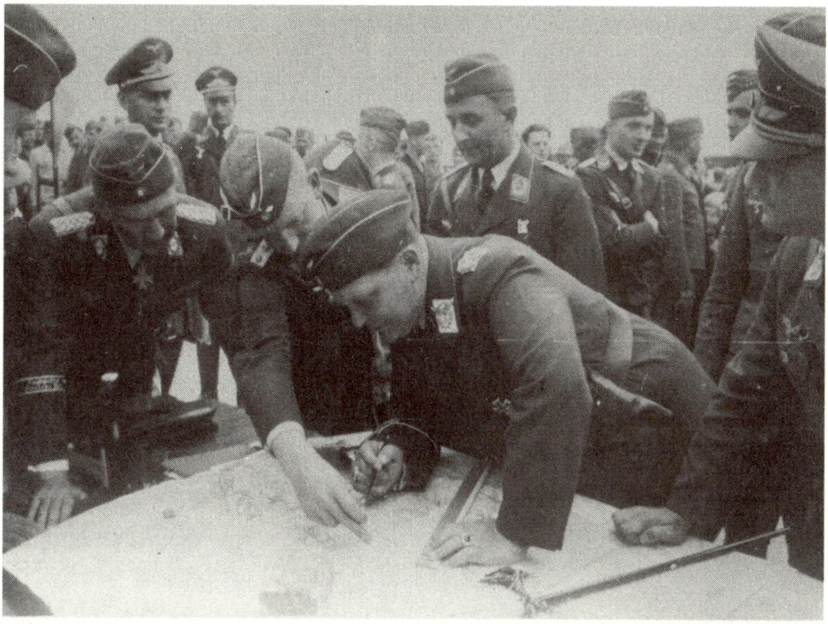

Oben: »Den Krieg so menschlich wie möglich führen«?: Göring besucht während des Polenfeldzugs eine Luftwaffeneinheit
Unten: »Neues Kapitel der Luftkriegsgeschichte«: Zerstörte Gebäude in Warschau, aufgenommen nach dem deutschen Einmarsch

Vernichtung des Westens für notwendig. Die Würfel waren gefallen. Im November unternahm Göring einen letzten Versuch, Hitler und Ribbentrop vor den Risiken eines deutschen Angriffs im Westen zu warnen – vergeblich. Göring fügte sich und schwenkte um. In den nächsten Monaten des Krieges bemühte er sich, das verlorene Vertrauen seines »Führers« durch besonders martialisches Auftreten wieder wettzumachen.

Auf den Schlachtfeldern hatte er sich während des Polenfeldzugs nur selten gezeigt. Zu Beginn der Kämpfe wartete er in Berlin, bis Hitler von der Front zurückkehrte. Um den 18. September, als sich weder Briten noch Franzosen rührten, verlegte er sein Hauptquartier auf den »Reichsjägerhof« Rominten in Ostpreußen. Dort ging er auf Hirschjagd, als Polen zusammenbrach. Da der Krieg nun einmal da war, machte sich Göring bereitwillig zum Erfüllungsgehilfen der territorialen und »rassischen« Neugestaltung Europas. Im Herbst 1939 war er damit beschäftigt, den deutsch besetzten Teil Polens auszuplündern und die wertvollen Teile der polnischen Wirtschaft in die des Reiches zu integrieren. Als Vorsitzender des Reichsverteidigungsrats leitete Göring die entsprechenden »Führer«-Befehle an die zuständigen Minister weiter. Für die Günstlinge Hitlers schnitt man riesige »Reichsdomänen« aus dem besetzten Land heraus. Der polnische Klerus führe einen perfiden Kleinkrieg gegen die deutsche Besatzungsmacht, rechtfertigte Göring den plumpen Landraub. Bedenkenlos gab er im Auftrag Hitlers, der ihn in solch heiklen Dingen gerne vorschob, den Startschuss zu einer blutigen »Flurbereinigung«. Im Oktober setzte Göring seine Unterschrift unter den »Germanisierungserlass«, der Himmler bevollmächtigte, zehntausende polnische Intellektuelle zu ermorden.

Die militärischen Vorbereitungen für den »Fall Gelb«, den Angriff auf Frankreich, liefen bereits auf Hochtouren, als Johann Georg Elser, ein schwäbischer Zimmermann, am 8. November 1939 einen Mordanschlag auf Hitler verübte. Die Bombe, die der Attentäter mit Zeitzünder in einer Säule des Münchner Bürgerbräukellers versteckt hatte, verfehlte ihr Ziel nur durch Zufall. Früher als üblich hatte Hitler nach seiner traditionellen Rede zum Jahrestag des Hitlerputsches den Saal verlassen. Wenige Minuten später ging das Dynamit in die Luft und riss acht Personen in den Tod. Sein Tatmotiv, eine starke Kriegsangst, teilte der Attentäter mit vielen Menschen im damaligen Deutschland. Wäre es Elser gelungen, Hitler zu töten, so hätte Göring dessen Nachfolge angetreten. Vielleicht hätte er in Übereinstimmung mit konservativen Militärkreisen den Krieg beendet. Ob freilich ein Ausgleich mit Großbritannien und Frankreich noch möglich gewesen wäre, ist ungewiss. Niemand vermag zu sagen, ob Göring dem Druck der Briten nachgegeben und die Wehrmacht aus Polen abgezogen hätte. Eines aber ist sicher: Die spätere Ausweitung des Krieges, den Überfall auf die Sowjetunion, hätte Göring nicht befohlen. Auch den Holokaust hätte es in dieser Form wohl nicht gegeben. Wenn Göring der Weg aus dem Krieg gelungen wäre, hätte Deutschland dann vielleicht eine Entwicklung genommen wie das Spanien Francos? Würden dann noch heute Schulen und Straßen nach Göring benannt sein? Wäre die Erinnerung an seine Untaten verdrängt worden?

Die Geschichte hat es anders gewollt. Die »wunderbare Rettung« vor der Bombe Elsers bestärkte Hitler noch in seiner Entschlossenheit zum Angriff. Auch Göring rechtfertigte den Schlag gegen Frankreich gegenüber hohen Militärs jetzt mit dem Argument, man müsse England niederwerfen. Auf seine Vertrauten wirkte er gleichwohl unentschlossen. Wegen Schlechtwettermeldungen wurde der Angriff mehrfach verschoben, da Görings Luftwaffe nicht starten konnte. Tief besorgt konsultierte der Oberbefehlshaber einen Regenmacher. Von einem Wahrsager wollte er wissen, warum die Briten in Polen nicht eingegriffen hatten. Um der unerklärlichen Passivität der Alliierten auf den Grund zu gehen, nahm der zweite Mann im Reich sogar ein Pendel zu Hilfe. Doch die Berufung auf höhere Mächte half ihm nicht, als Anfang Januar 1940 der Luftwaffe ein ungeheures Missgeschick passierte. Eine deutsche Kuriermaschine mit zwei Luftwaffenoffizieren an Bord verflog sich im dichten Nebel und musste im belgischen Mechelen notlanden. Entgegen allen Sicherheitsbestimmungen hatten die Offiziere geheime Aufmarschpläne im Gepäck, die jetzt in die Hände der Westmächte gelangten. Mehrere Tage, erinnerte sich Görings Schwester Olga, sei ihr Bruder »völlig auseinander« gewesen. Der Luftwaffenchef war in heller Angst vor Hitler. Jeden anderen Militär hätte die Schlappe vermutlich den Kopf gekostet. Seinen »treuesten Paladin«, den er vor nicht allzu langer Zeit zu seinem Nachfolger ernannt hatte, konnte Hitler nicht absetzen. Göring blieb im Amt, doch Hitler forderte ein Bauernopfer: Luftflottenchef Hellmuth Felmy, einer von Görings fähigsten Kommandeuren, musste gehen.

Am 10. Mai 1940 starteten rund 2500 deutsche Kampfflugzeuge in Richtung Westen. In rascher Folge legten Görings Geschwader die belgischen und niederländischen Luftstreitkräfte lahm und fügten der französischen und britischen Luftwaffe große Verluste zu. Wie schon in Polen errangen die Deutschen binnen kürzester Zeit die Luftüberlegenheit. Spektakuläre Einsätze

»Starker Widerstand«: Der Oberbefehlshaber der Luftwaffe besichtigt das völlig zerstörte Rotterdam, 25. Mai 1940

von Fallschirmjägern und Luftlandetruppen entsprachen dem Bild einer schier unschlagbaren deutschen Luftmacht.

Nach Warschau geriet am 14. Mai Rotterdam ins Visier der neuartigen Zerstörungskraft aus der Luft. Einige Tage zuvor waren deutsche Fallschirmjäger über der Hafenstadt abgesprungen mit dem Auftrag, die Maasbrücken zu erobern. Um den starken Widerstand der Festung zu brechen und die Fallschirmjäger aus ihrer schwierigen Lage zu befreien, wurden 100 Flugzeuge mit Sprengbomben beladen. Kurz nach deren Abflug kapitulierte der niederländische Festungskommandant. Der Befehlshaber der deutschen Truppen vor Ort, General Student, ließ rote Leuchtsignale abfeuern, um den Angriff in letzter Minute zu stoppen – zu spät. Die Hälfte der Angreifer übersah das Entwarnungssignal und klinkte die Bomben aus. Wie schon in Warschau gerieten die Brände schnell außer Kontrolle. Die Altstadt von Rotterdam ging in Flammen auf, 800 Menschen starben einen schrecklichen und sinnlosen Tod. Bereits zwei Stunden nach dem verheerenden Angriff erfolgte die totale Kapitulation Hollands.

Kurz darauf stand Hitler vor einem entscheidenden Sieg. Am 24. Mai hatten die Deutschen sich bei ihrem Vorstoß nach Westen bis auf 15 Kilome-

»Die Luftwaffe vernichtet die Engländer am Strand«: In letzter Minute evakuierte britische Soldaten beobachten die brennende Küste bei Dünkirchen

ter der Stadt Dünkirchen angenähert, dem einzigen noch verbliebenen Kanalhafen der Alliierten. Nur noch wenige Stunden, dann wäre das letzte Schlupfloch verschlossen gewesen, und mehr als 300 000 britische, französische und belgische Soldaten hätten in der Falle gesessen. Doch Hitler ließ die Panzer auf Rat von General Rundstedt anhalten. Von seinem Befehlsstand in einem Sonderzug mit dem Decknamen »Asien« aus verfolgte Göring die dramatische Entwicklung. Auch im Krieg wollte er nicht auf den gewohnten Komfort verzichten. Seine Wohn- und Schlafräume im hinteren Teil des Zuges waren mit allen technischen Finessen ausgestattet. Ein Kammerdiener, sein Arzt und seine persönliche Krankenschwester sorgten für das leibliche Wohl des Feldmarschalls. Dieser witterte eine Gelegenheit, um sich und seine Luftwaffe erneut zu profilieren. Am Telefon prahlte er gegenüber dem »Führer«, seine »nationalsozialistische Luftwaffe« werde den Gegner »erledigen«, die Panzer brauche er dafür nicht.

Görings Entschluss war schnell gefallen. Auch Hitler zögerte nicht lange und verlängerte den umstrittenen Haltebefehl – eine katastrophale Fehlentscheidung. Die deutsche Luftwaffe, von ihrem Dauereinsatz seit Kriegsbeginn geschwächt, traf über Dünkirchen auf den starken Widerstand aus-

Wir haben es geschafft. Die Luftwaffe vernichtet die Engländer am Strand. Ich habe Hitler überreden können, dass das Heer angehalten wird.

Göring, Mai 1940

geruhter britischer Jägerverbände. Görings Geschwader wurden durch schlechtes Wetter behindert und erlitten empfindliche Verluste. Mit ihren leistungsfähigen Spitfire-Maschinen erkämpften die Briten immer wieder die örtliche Luftüberlegenheit. Die deutsche Luftwaffe konnte die spektakuläre Selbstrettung der Alliierten über den Ärmelkanal zwar stören, aber nicht aufhalten. Für die Alliierten öffnete sich damit das entscheidende Zeitfenster. Mit einer improvisierten »Mücken-Armada« aus Kriegsschiffen, Minensuchbooten, Yachten, Fischerbooten, Lastkähnen und Ausflugsdampfern wurden in wenigen Tagen mehr als 338 000 britische und französische Soldaten nach England evakuiert. Für den britischen Premierminister Churchill war dies in den bitteren Wochen der drohenden Niederlage ein erster Lichtblick, um durchzuhalten.

Die Niederlage Frankreichs aber war besiegelt. Am Abend des 21. Juni 1940 unterzeichneten französische Unterhändler im Wald von Compiègne die Kapitulation. Um seine persönlichen Rachegelüste zu befriedigen, hatte Hitler bereits Wochen zuvor bestimmt, dass die Kapitulationsurkunde genau in jenem Waggon und an jenem Ort unterschrieben werden sollte, an dem 1918 eine deutsche Delegation die Entente um Waffenstillstand gebeten hatte. Göring gehörte zum illustren Kreis der Sieger, die auf persönliche Einladung Hitlers der Zeremonie beiwohnten. Der schnelle Sieg, den die deutsche Wehrmacht wider Erwarten erkämpft hatte, löschte bei ihm und vielen Generälen vorübergehend alle Skepsis aus, mit der sie bis dahin den Kriegsplänen Hitlers gegenübergestanden hatten. In der allgemeinen Euphorie erhob Göring seinen »Führer« zum »größten Feldherrn aller Zeiten« – ein ernst gemeinter Ehrentitel, den andere gerne aufnahmen und den der Volksmund bald zu »Gröfaz« verballhornte. Görings regimekritischer Bruder Albert machte daraus zynisch »Grövaz«, eine Abkürzung für »größter Verbrecher aller Zeiten«.

Mit ihren pausenlosen und verlustreichen Einsätzen hatte Görings Luftwaffe entscheidend zum siegreichen Westfeldzug beigetragen. Hitler belohnte seinen Paladin fürstlich und ernannte ihn am 19. Juli zum »Reichsmarschall des Großdeutschen Reiches« – ein ungewöhnlicher Titel. Wohl hatte das Heilige Römische Reich den »Reichsgeneralfeldmarschall« gekannt, doch für Görings höchstpersönlichen Ehrenrang gab es keine Tradition. Der neue Dienstgrad war einzigartig und sollte es auch sein. Als Reichsmarschall stand Göring fortan im Rang vor allen anderen Feldmarschällen,

Links: »Illustrer Kreis der Sieger«: Göring, Heß und Hitler vor der Unterzeichnung des Waffenstillstands in Compiègne
Rechts: »Einzigartiger Dienstgrad ohne Vorbild«: Der frisch gebackene Reichsmarschall präsentiert sich im vollen Ornat

die Hitler nach dem Sieg über Frankreich ernannte, und blieb die Nummer zwei der Wehrmacht hinter Adolf Hitler, dem Oberbefehlshaber. Zum neuen Titel überreichte dieser Göring zudem das Großkreuz des Eisernen Kreuzes, die höchste Klasse des Eisernen Kreuzes und von 1813 bis 1945 der höchste deutsche Kriegsorden überhaupt. Zum illustren Kreis der Träger zählten Gebhard von Blücher, Helmuth von Moltke und Paul von Hindenburg. Bei der Ehrung Görings ging es um mehr als den Lohn für persönliche Leistungen. In wohl überlegtem staatspolitischem Kalkül stellte Hitler seinen Stellvertreter symbolisch an die Spitze der militärischen Hierarchie und verlieh ihm so die Aura der Unantastbarkeit. Bis Kriegsende blieb Göring der am höchsten ausgezeichnete deutsche Soldat. Wie stets war er auch diesmal sorgsam darauf bedacht, sein äußeres Erscheinungsbild der neuen Situation anzupassen. Viele Stunden verbrachte der frisch gekürte Reichsmarschall damit, seine Marschalluniform zu entwerfen und den passenden Stoff auszusuchen. Seine Wahl fiel auf ein elegantes Taubenblau. Da ihm das Großkreuz aus Eisen mit Silberrand nicht prächtig genug erschien, ließ er es bald durch ein kostbares Modell aus Onyx und Platin ersetzen. Noch einmal sonnte sich Göring im Glanz des Erfolgs und in der besonderen Gunst Hitlers.

Unmittelbar nach der Unterzeichnung der Kapitulation fuhr Göring zum »Einkaufen« nach Paris. Im offenen Rolls-Royce ließ er sich durch die Hauptstadt chauffieren, auf dem Weg in die Museen, die so viele jener Kunstwerke beherbergten, für die es nach Görings Vorstellung keinen besseren Platz gab als die Wände im heimischen Carinhall. 1938 hatte er in üblicher Gigantomanie damit begonnen, seinen Herrensitz noch einmal auf das Doppelte zu erweitern. Jetzt, pünktlich zum Sieg, waren die Neubauten beendet. Der Mittelbau war im Süden durch einen riesigen Anbau ergänzt worden, an den sich ein Seitenflügel um einen neuen zweiten Innenhof anschloss. Höhepunkt der neuen Gebäude war ein Speisezimmer mit einem riesigen, zehn mal fünf Meter großen Panoramafenster, das – wie das Fenster von Hitlers »Berghof« – auf Knopfdruck vollständig im Boden versenkt werden konnte und als »größtes Fenster Europas« galt. Für die kahlen Wände der neuen Gebäude hatte Göring bereits genaue Vorstellungen. Hier sollte nach seinem Willen die größte private Kunstsammlung der Welt ihren Platz finden: seine eigene.

Schon früh war Görings Interesse für Kunst erwacht. Von einer Italienreise im Jahr 1911 war der Achtzehnjährige voller Begeisterung für die Werke Leonardo da Vincis, Peter Paul Rubens' und Raffaels zurückgekehrt. Von da an hatte er nicht aufgehört, Kunst auch zu sammeln, soweit dies seine bescheidenen Mittel zuließen. Die Machtergreifung veränderte auch in diesem Punkt alles. Bedenkenlos benutzte er von nun an staatliche Etats und private »Spenden«, um sich die Werke der Meister anzueignen, die er bis dahin nur bewundert hatte. Sein unerschöpfbarer Sammeldrang machte selbst vor den staatlichen Museen nicht Halt, deren Direktoren er zuweilen »überredete«, ihm bedeutende Kunstwerke für seine zahlreichen Diensträume und Wohnsitze »auszuleihen«. Auch als Kunstsammler rangierte er bald als »zweiter Mann des Dritten Reichs« nur noch hinter Hitler. Während dieser jedoch Kunstwerke meistenteils für das in seiner Heimatstadt Linz geplante »Führer«-Museum erwarb, das das größte Kunstmuseum der Welt werden sollte, besorgte sich Göring seine Stücke zu seinem persönlichen Vergnügen. Er selbst entschied über jedes Stück, das der Sammlung hinzugefügt wurde, die auf diese Weise seine ganz persönliche Handschrift trug.

Nach dem Überfall auf Polen 1939 entdeckte Göring eine neue, schier unerschöpfliche Quelle, um »preiswert« an berühmte Kunstwerke zu gelangen. Auf seinen Befehl ging der österreichische Kunsthändler und SS-Oberführer Kajetan Mühlmann bereits im Oktober 1939 daran, die polnischen Kunstwerke »sicherzustellen«, was so viel bedeutete, wie sie zu beschlagnahmen und nach Deutschland zu senden – bevorzugt an Göring persönlich. Jetzt, nach der Niederlage Frankreichs, öffnete sich für den Kunstdieb ein neues Schlaraffenland. Wieder wurden berühmte Kunstwerke »gerettet« – vor allem vor den alten Eigentümern.

»Görings Verhalten gegenüber Beschlagnahmen war charakteristisch. Er scheute sich, direkt und offen zu stehlen; aber er wollte die Kunstwerke, und so bekam er sie auch, wobei es ihm stets gelang, wenigstens den Anschein der Korrektheit zu wahren.«

Alliierter Bericht von 1945

Wend Graf von Kalnein, der als Offizier im Kunstschutz-Stab der Wehrmacht in Paris für die sachgemäße Behandlung von Kunstwerken sorgen sollte, sind Görings Aktivitäten in denkbar schlechter Erinnerung geblieben: »Als Göring kam, waren alle unsere Bestimmungen und alle unsere Abmachungen plötzlich ohne Wert. Er holte sich, was er wollte. Dabei berief er sich auf seine Position als zweiter Mann im Staate und sagte: ›Gott sei Dank, die Gesetze werden immer noch in Deutschland gemacht!‹ Göring ging sehr schnell vor. Er ließ sich alles ins Museum Jeu de Paume in Paris bringen, wählte aus, ließ sofort verpacken und auf Züge verladen.« Der Reichsmarschall selbst formulierte in einem Brief vornehm, er habe zur Ergänzung seiner Kunstsammlung »nun einige wenige Stücke zum Kauf auch aus den beschlagnahmten jüdischen Kulturgütern vorgesehen«. Tatsächlich beehrte er das Depot im Museum Jeu de Paume etwa zwanzigmal mit seinem Erscheinen, wobei er sich rund 700 Werke als Mitbringsel einpacken ließ – die er trotz anders lautender Behauptungen niemals bezahlte.

Per Dekret vom 5. November 1940 gab Göring die »Rangordnung« vor, die für den Zugriff auf die requirierten, zuvor als »herrenlos« erklärten Kunstwerke aus dem Besitz französischer Juden gelten sollte. Die erste Wahl sollte der »Führer« haben, die zweite er selbst. Erst an dritter und vierter Stelle durften die Partei und die deutschen Museen auf das Diebesgut zugreifen. De facto setzte Göring sich des öfteren über seinen eigenen Befehl hinweg. Eifersüchtig wachte er darüber, neben Hitler nicht zu kurz zu kommen, der sich wie Göring mit den besten Stücken aus der so genannten »Feindvermögensstelle« versorgen ließ. Wütend fuhr er Kajetan Mühlmann, den Leiter der Stelle, an: »Sie bringen ja alles zum Führer, Herr Mühlmann, Sie können nur auf einem Pferd sitzen!« Um sicherzugehen, stieg Göring zu-

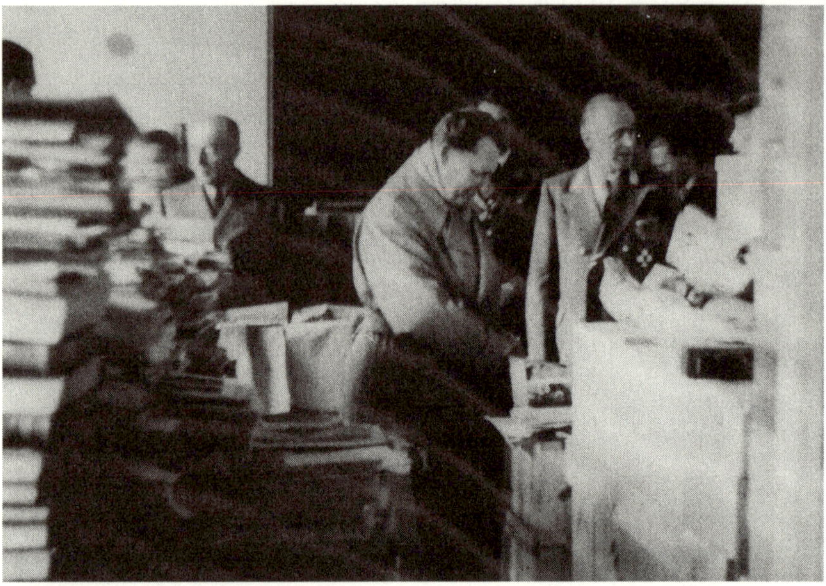

»Von der Sammlerleidenschaft sehr stark erfasst«: Göring beim »Einkaufen« in französischen Kunstdepots

weilen in seinen Sonderzug, taxierte vor Ort die Beute in teilweise eigens für ihn zusammengestellten Ausstellungen und ließ die ausgewählten Stücke nach Carinhall, zur Burg Veldenstein oder nach Schloss Mauterndorf bringen.

Ob in Paris oder in Amsterdam, ob in Belgien, in Italien, in der neutralen Schweiz oder im heimatlichen Deutschland – der »König des Schwarzmarktes«, wie Göring von Himmler spöttisch betitelt wurde, warf sein begehrliches Auge prinzipiell auf alles, was wertvoll und ohne eindeutigen Besitzer war, seien es nun Gobelins, Marmorplastiken, Alabastervasen, Sonnenuhren aus der Renaissance oder orientalische Waffen. Auch so manches Gemälde, das offiziell als »entartet« galt, konnte Görings Interesse wecken, solange es sich gegen andere Kunstwerke tauschen ließ. Sein besonderes Interesse galt der deutschen und niederländischen Malerei des 15. bis 17. Jahrhunderts, außerdem Bildern und Plastiken der italienischen Renaissance. Seine Gier schien unstillbar zu sein. Die Schlösser Mauterndorf und Veldenstein quollen über von erbeuteten Schätzen, und in Carinhall, wo bis zu vier Reihen wertvoller Gemälde übereinander hingen, mussten solche Kunstwerke aus Platzmangel in die Decke eingelassen werden. Bei Kriegsende hatte der Reichsmarschall in seiner Kunstsammlung 1375 Gemälde, 250 Skulpturen, 108 Tapisserien, 200 antike Möbel, 60 Perser- und französische Teppiche, 75 Glasfenster sowie 175 kunstgewerbliche Objekte zusammengerafft, deren Gesamtwert von Kunstexperten auf mehrere hundert Millionen Mark taxiert wurde. Ohne jegliche Gewissensbisse plante Göring, die besten Stücke aus seinen Beutezügen an seinem sechzigsten Geburtstag 1953 mit großer Geste dem Volk zu vermachen und in einer »Hermann-Göring-Galerie« in Carinhall öffentlich auszustellen. In der Kunst wenigstens wollte er nicht der »zweite Mann des Dritten Reiches« bleiben. Seine Sammlung sollte selbst das von Hitler geplante Kunstmuseum in Linz in den Schatten stellen.

Die Luftschlacht

Während aus Polen und Frankreich Züge voller geraubter Kunstgüter nach Deutschland rollten, sah Göring die Zeit gekommen, auch Großbritannien in die Knie zu zwingen. Der Oberbefehlshaber der Luftwaffe forderte von seinen Untergebenen nichts weniger als die völlige Zerstörung der Royal Air Force und der britischen Flugzeugindustrie. »Die Verteidigung Südenglands

Oben: »Heute habe ich das Dröhnen der siegreichen deutschen Geschwader gehört«: Göring und sein Stab an der Kanalküste
Unten: »Den Engländern Bomben aufs Haupt werfen«: Deutsche Flugzeuge über London am 7. September 1940

Oben: »Hohe eigene Verluste«: Eine von den Briten abgeschossene deutsche Bomberbesatzung wird nach der Festnahme untersucht
Unten: »Ich will Meier heißen...«: Die ersten Bomben auf Berlin im Sommer 1940 wurden von der Bevölkerung noch wie Kuriositäten bestaunt

wird innerhalb von vier Tagen zusammengebrochen sein, die RAF innerhalb von vier Wochen. Wir können dem Führer die Garantie geben, dass eine Invasion Englands in einem Monat erfolgen kann«, verkündete er am 11. Juli 1940 mit der für ihn so typischen Vollmundigkeit. Solche Worte hörte Hitler gerne. Wenige Tage später hielt der Diktator vor dem Reichstag eine lange Rede, in der er England ein knappes und inakzeptables Friedensangebot machte, das die britische Regierung postwendend zurückwies. Jetzt gab Hitler Göring grünes Licht, seine Versprechungen in die Tat umzusetzen.

Am 31. Juli 1940 bestimmte Hitler – nach einigem Zögern – den 15. September als voraussichtlichen Termin für eine mögliche Invasion der britischen Insel, vorausgesetzt, die deutsche Luftwaffe hatte zuvor die Lufthoheit über Südengland erkämpft. Ob Hitler es wirklich ernst meinte oder ob er die Nerven der Engländer mit einer Scheinoperation strapazieren wollte, wird sich nie klären lassen. Bis heute halten viele Historiker das »Unternehmen Seelöwe« für einen groß angelegten Bluff. Ebenfalls am 31. Juli teilte Hitler seinen führenden Militärs mit, dass er die Zerschlagung der Sowjetunion plane, um Englands letzte Bündnishoffnung auf dem Kontinent zunichte zu machen. Deutschland, so Hitlers Kalkül, wäre dann Herr über Europa und den Balkan. Hitler wies das OKW an, umgehend Pläne für den Aufmarsch im Osten vorzubereiten. Göring lehnte einen Krieg gegen die Sowjetunion nicht grundsätzlich ab, wohl aber zu jenem Zeitpunkt. Seiner Ansicht nach durfte Deutschland keinesfalls in die Falle eines Mehrfrontenkriegs geraten, solange England nicht besiegt war. Zu tief saß ihm die Erfahrung des Ersten Weltkriegs im Gedächtnis. Vergeblich versuchte der Reichsmarschall, seinem »Führer« den Ostfeldzug auszureden und ihn dazu zu bringen, zunächst die Kämpfe um Großbritannien abzuwarten.

Am 13. August, dem so genannten »Adlertag«, schickte Göring seine Geschwader über den Ärmelkanal. Eine der wichtigsten Luftschlachten des Krieges – die »Battle of Britain« – nahm ihren Lauf. Göring hatte hochfliegende Pläne: Täglich wollte er tausend Flugzeuge einsetzen – zwei Drittel davon Jäger, die es in Luftkämpfen mit der Royal Air Force aufnehmen sollten, und rund ein Drittel Bomber für die Demoralisierung des Gegners am Boden. Schon in den ersten Tagen erwies sich die RAF als ein mehr als ebenbürtiger Gegner. Die Überlegenheit ihrer Spitfire-Maschinen gegenüber den deutschen Stukas und Messerschmitts war offensichtlich. Die britische Luftwaffe verfügte zudem über das beste Radarleitsystem der Welt, ihre Piloten

Wenn Sie es befehlen, mein Führer, werfe ich den Engländern so lange Bomben aufs Haupt, bis sie mürbe sind.

Göring, August 1940

operierten auf vertrautem Terrain und konnten für ihre Manöver auf größere Treibstoffmengen zurückgreifen als ihre von weit her herbeifliegenden Gegner. Statt die Insel in vier Wochen sturmreif zu bombardieren, entblößte die Schlacht die technischen Schwachstellen der deutschen Luftwaffe. Der schwere Begleitjäger vom Typ Me 110 erwies sich als zu schwerfällig im Luftkampf. Auch die Kampfleistungen des »Wunderbombers« Ju 88 blieben deutlich hinter den Erwartungen zurück. In den ersten Wochen der Luftschlacht erlitten die deutschen Geschwader höhere Verluste als während des gesamten Frankreichfeldzugs. Für Görings erfolgsverwöhnte Luftwaffe war dies ein schwerer Schlag.

Die engste Umgebung von Hitler nannte ihn immer »Meier«. Hitlers Diener und meine Frau, die war immer sehr spöttisch, und wir, das Hauspersonal, nannten ihn Meier.

Herbert Döhring, Verwalter von Hitlers »Berghof«

Bei einem der zahllosen Flüge über den Ärmelkanal verirrte sich am 24./25. August ein Bomber nach London. Zum ersten Mal fielen deutsche Bomben auf die City. Churchill reagierte sofort. Am 25. August rächten sich die Briten mit dem ersten Angriff auf Berlin. Der Schaden hielt sich in Grenzen, doch für die Bevölkerung war die überraschende Attacke ein Schock. Die scharfzüngigen Berliner verpassten Göring den Beinamen »Meier«, hatte er doch zu Beginn des Kriegs getönt, er wolle »Hermann Meier« heißen, sollten je feindliche Bomber Berlin erreichen. Göring fühlte sich durch den Angriff der Briten persönlich beleidigt und drängte darauf, »mit dem Rest« der britischen Luftverteidigung Schluss zu machen. Auch in Hitlers Augen war die Bombardierung Berlins ein Prestigeverlust. Bis dahin hatte er die Bombardierung ziviler Ziele abgelehnt, da er auf eine Verständigung mit Großbritannien hoffte. Jetzt befahl er Göring, für den Angriff auf Berlin Vergeltung zu üben. Der Bombenkrieg eskalierte.

Ab dem 7. September 1940 flogen hunderte deutsche Piloten zunächst tagsüber, später auch nachts Einsätze gegen die Hauptstadt des Inselreichs. Demonstrativ setzte sich Göring als Herr der Lage in Szene. Am ersten Tag der Angriffe auf London reiste er von Berlin in die Niederlande und verkündete vor versammelter Presse, er habe persönlich die Leitung der Luftwaffe übernommen. Am nächsten Tag stand er mit seinen Generälen westlich von Calais auf den Klippen des Cap Gris-Nez und beobachtete voller Stolz, wie die deutschen Bomber in Richtung London dröhnten. Der erste Großangriff der Luftwaffe auf die City galt hauptsächlich der Hafenregion, den Docklands. Die Verluste waren nach damaligen Maßstäben hoch: 306 Tote und 1337 Schwerverletzte im Stadtgebiet und 142 Tote in den Vororten. Der

Es war ... noch außerordentlich glücklich, dass dieses Coventry gewählt wurde, und zwar deswegen, weil hier sich ein Ziel anbot, das nicht als Terrorangriff gemeint war, sondern dass ein militärisch wichtiges Ziel hier gegeben war.

General Kesselring, Aussage in Nürnberg

»Blitz«, wie die Briten die Serie der nächtlichen Bombardements nannten, wurde auf der Insel zum Schreckenswort. Bis November gingen die Angriffe auf London weiter und forderten etwa 10 000 zivile Todesopfer. Hatte Göring zunächst noch gehofft, die Engländer durch das Attackieren ihrer Hauptstadt in die Knie zu zwingen, so wurde er bald eines Besseren belehrt. Im November zog er die Konsequenzen aus dem Misserfolg. Die Luftwaffe änderte erneut ihre Taktik und nahm nun die britische Luftrüstungsindustrie ins Visier. Mit ihr sollte das Rückgrat der britischen Luftverteidigung getroffen werden.

Den ersten Angriff nach der neuen Strategie flog die Luftwaffe am 14./15. November auf Coventry, das Zentrum der britischen Flugzeugmotorenproduktion. Die knapp 20 Fabriken der Stadt lagen inmitten von Wohngebieten. Brand- und Sprengbomben verwandelten Coventry binnen Stunden in ein Flammenmeer. 568 Einwohner starben, 60 000 von 75 000 Gebäuden lagen in Schutt und Asche, darunter die Kathedrale aus dem 14. Jahrhundert. Zum ersten Mal im Krieg wurde planmäßig ein ganzes Stadtzentrum zerstört, woraufhin die alliierte Propaganda »Coventry« zum Inbegriff deutscher Luftbarbarei erklärte. Gleichwohl ging man im britischen Bomber Command daran, die Bombardierung der Industriestadt als Studienobjekt für die Vorbereitung späterer Flächenangriffe zu nutzen.

Mit der Luftschlacht um England bekam der Luftkrieg eine neue Dimension. In zehn Monaten starteten Görings Piloten zu rund 50 000 Einsätzen und warfen etwa 50 000 Tonnen Bomben ab – noch nie in der Geschichte hatte es einen Luftwaffenangriff in einer solchen Größenordnung gegeben. Insgesamt 43 000 Zivilisten kostete die »Battle of Britain« zwischen August 1940 und Mai 1941 das Leben. Trotz dieser erschreckenden Zahlen waren die Flüge gegen London und Coventry noch immer nicht ausschließlich Terrorangriffe. Nach wie vor visierten die deutschen Piloten primär militärische Ziele an, etwa die gegnerische Luftwaffe und die Luftrüstungsindustrie. Die Zivilbevölkerung in Angst und Schrecken zu versetzen galt zum damaligen Zeitpunkt als Nebenziel oder auch als erwünschte Begleiterscheinung. Mit den Angriffen gegen London bewegte sich die deutsche Luftwaffe allerdings in einer Grauzone, denn es gab keine völkerrechtlichen Bestimmungen für den Luftkrieg. Insbesondere die Vergeltungsflüge leiteten den schleichenden Übergang zu einem Bombenkrieg ein, in dem militärische und zivile

»Inbegriff deutscher Luftbarbarei«: Die durch deutsche Bomben zerstörte Kathedrale von Coventry

Ziele gleichermaßen anvisiert wurden. Die Folge war ein Krieg, der keinen Unterschied mehr machte zwischen Front und Heimat.

Die hohen eigenen Verluste und die ausbleibenden Erfolge in der Luftschlacht um England machten Göring zunehmend ratloser. Ihm fehlte jede visionäre Kraft, aus den Misserfolgen eine neue tragfähige Luftkriegsstrategie zu entwickeln. An der Spitze der Luftwaffe gab es keine regelmäßigen Besprechungen über allgemeinere Fragen des Luftkriegs, keine exakte Lageanalyse, kaum ein Abwägen von Prioritäten und Alternativen. Göring kam über den Gedanken einer kurzen Schlacht letztlich nicht hinaus und konzentrierte seine Kräfte gegen den Feind in vorderster Front. Für den Jagdflieger des Ersten Weltkriegs war und blieb der Luftkrieg eher eine Frage der Moral als des Materials. Julius Meimberg, Jagdflieger im Geschwader Richthofen, erlebte Göring bei einer Ordensverleihung im Oktober 1940 in der Normandie. Von den angetretenen Piloten und Mannschaften forderte Göring vor allem eins – einen fanatischen Siegeswillen: »Aber abschießen müssten wir. Abschießen, abschießen, abschießen. Brennend abschießen!

Göring hatte in der Luftwaffe keinen guten Namen mehr. Er war im Ersten Weltkrieg hängen geblieben. Seine Kenntnisse über die Situation, die bei uns herrschte, waren gleich null.

Gerhard Baeker, Jagdflieger

So wie er und seine Flugzeugführer des ersten Richthofen-Geschwaders vor 22 Jahren! ... Und plötzlich eröffnet sich mir der schrille Surrealismus dieser ganzen Veranstaltung hier: diese sündteuren bordeauxroten Stiefel auf der normannischen Ackererde, die üppig beringte Rechte des Mannes, die den Marschallstab in ausholenden Bewegungen im Takt der Rede schwingt, die taubenblaue Operettenuniform, der schwergewichtige Luftflottenchef im Hintergrund, der das angetretene Menschenmaterial durch seinen Kneifer mustert. Zu Befehl, meine Herren: In Zukunft werden wir die Tommys nur noch brennend abschießen. Die Wahrscheinlichkeit ist gering, dass die Boys von der Insel dafür stillhalten werden, weil es der Reichsmarschall soeben befohlen hat; aber wir werden unser Bestes geben, weil wir ja auch sein Bestes dafür bekommen.«

Der eitle Reichsmarschall trug schwer daran, mit Misserfolgen in Verbindung gebracht zu werden. Die Fehlschläge der Luftwaffe im Kampf gegen England versuchte Göring durch kühne Zahlenakrobatik zu vertuschen – durchsichtige Versuche, die Hitler immer öfter infrage stellte. Sollte der Diktator je die ernste Absicht gehabt haben, eine Invasionsarmee über den Kanal zu schicken, so machte das Unvermögen Görings, die Lufthoheit über den Süden Englands zu erringen, diesen Plänen ein noch schnelleres Ende. Mehr und mehr fixierte Hitler sein ohnehin bevorzugtes Angriffsziel: die Sowjetunion. Ihre schnelle Zerschlagung sollte den Briten jede Hoffnung nehmen, einen neuen Bündnispartner auf dem Kontinent zu finden, und sie zwingen, den Frieden mit Deutschland zu suchen. Anfang November 1940 stand sein Entschluss fest. Während die Luftschlacht um England ihrem Höhepunkt zustrebte, war die »Operation Seelöwe«, deren Vorbereitung sie dienen sollte, bereits stillschweigend begraben.

Vergebens versuchte Göring, den »Führer« zu überreden, diese Entscheidung rückgängig zu machen. Mehrmals traf er sich mit Hitler im November 1940, um den Diktator umzustimmen. Mindestens einmal gerieten sie wegen des Angriffsplans heftig aneinander. Göring war gegen den Krieg im Osten – zumindest zum geplanten Zeitpunkt. Für ihn war Großbritannien der Hauptgegner Deutschlands, den man zuerst ausschalten musste, bevor man sich der Gefahr eines Mehrfrontenkriegs aussetzte. Hitler wiederum versuchte, Göring zu beschwichtigen: Er könne seine Piloten nach sechs Wochen wiederhaben und seinen Angriff gegen England fortsetzen. Darüber hinaus versprach er, einige hunderttausend Soldaten für die Luftrüstungsindustrie freizustellen. Wie vor dem Westfeldzug fand sich Göring trotz seiner grundsätzlichen Skepsis schnell mit Hitlers Entscheidung ab. Am 6. November 1940 wies er den Chef des Wehrwirtschafts- und Rüstungsamts im OKW an, die deutsche Kriegswirtschaft auf einen langen Krieg einzustellen. Fünf Wochen später, am 18. Dezember 1940, unterzeichnete Hitler die Weisung für das »Unternehmen Barbarossa«, den Angriff auf die Sowjetunion.

Der Herbst 1940 markiert nach dem Sommer 1938 die zweite Zäsur in den Beziehungen zwischen Hitler und Göring. Die Erfolge der Luftwaffe im Polen- und im Frankreichfeldzug hatten Görings Einfluss auf Hitler und damit seine Macht kurzfristig wieder angehoben und stabilisiert. Das Debakel in der »Battle of Britain« versetzte Görings Autorität einen neuen Schlag, von dem sie sich nicht wieder vollends erholte. In militärischen Dingen sollte Hitler Göring nie mehr vollkommen vertrauen. Bei der Planung des Russlandfeldzugs, den er ablehnte, spielte Göring kaum mehr als eine Statistenrolle. Zwar zog der »Führer« seinen Stellvertreter gelegentlich zu Rate, um sich dann doch nichts achtend über seine Meinung hinwegzusetzen. In militärischen Dingen verließ sich Hitler immer häufiger auf seine Intuition. Göring begann nun, systematisch jede Konfrontation zu vermeiden, und entzog sich Hitler regelrecht. Zwischen Mitte November 1940 und Mitte März 1941 sahen sich der »Führer« und sein »zweiter Mann« nur viermal. Schmollend und verletzt zog Göring sich zurück.

Auch die Kommandeure der Luftwaffe bekamen ihren Oberbefehlshaber in den nächsten Monaten kaum zu Gesicht. Auf dem Höhepunkt der »Battle of England« klinkte sich Göring aus der Kriegführung aus. Am 14. November 1940 trat er den Oberbefehl über die Luftwaffe an seinen Stellvertreter Erhard Milch ab. Zum ersten Mal entzog sich der Reichsmarschall in dieser Form seinen militärischen Pflichten. Kein deutscher Spitzenmilitär hätte sich ein solches Verhalten leisten können. Mitten in der bis dahin schwersten Prüfung seiner Luftwaffe reiste der Reichsmarschall zur Eröffnung der jährlichen Jagdsaison nach Rominten. Den Winter 1940/41 verbrachte er abwechselnd hier und in Carinhall. Er floh vor der Verantwortung und den Fehlschlägen in die Annehmlichkeiten einer luxuriösen Jagd- und Wintersaison. Bedenkenlos gab er sich dem Müßiggang hin und sann darüber nach, welche seiner Generäle er nach dem Krieg in den Adelsstand erheben sollte. Mit Vorliebe inspizierte er Kunstwerke, die ihm seine »Kunstexperten« aus ganz Europa anlieferten. Immer wieder ließ er in Carinhall die Wände um-

Meine Mutter und meine Tante haben sich oft über seinen Gesundheitszustand unterhalten, aber ich habe nicht den Eindruck gehabt, dass er drogenabhängig war.

Klaus Rigele, Neffe Görings

dekorieren, um seine neuen Besitztümer staunenden Gästen vorzuführen.

So maßlos wie das Repräsentationsbedürfnis, so ungeheuer war auch das Sicherheitsbedürfnis Görings. Neun Flak- und drei Scheinwerfertürme, im umliegenden Wald verteilt, schützten Carinhall gegen Luftangriffe. Eine eigene Wachkompanie des Regiments »General Göring« (später der Division »Hermann Göring«) riegelte den Landsitz weiträumig ab und bewahrte ihn vor ungebetenen Besuchern und den Blicken neugieriger »gewöhnlicher« Sterblicher. Wenige Wochen nach Beginn des Krieges ließ Göring einen Privatbunker für sich und seine Familie errichten, die Gebäude wurden mit riesigen Tarnnetzen verhängt, um zu verhindern, dass sie aus der Luft erkennbar waren. Sieben Kilometer nördlich ließ er mit Holzgerüsten und Segeltuch eine Scheinanlage, »auch Schein-Carinhall« genannt, nachbauen. Im Fall eines Angriffs sollte eine kleine Pioniereinheit mittels Pyrotechnik dafür sorgen, dass der Eindruck entstand, Carinhall sei tatsächlich getroffen worden.

Neben seiner Sicherheit war der Siebenundvierzigjährige vor allem mit seiner Gesundheit beschäftigt. Seine Fettleibigkeit hatte sein Herz in Mitleidenschaft gezogen. Auf Anraten seines Leibarztes Ondarza schonte er sich und hielt den Krieg, den er so nie gewollt hatte, möglichst weit von sich weg. Wer seine Tagesabläufe las, die in einem Taschenkalender akribisch vermerkt wurden, konnte meinen, Deutschland und Europa wären noch immer im tiefsten Frieden. Am 16. Februar 1941, einem Tag unter vielen, notierte er:

»Klares Frostwetter –10, Sonnenschein
9:30 aufgestanden
10:00 Zeitungen – Edda
11:30 Frühstück Lage Ondarza
12:30 kurzer Spaziergang
13:00 gelesen
13:30 Mittagessen (Gründgens – Edda)
14:30 Schlittenfahrt (Schade)
16:00 Fütterung bei Teutzendorf (Kleinwild)
17:30 Rückkehr und Kaffee
18:00 Photographieren (Frau Clausen)
19:00 Akten/Film ›Der Hermann‹«

Gemessen an seinem Rang und seiner Verantwortung war Görings Arbeitspensum beschämend klein. Der »Zuständigkeitsgigant« vertiefte sich

Oben: »Bedenkenlos dem Müßiggang hingegeben«: Göring und seine Frau Emmy bei einer Schlittenfahrt in Rominten, Februar 1941
Unten: »Beschämend kleines Arbeitspensum«: Der Reichsmarschall war nur selten an seinem Schreibtisch zu finden

am Tag selten länger als eine Stunde in die Akten und auch dies nicht an jedem Tag. Viel Zeit hingegen investierte der schwerleibige Reichsmarschall in sein labiles körperliches Befinden. Regelmäßig standen Saunagänge, Unterwassermassagen und lange Spaziergänge auf dem Programm. Folgt man seinem Taschenkalender, so erlitt Göring in der Nacht vom 19. Januar 1941 einen Herzanfall. Fortan legte er sich tagsüber häufiger ins Bett. Die meiste Zeit des Jahres 1941 hielt sich der Oberbefehlshaber der Luftwaffe abseits der militärischen Entscheidungszentren auf. War Hitlers Hauptquartier in der Nähe, so nahm Göring in der Regel einmal wöchentlich an den Besprechungen teil. Wenn ihm danach war, verbat er sich jede Störung, manchmal wochenlang und unabhängig von der militärischen Lage. Dann wieder konnte er im Gespräch hochkonzentriert sein und innerhalb kürzester Zeit klarsichtige und kraftvolle Entscheidungen treffen – ein Wechselbad, das seinen Vertrauten Rätsel aufgab und zunehmend für Unmut sorgte.

Des Teufels General

Kaum war der Reichsmarschall aus seinem »Winterschlaf« erwacht, als sich neues Unheil anbahnte. Hitlers Plan, im Osten eine zweite Front zu eröffnen, lastete das ganze Frühjahr 1941 über wie ein Albdruck auf Göring. Getrieben von seiner tiefen Skepsis, rang er sich zu einem unerhörten Schritt durch. War es der Groll des Ohnmächtigen gegen Hitlers einsame Entscheidung oder hoffte er, den Diktator durch einen Verrat seiner geheimen Pläne noch im letzten Augenblick von seinem Vorhaben abschrecken zu können? Der Reichsmarschall nahm erneut Kontakt zu seinem Verbindungsmann Birger Dahlerus auf. Am 9. Juni 1941 unterrichtete er ihn, Deutschland werde die Sowjetunion »um den 15. Juni« angreifen. Dahlerus griff zum Telefon; nun waren auch der britische und der amerikanische Botschafter in Stockholm informiert. Am 15. Juni saßen sich der Informant und sein Bote erneut gegenüber. Göring wurde noch konkreter: Der Angriff werde in sieben Tagen, am Sonntag, dem 22. Juni 1941, beginnen. Der zweite Mann des »Dritten Reichs« beging Hochverrat. Nach den Gesetzen des NS-Regimes stand darauf die Todesstrafe. Die Westmächte informierten Stalin, doch dieser glaubte den Warnungen nicht.

Göring war nicht die einzige NS-Größe, die alles daransetzte, die Kriegslage zu wenden. Am 10. Mai 1941 brach Rudolf Heß eigenmächtig zu einem waghalsigen Flug nach Schottland auf. In letzter Minute wollte der »Stellvertreter des Führers« die Briten zu Friedensverhandlungen bewegen. Die Nachricht schlug ein wie eine Bombe. Hitler war entsetzt. Göring konnte zwar schnell beweisen, dass Heß die Maschine nicht von der Luftwaffe, sondern von der Firma Messerschmitt erhalten hatte, dennoch scheint der Heß-Flug sein Verhältnis zu Hitler belastet zu haben. Nur zwei Tage nach dem Ereignis führte der »Führer« mit Göring ein langes Gespräch – eines von nur vieren, die beide im Jahr 1941 absolvierten. Zum neuen Leiter der Parteizentrale ernannte Hitler den fanatischen Nationalsozialisten Martin Bormann, einen Widersacher Görings. Mit penibler Genauigkeit notierte dieser von nun an jede Fehlentscheidung des Reichsmarschalls, um dessen sehnlichsten Wunsch, Hitlers Nachfolger zu werden, zu vereiteln.

Unser Vater war Göring gegenüber sehr reserviert. Das beruhte auch auf Gegenseitigkeit, die haben sich irgendwo nicht gemocht. Da gab es eher Reibereien.

Martin Bormann, Sohn von Hitlers Kanzleichef

Wie stets, wenn er bei Hitler in Ungnade war, versuchte Göring, die Gunst des »Führers« durch besondere Gefolgschaftstreue neu zu erlangen. Hatte er zuvor den Krieg im Osten noch abgelehnt, so peitschte er nun Hitlers Pläne gegen alle Widerstände und Skrupel durch. Mit Haut und Haaren verschrieb er sich dessen Ziel, den Bolschewismus zu vernichten und »Lebensraum im Osten« zu gewinnen. Zwischen Mai und Juli 1941 arbei-

»Die haben sich nicht gemocht«: Bormann und Göring mit Hitler im »Führer«-Hauptquartier »Wolfsschanze« in Ostpreußen, Ende Juli 1941

»Endlich wieder ein richtiger Krieg!«: Deutsche »Stukas« greifen sowjetische Stellungen an

tete der neu gegründete »Wirtschaftsstab Ost« unter Görings Leitung geradezu fieberhaft. Eine unermessliche Fülle an Rohstoffen und Getreide würde dem Reich in Kürze zuteil werden – so die allgemeine Erwartung. Görings Skrupellosigkeit an der Wirtschaftsfront manifestierte sich in einer Reihe von Befehlen, die er in einer »Grünen Mappe« sammelte. Kaltblütig setzte sich Hitlers zweiter Mann über die humanitären Grundprinzipien des internationalen Kriegsvölkerrechts hinweg. Görings Kalkül sah nicht nur vor, die eroberten Gebiete auszubeuten, sondern auch, die eigenen Truppen aus dem Land zu ernähren. Bewusst nahm er dabei in seiner Planung den Tod von

20 Millionen sowjetischer Menschen in Kauf. Der Reichsmarschall setzte die Ausbeutung der besetzten Gebiete so rücksichtslos durch, dass die Nürnberger Ankläger die Erlasse später zu den wichtigsten Belastungsdokumenten zählten. Dabei wurde Göring nicht zuletzt von seiner maßlosen Raffgier getrieben. Im Juli 1941 ordnete er an, die Dörfer im »Bialowiezer Forst« aus dem Weg zu räumen und das Gebiet Ostpreußen zuzuschlagen. Der »Reichsjägermeister« gedachte in der wildreichen Gegend ein privates Revier einzurichten. Bis Ende des Jahres wurden für dieses Projekt mehr als 100 Siedlungen dem Erdboden gleichgemacht.

Göring, es wird der schwerste Kampf werden, den wir bisher geführt haben.

Hitler zu Göring, kurz vor dem Angriff auf die Sowjetunion

Am 22. Juni 1941 griff die Wehrmacht die Sowjetunion an. Durch einen Zufall der Geschichte – wie Propagandaminister Goebbels in seinem Tagebuch notierte – war dieses Datum fast genau der Jahrestag von Napoleons Einmarsch in Russland 129 Jahre zuvor. Der Ostfeldzug versetzte den Generalstabschef der Luftwaffe, Hans Jeschonnek, in Hochstimmung. »Endlich wieder ein richtiger Krieg!«, rief er und sah seine Flugzeuge erneut den Panzerdivisionen vorauseilen. Überraschungseffekt und technische Überlegenheit verschafften den Geschwadern Görings erneut enorme Erfolge. An der Ostfront errangen die Deutschen innerhalb kürzester Zeit die Luftherrschaft. Noch einmal konnte sich der Oberbefehlshaber der Luftwaffe des Wohlwollens seines »Führers« erfreuen. Geschickt nahm Hitler seinen Paladin erneut in die Pflicht. Am 29. Juni 1941 bestätigte er die Nachfolgeregelung von 1939 – ein Signal an die Öffentlichkeit, dass die politische und militärische Führung in voller Übereinstimmung handelten.

Am 31. Juli 1941 um 18.15 Uhr betrat Reinhard Heydrich Görings Büro im Reichsluftfahrtministerium, um es exakt um 19.15 Uhr wieder zu verlassen: ein Akt der Bürokratie – die »Stunde Null« für das Schicksal der Juden Europas. Was Heydrich auf Görings Schreibtisch legte, war ein auf dessen Briefpapier vorbereiteter Entwurf zu »einer Gesamtlösung der Judenfrage im deutschen Einflussgebiet in Europa«. Heydrich wollte freie Hand, um die organisatorischen, sachlichen und materiellen Vorbereitungen für die »Endlösung« einzuleiten. Zum ersten Mal überhaupt fand dieser Begriff in einem offiziellen Papier Verwendung. Der Holokaust, der mit den Morden der Einsatzgruppen im Osten seinen Anfang genommen hatte, sollte nun auf ganz Europa übergreifen. Göring zeichnete das Schriftstück ab. Fünf Jahre später würden ihn die Alliierten dafür zum Tode verurteilen. Die Vollmacht beför-

»Alle erforderlichen Vorbereitungen für eine Endlösung der Judenfrage treffen«: Von Göring erhielt Heydrich den Blankoscheck zur Ermordung der europäischen Juden

derte Heydrich zum obersten »Judenkommissar« für ganz Europa – er war verantwortlich für die Realisierung von Hitlers zweitem Hauptziel: der Vernichtung des europäischen Judentums. Zwei Wochen nachdem er Heydrich den Blankoscheck ausgestellt hatte, erklärte der Schreibtischtäter, »dass die Juden in den von Deutschland beherrschten Gebieten nichts mehr zu suchen« hätten. Göring wusste genau, dass an eine massenhafte Vertreibung inmitten des Krieges nicht zu denken war. Wohin hätte der Strom der heimatlos Gewordenen sich wenden sollen? Und er selbst hatte Befehle gegeben, den Besitz der Juden zu beschlagnahmen, und ihnen damit die Lebensgrundlage genommen. Von den beiden Alternativen Vertreibung oder Vernichtung, die er bereits im November 1938, in der Konferenz nach der »Kristallnacht«, als mögliche Lösung der »Judenfrage« angedeutet hatte, war jetzt endgültig die Entscheidung zugunsten der Vernichtung gefallen.

Was wusste Göring vom Massenmord in den Vernichtungslagern? »Es sind uns niemals Zahlen oder irgendetwas in der Richtung zugestellt worden«, redete er sich am 21. März 1946 in Nürnberg heraus. Belegt ist: Göring war über die Erschießungen im Rücken der deutschen Front informiert. Im Winter 1941 schickte er seinen Referenten Ernst Friedrich Scholer in die Ukraine, um entsprechende Vorwürfe, die zu ihm gedrungen waren, zu überprüfen. Als dieser mit Aufnahmen einer Massenerschießung zurückkehrte, verschloss Göring vor der unbequemen Wahrheit die Augen. Nur allzu gerne gab er sich mit der Erklärung zufrieden, »dass solche Dinge nicht wieder vorkämen«. Es spricht für sich, was Joseph Goebbels nach einem vierstündigen Gespräch mit Göring seinem Tagebuch anvertraute: »Göring ist sich vollkommen im Klaren darüber, was uns allen drohen würde, wenn wir in diesem Kriege schwach werden. Er macht sich darüber gar keine Illusionen. Vor allem in der Judenfrage sind wir ja so festgelegt, dass es für uns gar kein Entrinnen mehr gibt.« In Nürnberg behauptete der Angeklagte, über die »furchtbaren Vorfälle« in den Lagern nicht informiert gewesen zu sein und stets nur »die Verschiedenheit der Rassen betont« zu haben. Hartnäckig leugnete er den Massenmord. »Wie soll das denn praktisch möglich sein, zweieinhalb Millionen Menschen zu ermorden?«, fragte er im April 1946 Gustave Gilbert mit Unschuldsmiene. Der Psychologe wiederholte, was ihm der Lagerkommandant von Auschwitz, Rudolf Höß, berichtet hatte, und dass Hitler den Massenmord befohlen habe. »Wie wäre es gewesen«, wollte Gilbert wissen, »wenn man den Mann, der den Massenmord befahl, umgebracht hätte?«

»Oh, das ist leicht gesagt«, erwiderte Göring, »aber so etwas kann man nicht machen. Was für ein System wäre das, wenn jeder den Oberkommandierenden töten könnte, wenn ihm dessen Befehle nicht gefallen? In einem militärischen System muss es Gehorsam geben.«

Den Judenmord verdrängte Göring. Nicht so ohne weiteres beiseite schieben konnte er die Tatsache, dass Ernst Udet, sein Fliegerkamerad aus dem Ersten Weltkrieg, als »Generalluftzeugmeister« versagt hatte. Der Druck auf den Reichsmarschall nahm zu, denn die Aufgaben der Luftwaffe wuchsen ständig, nicht aber die Kapazitäten der Flugzeugfabriken. Hitler winkte ungeduldig ab, als Göring auf den Befehl, die Luftwaffe solle Moskau und Leningrad ausschalten, zögernd reagierte. Die Luftwaffe sei ein feiger Haufen und habe bloß Angst vor der Leningrader Flak, warf ihm der Diktator vor. Ernst Udet, 1941 ein gebrochener Mann, war in seinen guten Jahren ein anderer gewesen. Richard Perlia, der in den zwanziger Jahren als Testpilot häufig mit Udet zusammentraf, erinnert sich noch heute gerne an diese Begegnungen: »Mit Udet zusammenzusein, das war eine unwahrscheinliche Freude. Der war ein richtiger Kumpel, war furchtbar nett, konnte wunderbare Karikaturen machen. Wenn ich abends mit ihm zusammengesessen habe, dann hat er auf Bierdeckel kleine Menschen gemalt. Er war ein äußerst

Oben: »Steile Karriere als Kunstflieger und Filmstar«: Ernst Udet führt mit seiner Maschine eine akrobatische Flugnummer vor
Unten: »Im Ministerium ging's zuweilen drunter und drüber«: Erhard Milch (links) warf dem später zum »Generalluftzeugmeister« ernannten Udet Versagen vor

sympathischer Mensch, der zu jedem Witz aufgelegt war, und ein sehr guter Unterhalter dazu.«

Wie Göring stand auch Udet nach der Novemberrevolution 1918 vor den Trümmern seiner Fliegerkarriere. Doch dem charmanten, galanten Kriegshelden öffneten sich bald die Türen der Reichen und Mächtigen. In der zweiten Hälfte der zwanziger Jahre gelang dem zumeist von Geldsorgen geplagten Lebenskünstler eine steile Karriere als Kunstflieger und Filmstar. Nach der nationalsozialistischen »Machtergreifung« brauchte Göring die Helden des Weltkriegs. Als Reichskommissar für Luftfahrt und zukünftiger Reichsluftfahrtminister begann er im Kreis der Pour-le-Mérite-Träger Leute anzuwerben. 1933 trat Udet in die NSDAP ein. Zwei Jahre später kam er im Rang eines Obersten zur Luftwaffe. Es folgte ein kometenhafter Aufstieg im Gefolge Görings, der Udet 1936 zum Leiter des Technischen Amtes im Reichsluftfahrtministerium ernannte. Schon damals ahnte dieser, dass es für ihn in die falsche Richtung ging: »Ich verstehe nichts von Großflugzeugen. Das ist nichts für mich, das liegt mir nicht.« Doch Göring zerstreute Udets Bedenken: Es komme nur auf seinen Einfallsreichtum an. Für die Büroarbeiten könne er so viele Leute haben, wie er wolle. »Wir brauchen vor allen Dingen vor der Welt deinen Namen. Der ist im Augenblick mehr wert als alles andere.«

Als Leiter des Technischen Amtes trug der in organisatorischen Dingen völlig unbegabte Udet mit der Koordination der gesamten Flugzeugentwicklung und -produktion eine Zentnerlast. Sein Arbeitsplatz war nicht mehr der Pilotensessel, sondern der Schreibtischstuhl in Zimmer 201 des labyrinthischen Luftfahrtministeriums. Göring ließ sich in seinem Reich nur selten blicken. Mit Udet hatte er den Bock zum Gärtner gemacht, und wie Göring war auch Udet kaum in der Lage, über einen längeren Zeitraum konzentriert zu arbeiten. Führungsschwach und chaotisch, wurde er bald zum Spielball der unterschiedlichen Interessengruppen in der Luftrüstung. Eigentlicher Hausherr war der emsige Erhard Milch, seit 1933 für die Luftfahrt zuständiger Staatssekretär. Der ehrgeizige und zupackende Milch, vormaliges Vorstandsmitglied der Deutschen Lufthansa AG und glühender Hitlerverehrer, verfügte über genau jene Luftrüstungskompetenz, die Udet und Göring fehlte. Doch der Oberbefehlshaber war ängstlich auf den Erhalt seiner eigenen Machtposition bedacht. Milch, den er selbst ins Amt gedrängt hatte, war ihm mit der Zeit zu eigenständig, zu selbstbewusst geworden, daher benutzte er Udet als Trumpfkarte, die er immer wieder nach Belieben gegen Milch einsetzen konnte, um den Staatssekretär kurz zu halten. Es be-

Hitler betrachtete Udet ganz richtig als einen der größten deutschen Flieger. Leider sah er in ihm auch, völlig zu Unrecht, einen der besten Experten Deutschlands auf dem Gebiet der Luftfahrttechnik.

Erhard Milch

gann ein Spiel, das der labile Udet am Ende verlieren sollte. Am 1. Februar 1939 ernannte Göring seinen Fliegerkameraden zum Generalluftzeugmeister – ein Phantasietitel in Erinnerung an den Generalfeldzeugmeister im Ersten Weltkrieg. Udet schmeichelte der neue Rang. Die Kehrseite war, dass sich sein Verantwortungsbereich noch einmal exorbitant vergrößerte. Dem ehemaligen Kunstflieger unterstanden nun 26 Abteilungen mit 4000 Mann Personal. Er hatte Rüstungsbudgets in Millionenhöhe zu verwalten.

Das Scheitern in der Luftschlacht um England war der erste Kratzer auf dem Schild der deutschen Luftwaffe. Göring brauchte einen Sündenbock und fand ihn in der Person Udets. Dessen Fehler waren nicht mehr zu übertünchen. Auch Milch hielt sich immer weniger mit Kritik an dem unglücklichen Generalluftzeugmeister zurück. Im Herbst 1940 musste Udet auf Geheiß Görings seine Junggesellenwohnung aufgeben und eine neue, repräsentative Wohnung in einer Prominentensiedlung im Grunewald beziehen, wo ihn das »Forschungsamt« fortan überwachte. Zwei Tage nach dem Umzug erlitt der völlig überforderte Mann einen Blutsturz und brach zusammen. Bleich, aufgedunsen und ungepflegt, war er nicht mehr wiederzuerkennen. Udet verfiel zusehends. Er betrank sich immer öfter exzessiv und versuchte, die Folgen mit Aufputschmitteln zu bekämpfen. Göring aber rührte keinen Finger, wo er als verantwortlicher Minister hätte handeln müssen.

Immer deutlicher zeichneten sich die fatalen Folgen einer verantwortungslosen und dilettantischen Rüstungsplanung ab. Die Achillesferse der deutschen Kriegsrüstung war die Motorenentwicklung. Den deutschen Ingenieuren gelang es nicht, leistungsfähige Motoren für eine neue Flugzeuggeneration zu bauen. Die Nachfolgemodelle des mittleren Bombers Ju 88 und der Me 110 fielen schließlich aus, die Umstellung auf Massenproduktion kam nur schleppend voran. Es fehlte der von oben verordnete Wille zu großen Maßnahmen. So sollten den Deutschen schon bald jene Flugzeugtypen fehlen, ohne die ein langer strategischer Bombenkrieg gegen die RAF und deren späteren amerikanischen Bündnispartner nicht zu führen, geschweige denn zu gewinnen war. Mitte 1941 bauten deutsche Mechaniker und Arbeiter weniger Flugzeuge im Monat als ein Jahr zuvor. Solide, realistische Planungen für die zukünftige Flugzeugproduktion – eigentlich Udets Hauptaufgabengebiet – gab es nicht. Göring musste nun politische Zuge-

Oben: »Jedes Gespräch über den Dienst wurde peinlichst vermieden«: Udet und Göring im März 1941
Unten: »Ich habe meinen besten Freund verloren«: Der Reichsmarschall hält bei Udets Begräbnis am 21. November 1941 die Trauerrede

ständnisse machen und Milch erneut in die Entscheidungsprozesse mit einbeziehen.

Noch immer zögerte der Reichsmarschall, Udet zu entlassen, der seiner schleichenden Entmachtung zusah, ohne sich aufzubäumen. Doch Göring selbst konnte die Flugzeugproduktion nicht retten. Zugleich fürchtete er die Konsequenzen bei Hitler, denn er hatte ja die Misere zu verantworten. Am 20. Juni 1941 kündigte der Oberbefehlshaber der Luftwaffe eine Vervierfachung der Luftrüstungsproduktion an. Milchs Stunde war gekommen. Der Staatssekretär ließ sich von Göring umfassende Vollmachten erteilen und erarbeitete ein Rationalisierungsprogramm. In kurzer Zeit gelang es ihm, die Produktionszahlen der Luftrüstungsindustrie deutlich zu steigern. Doch die Folgen von Udets Missmanagement waren nicht mehr zu kompensieren. 1942 konnte die von Göring eigentlich vorgesehene neue Flugzeuggeneration nicht an den Start gehen. Man war dazu gezwungen, die Massenproduktion alter Flugzeugtypen fortzuführen. Die technische Ebenbürtigkeit der Luftwaffe mit ihren Gegnern ging verloren. Auch in der Masse konnten die Deutschen nicht mehr mithalten. 1942 produzierten die Alliierten 100 000 Flugzeuge, Deutschland und seine Verbündeten 26 000. Ein Jahr später standen die Produktionszahlen im Verhältnis 151 000 zu 43 000. Selbst die fünfzig- (1942) beziehungsweise fünfundsiebzigprozentige Steigerung der Produktion konnte den deutschen Rückstand nicht mehr ausgleichen.

Görings Fliegerkamerad wirkte bei Lagebesprechungen häufig nur noch deplatziert. Der ehemalige Held war untragbar geworden. Auch die »Wochenschau« ging dazu über, den Generalluftzeugmeister zu demontieren. Bei einer Lagebesprechung im Sommer 1941 fielen Udet vor laufender Kamera Unterlagen aus der Hand. Er merkte es nicht einmal. Ein letzter Frontalangriff erfolgte im Oktober 1941. Vor 50 Mitarbeitern wies ein Messerschmitt-Funktionär Udet nach, dass er seine Entscheidungen aufgrund gefälschter Zahlen getroffen hatte. Schließlich ertrug Udet die Situation selbst nicht mehr und beschloss, seinem Leben ein Ende zu setzen. Am 16. November fuhr er nachts nach Tempelhof und stieg noch einmal in sein Lieblingsflugzeug, eine Cognacflasche in der Hand. Am nächsten Morgen erschoss er sich in seiner Wohnung. Udets letzte Zeilen galten Göring: »Eiserner, Du hast mich verraten«, stand angeblich mit rotem Lippenstift am Kopfende seines Totenbettes geschrieben – »Eiserner« war Görings Spitzname aus der Zeit der Machtergreifung. Dass die radikale Konsequenz des Gescheiterten nicht zuletzt eine Folge von Görings Versagen war, daran gab es unter Udets Vertrauten kaum Zweifel: »Göring hat den falschen Mann an den falschen Platz gesetzt. Udet ist daran zugrunde gegangen. Göring hat gesagt, wenn Udet nicht Selbstmord begangen hätte, hätte er ihn vor ein Kriegsgericht gestellt, aber in Wirklichkeit gehörte Göring vor ein Kriegsgericht«, urteilt Richard Perlia, Testpilot unter Udet.

Jetzt müssen wir Abschied nehmen. Unfassbar ist uns der Gedanke, dass du, mein lieber Udet, nicht mehr unter uns weilst. ... Und nun ... kann ich eben nicht mehr sagen ... mein bester Kamerad, leb wohl!

Göring auf der Trauerfeier für Udet

Aus Imagegründen wurde als Todesursache ein Flugunfall bekannt gegeben: Udet sei bei der »Erprobung einer neuen Waffe« umgekommen, hieß die offizielle Begründung. Beim pompösen Staatsbegräbnis für Udet führte Göring den Trauerzug an. »Ich habe meinen besten Freund verloren«, wollte der »Eiserne« die Öffentlichkeit mit tränenumflorter Stimme glauben machen. Richard Perlia durchschaute das Trugbild ebenso wie viele andere: »Das war so verlogen. Alle wussten, dass das nicht stimmt.« Ernst Udet wurde auf dem Berliner Invalidenfriedhof beigesetzt, in unmittelbarer Nähe des Grabs von Manfred von Richthofen, des legendären »Roten Barons«. Von Udets Grab fehlt heute jede Spur. Der kommunistische Ostberliner Magistrat ließ den Friedhof mit den Gräbern prominenter Militärs aus beiden Weltkriegen absichtlich verkommen, um die Erinnerung für immer auszulöschen.

Die Entscheidung

Nach Udets Tod gab es niemanden mehr, hinter dem sich Göring verstecken konnte. Mehr und mehr rückte der Reichsmarschall selbst in das Kreuzfeuer der Kritik, wenn es darum ging, einen Schuldigen für das Versagen der Luftwaffe und die eklatanten Fehler in der Rüstungsproduktion zu finden. Schlimmer noch: Hitlers Vertrauen in seinen Stellvertreter hatte gelitten. Anfang 1942 bekam Göring dies zu spüren. Am 8. Februar starb Fritz Todt, seit 1940 Reichsminister für Bewaffnung und Munition, bei einem Flugzeugabsturz über der Startbahn des »Führer«-Hauptquartiers »Wolfsschanze« in Ostpreußen. Der Verlust Todts, den er auch persönlich schätzte, traf Hitler empfindlich. Todt war nicht nur der führende Kopf beim Bau der Autobahnen und des Westwalls, sondern unter anderem auch für die Herstellung von Waffen und Munition, das Energiewesen und die Wasserstraßen zuständig gewesen.

Hitler reagierte schnell. Nur sechs Stunden nach dem Unglück ernannte

»Göring eine Zuständigkeit nach der anderen entwunden«: Albert Speer wurde nach seiner Ernennung zum Rüstungsminister der wichtigste Mann der deutschen Kriegswirtschaft

er seinen Hofarchitekten Albert Speer, der sich zufällig in Rastenburg aufhielt, zum neuen Rüstungsminister. Kurz darauf erschien Göring zu einem lange geplanten Routinebesuch und bot sich selbst als Nachfolger Todts an. Albert Speer hielt diese Szene in seinen Erinnerungen fest: »Schwungvoll trat Göring ein und begann nach einigen kondolierenden Worten mit Vehemenz: ›Am besten, ich werde die Aufgaben von Dr. Todt im Vierjahresplan übernehmen. Dies würde die Reibungen und Schwierigkeiten vermeiden, die sich in der Vergangenheit aus seiner Stellung zu mir ergaben.‹... Hitler ging auf Görings Angebot mit keinem Wort ein: ›Ich habe den Nachfolger Todts bereits ernannt. Hier, Reichsminister Speer hat ab sofort alle Ämter Dr. Todts übernommen.‹ Die Sprache war so bestimmt, dass sie jede Widerrede ausschloss. Göring schien erschrocken und konsterniert.«

Die Ernennung Speers, eines Mannes der zweiten Garde und Günstlings Hitlers, war für den Reichsmarschall in der Tat eine schallende Ohrfeige – und dies umso mehr, als Göring seit Ende 1941 hinter den Kulissen am Stuhl seines Konkurrenten gesägt hatte. Vielleicht zweifelte er insgeheim selbst an seinen Erfolgsaussichten. Den Entwurf eines Erlasses, der ihn zum obersten Wirtschaftsboss und zum Rüstungsminister aller Waffengattungen machen sollte, wagte Göring jedenfalls nie dem »Führer« vorzulegen. Kühl strafte Hitler seinen Stellvertreter nun für dessen schlechte Leistungen ab. Dafür erhielt den Zuschlag der phantasievolle Laie Speer, der in seinem neuen Amt förmlich über sich hinauswuchs und bald mit Vollmachten ausgestattet war, die jene seines Vorgängers weit überstiegen.

Ich muss sagen, dass auch ich – wie Hitler selbst – eine Schwäche für Göring hatte. Ich hatte ihn als einen charmanten und hochintelligenten Menschen kennen gelernt und sah ihn weiterhin mehr als einen Individualisten, einen Exzentriker und weniger als einen kranken oder gar bösen Menschen.

Albert Speer, 1979

Niemand bekam den Machtwillen Speers mehr zu spüren als Hermann Göring, der zweite Mann im Reich. Schritt für Schritt entwand ihm Speer eine wirtschaftspolitische Zuständigkeit nach der anderen, bis von seinen ursprünglich weit reichenden Befugnissen nur noch ein paar nichtssagende Titel sowie einige Ehrenämter blieben. Dabei folgte Speer geschickt einem einfachen, aber wirkungsvollen Prinzip: einerseits auf formaler Ebene nachzugeben und andererseits dem Dünkel wie der Selbstgefälligkeit Görings bei jeder nur möglichen Gelegenheit zu schmeicheln. Nachdem Hitler Speers Ernennung bestätigt hatte, drohte Göring damit, als Beauftragter des Vierjahresplans zurückzutreten. Speer akzeptierte daraufhin den Titel eines »Generalbevollmächtigten für Rüstungsfragen im Vierjahresplan«. In Wirklichkeit leitete sich Speers Macht unmittelbar von Hitler ab, Görings Sieg war rein formaler Natur. Wenige Wochen später ernannte Hitler Fritz Sauckel zum »Generalbevollmächtigten für den Arbeitseinsatz«, Görings Aufgabengebiet seit 1937. Zum zweiten Mal musste der Reichsmarschall zähneknirschend mit ansehen, wie der »Führer« ihm in die Parade fuhr. Insgesamt hatte Görings Ansehen erheblich gelitten, doch seine Machtbefugnisse waren immer noch groß. In zentralen Wirtschaftsbereichen wie Steuer- und Preispolitik, Lebensmittelproduktion, Landwirtschaft, Außenhandel, Transportwesen, Roh- und Treibstoffen kam man nur schwer an dem korpulenten Reichsmarschall vorbei. Und dieser war nach wie vor der Herr über die Luftfahrtindustrie und damit über etwa 40 Prozent der gesamten Rüstungsproduktion des Reichs.

Doch seine nominelle Macht nutzte sich mehr und mehr ab. Görings Urteilsvermögen wurde nicht besser, auch traf er immer wieder zur Unzeit die falschen Entscheidungen. Sein Pech war, dass die Schwierigkeiten gerade in seinen Verantwortungsbereichen zutage traten. Je besser es Speer gelang, die Rüstung durchzurationalisieren, desto mehr schien sich Göring in einer Flut trivialer Probleme zu verlieren. Die wachsenden Produktionserfolge

Oben: »Schutzlos den Angriffen ausgeliefert«: Auch massives Flugabwehrfeuer konnte nicht verhindern, dass deutsche Städte reihenweise in Schutt und Asche gelegt wurden
Unten: »Der verheerende Luftbrandkrieg hatte begonnen«: Die Lübecker Innenstadt mit der Marienkirche während der Bombardierung im März 1942

gingen so auf das Konto des jüngeren Konkurrenten. Immer häufiger fand sich der Reichsmarschall in der Rolle eines Feuerwehrmanns wieder, der sporadisch und energisch eingriff, dem es aber nicht gelang, das Feuer zu löschen. Im Verhältnis zu Hitler hatte Görings große Stärke darin bestanden, im richtigen Moment genau das zu liefern, was der »Führer« am meisten begehrte – zumeist durch kurze Ausbrüche von administrativer Energie und Kasernenhofgebrüll. Die Wirkung dieser Medizin begann 1942 spürbar nachzulassen.

Den größten Schaden erlitt Görings Prestige, weil die Luftwaffe nicht in der Lage war, das Reichsgebiet nachhaltig vor den alliierten Bombenangriffen zu schützen. Die Defizite der Reichsverteidigung sollten im Lauf des Jahres 1942 noch krasser hervortreten, denn der Luftkrieg drohte immer mehr zu eskalieren. Mit der »Direktive 22« vom 14. Februar 1942 schwenkte die britische Regierung nun auch formal auf die seit Ende 1940 praktizierte Strategie des Bombenkriegs gegen Zivilisten ein. In trockener Bürokratensprache hieß es unter anderem: »Das Hauptziel unserer Operationen soll die Schwächung der Moral der feindlichen Zivilbevölkerung und besonders der Industriearbeiter sein.« Ab sofort lagen die Zielpunkte der Piloten in Wohngebieten und nicht wie bisher in Werft- und Industrieanlagen.

Die neue Strategie war die Antwort auf den bis dahin wenig erfolgreichen Luftkrieg gegen das Deutsche Reich. Nicht einmal ein Drittel der Bomber hatte die angepeilten Ziele innerhalb von fünf Meilen getroffen. Den Bombenkrieg einzustellen war aus britischer Sicht undenkbar. Nur die Bomber konnten den Krieg tief nach Deutschland hineintragen – sie waren die einzige Offensivwaffe, über die Großbritannien verfügte. Da man mit der damaligen Technik nur Flächen- und keine Punktziele treffen konnte, war das »area bombing« von Städten die radikale Konsequenz. Obwohl der Flächenangriff ursprünglich eine Hilfsstrategie sein sollte, bis die Technik auch nächtliche Präzisionsangriffe erlauben würde, ging das Bomber Command von seinem neuen Kurs nicht mehr ab. Der Strategiewechsel wurde von einer wichtigen Personalentscheidung flankiert. Am 22. Februar 1942 übernahm Sir Arthur Harris das Oberkommando des Bomber Command. Harris, ein überzeugter Anhänger des unterschiedslosen Bombardements von militärischen und zivilen Zielen, war entschlossen, die neue Doktrin rücksichtslos anzuwenden.

Nur wenige Wochen später bekam die deutsche Bevölkerung zu spüren, was der britische Strategiewechsel in der Realität bedeutete. In der sternklaren Nacht vom 28. zum 29. März 1942 nahmen 234 britische Bomber

Zurzeit sind Bombardierungen das Wirksamste, womit wir die Moral des Feindes schwächen können.

Winston Churchill, 7. Oktober 1941

Kurs auf Lübeck – ein Ziel, das weder wirtschaftlich noch industriell bedeutsam war. Die Wahl fiel auf Lübeck, weil die Stadt exponiert lag und die Piloten sie daher nachts leicht finden konnten. Außerdem bestand ihr Herzstück, der historische Altstadtkern, überwiegend aus Häusern mit Dachstühlen in leichter Holzbauweise – ein geradezu ideales Brennmaterial. 304 Tonnen Brand- und Sprengbomben, darunter erstmals Flüssigkeitsbrandbomben, luden die RAF-Bomber ab. 32 Stunden lang wütete das Feuer, die Dachbalken brannten wie Zunder. Die Lübecker Altstadt wurde vollständig zerstört. Der verheerende Luftbrandkrieg hatte begonnen.

Görings Geschwader vermochten solche Angriffe nicht zu verhindern. Der Reichsmarschall stand daher unter einem ungeheuren Erwartungsdruck und war erpicht auf jede Gelegenheit, bei der er die militärische Schlagkraft seiner Truppe trotz alledem unter Beweis stellen konnte. Im Winter 1942 schien an der Ostfront noch einmal die Stunde der Luftwaffe gekommen. Am frühen Morgen des 19. November holten die Sowjets zu ihrer Winteroffensive aus. Rund 30 russische Divisionen griffen westlich und südlich von Stalingrad an, durchbrachen die schwache rumänische Verteidigung und standen am Abend bereits 35 Kilometer tief in der Flanke der deutschen 6. Armee. Den deutschen Panzern gelang es nicht, die Lücke zu schließen. Am 22. November war die 6. Armee unter Generalfeldmarschall Paulus mit 300 000 Soldaten vollständig eingekreist. Der eiserne Ring um Stalingrad hatte sich geschlossen. Für Hitler war die Schlacht um die Stadt, die Stalins Namen trug, eine Prestigeangelegenheit. Der »Führer« hatte im Lauf des Jahres mehrfach öffentlich verkündet, er werde Stalingrad erobern – koste es, was es wolle. Weil er als Oberbefehlshaber nicht das Gesicht verlieren wollte, schloss Hitler einen Rückzug kategorisch aus.

Hitler, nicht Göring, versprach am 21. November als Erster, die eingekesselte 6. Armee aus der Luft zu versorgen. Damit nahmen die Dinge ihren schicksalhaften Lauf. Der Oberbefehlshaber der Luftwaffe zögerte nicht lange. Ohne auch nur eine kritische Frage zu stellen, versprach er dem »Führer« telefonisch, seine Geschwader stünden zur Verfügung. Auf keinen Fall wollte der Reichsmarschall pessimistischer wirken als der Diktator. »›Hören Sie, Göring, wenn die Luftwaffe das nicht machen kann, dann ist die 6. Armee verloren.‹ So hat er mich beim Portepee gefasst, und da blieb mir gar nichts anderes übrig, als zuzustimmen, sonst wären ich und die Luftwaffe als schuldig dafür dagestanden, dass die 6. Armee verloren ging. So musste ich denn sagen: ›Mein Führer, wir machen die Sache!‹« So schilderte später Bruno Loerzer die Lage Görings.

Die vollmundige Zusicherung, die Göring gegeben hat, dass Stalingrad versorgt werden könne, zeugte von seinem Unverständnis gegenüber der Versorgungsfliegerei.

Günter Wolff, Transportflieger über Stalingrad

In der Luftwaffe gab es durchaus Skeptiker, die Hitler den Wahnsinnsplan ausreden wollten. Noch in der Nacht des 22. November telefonierte der Chef der Luftflotte 4, Generaloberst Wolfram von Richthofen, mit verschiedenen Leitungsstellen der 6. Armee und der Luftwaffe. Auch bei bestem Wetter, warnte er, sei mit starker russischer Gegenwehr zu rechnen, die Luftversorgung werde zusammenbrechen. Der Generalstabschef der Luftwaffe Jeschonnek, der sich seit dem 20. November bei Hitler auf dem Obersalzberg aufhielt, war unschlüssig. Mal war er für, dann wieder gegen die Luftbrücke. Schließlich griff Görings Adjutant Bodenschatz zum Telefon. Selbstverständlich, so der Reichsmarschall am anderen Ende, bleibe er bei seiner Zusage. Kurz darauf begab sich Göring persönlich auf den Obersalzberg. Wie Albert Speer in seinen Erinnerungen berichtet, erschien er »frisch und strahlend wie ein Operettentenor, der einen siegreichen Reichsmarschall zu spielen hat«. Hitlers Paladin nahm Haltung an und garantierte in feierlichem Ton persönlich für den Erfolg der Luftbrücke. Der »Führer«, zuvor deprimiert und niedergeschlagen, schien wie ausgewechselt: »Dann ist Stalingrad zu halten! Die 6. Armee bleibt in Stalingrad.« In diesem Augenblick wurde das Schicksal von fast einer Viertelmillion Soldaten besiegelt. Aber auch nachdem Hitler die Entscheidung am 24. November bekannt gegeben hatte, hörten die Warnungen nicht auf. Die Luftbrücke sei undurchführbar, erklärten die Generäle Manstein und Zeitzler. Doch weil Göring seine Zusage nun einmal gemacht hatte, war Hitler nicht mehr umzustimmen. Der Luftwaffenchef würde es schon richten. Ein Heeresadjutant notierte: »Führer begeistert von Reichsmarschall, der schaffe das wie in früheren Zeiten. Dort sei nicht der Kleinmut wie bei vielen Stellen des Heeres.«

Fieberhaft bereitete die Luftwaffe die beiden großen Flugplätze Tazinskaja und Morosowkaja-West, etwa 180 Kilometer westlich von Stalingrad, für die Luftversorgung des riesigen Kessels vor. Tausende Tonnen Verpflegung, Munition, Bekleidung und Sanitätsmaterial türmten sich in den Hangars. Am 25. November hoben die ersten Ju 52 in Richtung Stalingrad ab. Das bereits stark dezimierte »Jagdgeschwader Udet« war nur ein schwacher Schutz. Die sowjetische Abwehr schoss die schwerfälligen und nahezu wehrlosen Transportflugzeuge zu Hunderten vom Himmel. Unter Görings

Oben: »Mein Führer, wir machen die Sache«: Ein Transportflugzeug nimmt an der Ostfront deutsche Soldaten an Bord, 1942
Unten: »Unmöglich, eine Armee dieser Größenordnung aus der Luft zu versorgen«: Ein deutsches Flugzeug auf dem Flugplatz Gumrak bei Stalingrad, Januar 1943

Oberbefehl begann das große Sterben der deutschen Transportverbände. Wegen des launenhaften, unbarmherzigen Winterwetters erreichten bald nur noch ganz wenige erfahrene Piloten im Blindflug den Kessel.

Hans Eckehard Bob, der als Luftwaffenpilot auch an der Ostfront Einsätze flog, glaubte von Beginn an nicht an einen Erfolg der Luftbrücke – und mit ihm vermutlich viele: »An sich hat jeder kleine Pilot gewusst, dass es unmöglich ist, eine Armee dieser Größenordnung aus der Luft zu versorgen. Dazu hatten wir ja gar nicht die Flugzeuge. Es war ja teilweise nicht einmal möglich, uns selbst auf unseren Flugplätzen zu versorgen, wie sollte es da mit einer ganzen Armee funktionieren? Aber in der höheren Führung hat man scheinbar geglaubt, dass es irgendwie mit Gewalt möglich sein muss. Bei Göring war der Wunsch der Vater des Gedankens. Er wollte Hitler anscheinend zeigen, was er mit seiner Luftwaffe alles schaffen kann. Dass dies nicht möglich war, muss er gewusst haben, aber er wollte es nicht wahrhaben.«

Schon nach wenigen Wochen musste sich auch Göring eingestehen, dass die Luftwaffe an Stalingrad scheitern würde. So vollmundig der Reichsmarschall die Luftbrücke zugesagt hatte, sosehr belastete ihn nun seine Fehlentscheidung. Als Luftwaffengeneral Paul Deichmann Ende Dezember zu einer Besprechung erschien, saß Göring hinter seinem Schreibtisch und wurde von einem »Weinkrampf« geschüttelt. Soeben waren »sehr schlechte Nachrichten« aus Stalingrad eingetroffen. Seit Ende 1942 ging Göring der ohnehin nicht allzu fest verwurzelte Glaube an den »Endsieg« verloren. Doch nach außen tat er alles, um seine geheimen Zweifel zu verbergen. Gerade er, der treue Paladin Hitlers, fühlte sich verpflichtet, weiterhin Zuversicht auszustrahlen. Der Reichsmarschall achtete streng darauf, dass im Kreis seiner Untergebenen keine defätistischen Bemerkungen fielen. Während die 6. Armee in der Schnee- und Eiswüste von Stalingrad um ihr Überleben kämpfte, wich Göring nicht ein Jota von seinem egozentrischen Lebensstil ab. Im November 1942 zog es ihn zum wiederholten Mal nach Paris. Wenig später rollte wieder ein mit Kunst beladener Sonderzug nach Carinhall, wo Göring den Jahreswechsel verlebte.

Am 12. Januar 1943 feierte er in üppiger Prachtentfaltung seinen fünfzigsten Geburtstag. Seinem »Kronprinzen« zu Ehren gab Hitler einen großen Empfang. Zahlreiche hochrangige Gäste überreichten opulente Kunst- und Wertgegenstände in Millionenhöhe. Der zweite Mann im Reich konnte sich noch immer im Glanz der Macht sonnen, so schien es zumindest. Zu jenem Zeitpunkt war die Luftversorgung längst in eine verzweifelte Rettungsaktion umgeschlagen. Die Luftwaffenführung klaubte zusammen, was noch vorhanden war. Wie die Parteigrößen Ribbentrop und Ley stellte auch Göring demonstrativ sein Privatflugzeug zur Verfügung. Alle Beteiligten wussten, dass sie das tragische Schicksal der 6. Armee nicht mehr abwenden konnten. Hitler hatte erkannt, dass Göring mit seiner Aufgabe heillos überfordert war, und beauftragte am 14. Januar Erhard Milch, das Unmögliche in letzter Minute doch noch möglich zu machen. Milch bekam absolute Vollmachten, aber auch er konnte das Ruder nicht mehr herumreißen. Göring glaubte selbst nicht mehr an einen Erfolg. Wo es möglich war, blockte er die Katastrophenmeldungen aus Stalingrad ab. Es hatte ja doch keinen Zweck. Mitte Januar ließ sich Flakgeneral Pickert aus dem Kessel fliegen. Nach zwei beschwerlichen Reisetagen traf er unangemeldet in Rominten ein. Pickert hatte vor, dem Oberbefehlshaber der Luftwaffe in einem Vortrag die dramatische Lage vor Augen zu führen. Göring ließ den General zwei Tage warten. Inzwischen hatte sich die Lage geändert. Telefonisch erfuhr Pickert von Görings Adjutanten, dass er abreisen könne, der Reichsmarschall lege keinen Wert mehr auf den Bericht.

Am 10. Januar begannen die Russen mit der Zerschlagung des Kessels. Elf Tage später startete die letzte Maschine von einem kleinen Feldflugplatz am Rand von Stalingrad. Am 2. Februar setzte die 6. Armee ihren letzten Funkspruch ab. Als am Abend einige Maschinen mit Versorgungsbehältern die Stadt überflogen, rührte sich in dem verschneiten Ruinenmeer kein Leben mehr. In 72 Tagen und Nächten, vom 25. November 1942 bis zum 2. Februar 1943, beförderte die Luftwaffe insgesamt 6600 Tonnen Nachschubgüter in den Kessel – ein Tagesdurchschnitt von 100 Tonnen, der nur einem Drittel der geplanten Menge entsprach. Die halb erfrorenen, halb verhungerten Soldaten konnten zum Schluss nicht einmal mehr die Versorgungsbehälter bergen. 34 000 Verwundete wurden ausgeflogen und so vor Tod und Gefangenschaft bewahrt. Die Luftwaffe verlor knapp 500 Transportflugzeuge, mindestens genauso viele Maschinen zerstörten die Russen am Boden. 1000 Angehörige des fliegenden Personals bezahlten die Luftbrücke mit dem Leben. Von diesem Aderlass sollte sich die Luftwaffe während des Krieges nicht mehr erholen.

Nach Stalingrad war von dem obersten Luftwaffenchef wenig beziehungsweise gar nichts mehr zu hören. Wenn wir im Kameradenkreis über Göring sprachen, hieß es nur: »Der Dicke soll bloß die Schnauze halten!«

Joachim Matthies, Luftwaffenangehöriger

Stalingrad geriet zur größten Katastrophe in Görings Karriere. Zum ersten Mal seit Kriegsbeginn knöpfte sich Hitler seinen Stellvertreter persönlich vor. Goebbels notierte am 9. März 1943 in sein Tagebuch, das Ansehen des Reichsmarschalls beim

»Vorzeitige Grabrede«: Noch vor der Zerschlagung des Stalingrader Kessels verklärte Göring am 30. Januar 1943 in pathetischer Weise den angeblichen »Opfertod« der deutschen Soldaten

»Führer« habe wegen des »völligen Versagens der Luftwaffe« »kolossal gelitten«. Hitler übe »außerordentlich scharfe Kritik«, weil der Chef der Luftwaffe »sich durch seine Generalität in Illusionen wiegen lassen« habe, anstatt sich über die wahre Tragweite des Luftkriegs im Klaren zu sein. »Göring hört eben gern das Angenehme; deshalb sagt ihm seine Umgebung das Unangenehme nicht.« Ironischerweise hätte diese Beobachtung von Goebbels ebenso für den »Führer« gelten können. Der jedoch hatte laut Goebbels »eine Granatenwut auf diese verantwortungslose Umgebung des Reichsmarschalls«. Doch trotz aller Kritik und Wut vermied Hitler Anfang 1943 die entscheidende Kraftprobe mit Göring. Nach wie vor hielt er den Reichsmarschall für den einzigen geeigneten Nachfolger. Aus diesem Grund unterließ er es auch, Göring die Gesamtverantwortung für Stalingrad anzulasten. Sein Paladin wiederum zog feige den Kopf ein und wartete, bis sich der Sturm gelegt hatte. Erst dann wagte er sich wieder in die »Wolfsschanze«.

Der Feuersturm

Drei Tage vor dem Fall Stalingrads, am 30. Januar 1943, bombardierten Air-Force-Maschinen bei ihrem ersten Nachtangriff auf Berlin das Funkhaus in der Masurenallee. Der Reichsmarschall wollte gerade die ersten Worte seiner Rede zum zehnten Jahrestag der »Machtergreifung« ins Mikrofon sprechen, als er überhastet einen Luftschutzkeller aufsuchen musste. Das Jahr 1943 sollte in der Tat ein Jahr der Prüfung werden: für die deutsche Bevölkerung, die Luftwaffe und damit auch für Göring. Nun zeigten sich die fatalen Folgen versäumter, verspäteter oder falscher Entscheidungen in Luftrüstung und Luftstrategie. Trotz aller Anstrengungen war die deutsche Heimatverteidigung zu schwach, um das Reichsgebiet gegen die Angriffe der Amerikaner und Briten zu schützen. Verzweifelt kämpfte die Luftwaffe gegen die alliierte Übermacht an. Die feindlichen Geschwader ließen im fünften Kriegsjahr hunderttausende Tonnen Bomben auf Deutschland niedergehen. Infernalische Feuerstürme vernichteten Menschenleben, historische Bausubstanz und Naturlandschaften in bis dahin unvorstellbarer Größenordnung. Mit wachsender Sorge kalkulierte die NS-Führungsriege mögliche Folgen der alliierten Zermürbungsstrategie ein. Am 18. Februar schwor Joseph Goebbels die Deutschen in seiner berühmt-berüchtigten Rede im Berliner Sportpalast auf den totalen Krieg ein.

Noch glaubten Görings Piloten, dem Feind Paroli bieten zu können. Kampfgeist mischte sich mit Angst. Hans-Eckehard Bob, der 1943 zur Reichsverteidigung kam, erinnert sich plastisch: »Zu jener Zeit flogen die Amerikaner noch Tagesangriffe ohne Jagdschutz, sodass wir noch ein gewisses Überlegenheitsgefühl hatten, obwohl wir wussten, dass diese so genannten fliegenden Festungen sehr stark bewaffnet waren. ... Es war unheimlich, diese Riesenmaschinen zu sehen, wie sie langsam wie Greifarme über Deutschland hinzogen, und man hatte das Gefühl, die kannst du nie aufhalten. Jetzt ran! Die musst du aufhalten können. Und kannst du's, ist die Frage.«

Göring selbst hatte inzwischen die Hoffnung aufgegeben, dass sich die Lage bessern würde. Am 18. März 1943 zitierte der Reichsmarschall die Luftfahrtindustriellen nach Carinhall. Die Anwesenden mussten sich eine saftige Standpauke über das vermeintliche Versagen der Industrie anhören. Vor allem bei den Navigations- und Zielfindungsgeräten leiste Deutschland zu wenig. Aufgebracht meinte Göring, »dass es überhaupt kindisch ist, hier einen Vergleich anstellen zu wollen«. Nicht anders sehe es bei den Flugzeugen aus: Die britische Spitfire sei jetzt auch dem deutschen Standardjäger Me 109 »absolut und einwandfrei überlegen«. Die Luftwaffe, so der Reichsmarschall resigniert, könne gegen die gegnerische Luftstreitmacht nichts ausrichten. Weit und breit sei nichts zu sehen, was aus der desolaten Situation heraushelfen könne. Gegen Ende der Besprechung ließ Göring durchblicken, wie sehr er sich von Hitler unter Druck gesetzt fühlte: »Die Herren müssen sich in meine Lage versetzen. Der Führer vernimmt dann am Morgen, schwerer Angriff auf deutsche Stadt gewesen, Wetter war sehr schlecht, wir konnten nichts machen. Und umgekehrt, wir machen einen Flug nach London, der vollkommen in den Eimer gegangen ist, wegen des schlechten Wetters wurde London nicht gefunden. Der Engländer schreibt, der deutsche Angriff wäre ein Kinderschreck gewesen, alles hätte im Felde draußen gelegen. Dass man da schließlich aus der Haut fährt, ist verständlich.« Göring war machtlos. Ändern konnte er die Lage nicht. Deprimiert fügte er hinzu: »Die können aus den Wolken ein Ei in einem Bahnhof treffen, und auf der anderen Seite können unsere Brüder nicht mal London treffen.«

Die Royal Air Force und die US-Luftwaffe führten 1943 drei große Luftoffensiven gegen das Reich: die »Battle of the Ruhr«, die »Operation Gomorrha« – eine Serie katastrophaler Großangriffe auf Hamburg – und die »Battle of Berlin«. Die Luftschlachten waren ein Wettstreit der Technik. Während Briten und Amerikaner mit neuen elektronischen Geräten auftrumpften, versuchte die deutsche Luftwaffe fieberhaft, wirksame Gegenmittel zu entwickeln. Gleich zu Jahresbeginn gelang den Alliierten ein technischer Quantensprung. Das neue H2S-Radargerät gab die Umrisse der überflogenen Landschaften und Städte auf einem Monitor wieder. Die Bomberpiloten konnten sich nun auch nachts und bei schlechtem Wetter ein Bild vom jeweiligen Zielgebiet machen. Wie kein zweites Gerät beschleunigte das Bodenradar den Untergang der deutschen Städte. Systematisch trieben die Briten ihre nächtlichen Bombardierungen voran. Die Luftangriffe auf das Ruhrgebiet sollten vier Monate dauern. Köln, Essen, die Staumauern von Möhne-, Sorpe- und Edertalsperre sowie Wuppertal-Barmen, Mülheim an der Ruhr, Oberhausen und Wuppertal-Elberfeld wurden bombardiert. Bis April 1943 waren in Deutschland bereits 15 000 Menschen infolge alliierter Luftangriffe ums Leben gekommen.

Arthur Harris triumphierte. Als bei dem Angriff auf Dortmund am 23. und 24. Mai 1943 die hunderttausendste Tonne Bomben fiel, schickte der Chef des Bomber Command folgenden Funkspruch an seine Besatzungen: »1939

Machen wir Schluss mit dem Krieg, indem wir den Deutschen die Seele aus dem Leib schlagen.

Arthur T. Harris

hat Göring versichert, dass keine einzige Bombe auf das Ruhrgebiet fallen wird. Gratuliere zu der soeben gelieferten 100 000. Tonne Bomben als Antwort auf den Reichsmarschall.«

Ungeachtet all dieser Schreckensmeldungen beobachtete Göring den Krieg zumeist aus sicherer Entfernung von Burg Veldenstein oder vom Obersalzberg aus und wurde von seinem Verbindungsoffizier Bodenschatz per Telefon über die Lage informiert. Wut und Ärger über die Ohnmacht der deutschen Luftabwehr ließ Göring auch an seinem Generalstabschef Hans Jeschonnek aus. Seite um Seite füllte der Reichsmarschall sein persönliches Merkbuch mit Notizen und Ideen – doch es blieb bei verschwommenen, häufig unrealistischen Vorschlägen. Hitler verlor allmählich die Geduld und glaubte Görings Rechtfertigungen nicht mehr. Ohne dessen Wissen lud er im Sommer 1943 die Flugzeugkonstrukteure auf den Obersalzberg, um der deutschen Flugzeugproduktion neue Impulse zu geben. Bei Besprechungen mit dem »Führer« wirkte Göring jetzt häufig müde und geistesabwesend, und nur enorme Mengen Aufputschmittel vermochten ihn dann wieder aus seiner Lethargie zu reißen.

Im Juli 1943 starteten Briten und Amerikaner die erste »combined bomber offensive«. Ziel war Hamburg. Die altehrwürdige Hanse- und Hafenstadt wurde von jener Katastrophe heimgesucht, die nach Görings Vorstellung London hätte treffen sollen. In zusätzliche Schwierigkeiten geriet die Luftwaffe durch einen simplen, aber äußerst wirkungsvollen Trick, den die Royal Air Force in Hamburg erstmalig anwendete. Mittels so genannter »Düppelstreifen«, länglicher Stanniolschnipsel, gelang es, die deutsche Radarüberwachung komplett lahm zu legen. Tausende Tonnen von Brandbomben lösten nach der wochenlangen sommerlichen Trockenheit einen »Feuersturm« aus, der durch die Straßenzüge tobte und Hochofentemperaturen erzeugte, Glas und Asphalt einschmolz, Mauersteine glasierte, verformte und jedes Lebewesen zu Asche verbrannte oder erstickte. Die Brände entfachten einen Hitzewirbel, der Fensterscheiben aus den Rahmen saugte, Dächer abdeckte und Menschen, Wohnungen, Bäume und selbst Eisenbahnwaggons in den Mahlstrom des Feuers sog. Die grauenhafte Bilanz des verheerenden Angriffs: 42 000 Tote und Vermisste, 600 000 Obdachlose und 36 000 zerstörte Wohngebäude. Die vier alliierten Nachtangriffe auf Hamburg richteten mehr Verwüstungen an und forderten mehr Opfer, als England durch die Luftwaffe während des gesamten Zweiten Weltkriegs erlitt.

Alle Hoffnungen richteten sich auf die »Vergeltungswaffen«, an denen im

»Verheerender Angriff«: Bis zur Unkenntlichkeit verbrannte Opfer des Feuersturms in Hamburg, Juli 1943

Raketenversuchszentrum Peenemünde fieberhaft gearbeitet wurde. Zielsicher flog die RAF in der Nacht vom 17. auf den 18. August 1943 ihren ersten nächtlichen Präzisionsangriff auf die Forschungsstation. Neben Hunderten sowjetischer Kriegsgefangener und polnischer Zwangsarbeiter kamen auch 178 deutsche Spezialisten um, darunter der Leiter der Raketenabwehrabteilung. Der Sachschaden blieb gering, die Arbeit konnte ohne nennenswerte Verzögerung weitergehen.

Für Hamburg und insbesondere Peenemünde musste Hans Jeschonnek seinen Kopf hinhalten. Die jüngsten Angriffe trafen den vierundvierzigjährigen Generalstabschef tief. Er litt seit längerem unter der gefühllosen Art, mit der Göring und dessen »Hofkamarilla« ihn behandelten. Auch der »Führer« sah in dem Generalstabschef der Luftwaffe den Schuldigen für das Desaster bei der Heimatverteidigung. Hitler rief aus der »Wolfsschanze« bei Jeschonnek an: Er wisse wohl, was er nun zu tun habe. Jeschonnek wusste es und jagte sich am 18. August im Hauptquartier der Luftwaffe in Goldap eine Kugel in den Kopf. Wie Wolfgang Falck, Kommodore des Nachtjagdgeschwaders 1, in seinen Erinnerungen festhielt, sah Jeschonnek die heraufziehende Katastrophe klarer als die meisten anderen: »Er hatte den Über-

Während ich Tag und Nacht grüble, was man gegen die zunehmenden Luftangriffe unternehmen könnte, wiegt sich der Reichsmarschall in Sorglosigkeit. Der Einzige, der überhaupt etwas taugt, ist Jeschonnek, der sich aber gegen Göring nicht durchsetzen kann.

Hitler, 8. März 1943

»Er hatte den Überblick über die Gesamtlage wie kaum ein Zweiter«: Görings Generalstabschef Hans Jeschonnek wählte den Freitod

blick über die Gesamtlage wie kaum ein Zweiter, und sein scharfer, klarer Verstand erlaubte ihm keine Ausfluchten mehr: Wir waren auf dem sicheren Weg, den Luftkrieg zu verlieren. ... All dies hatte Jeschonnek vor Augen gestanden. Bedingungslos loyal, hatte er die Fehlentscheidungen Hitlers auszuführen und dabei noch mit dem eifersüchtigen und intriganten Göring fertig zu werden, der von Hitler kaum noch zu Rate gezogen wurde. Göring schwebte noch immer auf rosaroten Wolken, benahm sich wie ein Sonnenkönig und kümmerte sich einen Dreck um die Tatsachen. Das ertrug Jeschonnek nicht mehr.«

In der zweiten Jahreshälfte 1943 erlebte die deutsche Luftwaffe ein Wechselbad von dramatischen Erfolgen und Misserfolgen. Parallel zu den Ereignissen stieg oder fiel im »Führer«-Hauptquartier Görings Ansehen. Der Oberbefehlshaber der Luftwaffe war nun selbst der geeignete Sündenbock für jede Niederlage. Hitler hielt immer weniger mit seiner wachsenden Verachtung für Göring hinter dem Berg: »Ihr Saustall von Luftwaffe!«, warf er seinem Paladin bei einer persönlichen Begegnung an den Kopf. Ende August 1943 übernahm Günter Korten das Amt des Generalstabschefs der Luftwaffe. Energisch erklärte er die Heimatverteidigung zur Chefsache und ließ Jagdstaffeln ins Reich verlegen. Göring hatte in vielerlei Beziehung die Initiative verloren. Hitler konnte es kaum ertragen, dass es den Alliierten zwischen Mitte November und Mitte Dezember viermal gelang, Berlin zu bombardieren. In den Jagdpiloten fand Göring den geeigneten Blitzableiter für die heftigen Vorwürfe aus dem »Führer«-Hauptquartier. Sie seien zu feige, um sich dem alliierten Gegner zu stellen, warf der Reichsmarschall den Jägern vor. Schlechte Nachrichten wollte Göring zum Teil nicht wahrhaben. Vor allem Hitler durfte auf keinen Fall davon erfahren. Gerade bestieg der Reichsmarschall seinen Sonderzug nach Rominten, als der General der Jagdflieger, Adolf Galland, die Nachricht überbrachte, dass amerikanische Jäger bis Aachen vorgedrungen und dort abgeschossen worden seien. Albert Speer, Zeuge dieser Szene, schildert den Vorfall in seinen Erinnerungen: »›Also, Herr Galland, ... ich befehle Ihnen dienstlich, dass die amerikanischen Jäger nicht bis nach Aachen kamen.‹ Der General versuchte einen letzten Einwand: ›Aber, Herr Reichsmarschall, sie waren doch da!‹ Nun geriet Göring aus der Fassung: ›Ich gebe Ihnen hiermit den dienstlichen Befehl, dass sie nicht da waren! Haben Sie verstanden? Die amerikanischen Jäger waren nicht da! Verstanden? Ich werde das dem Führer mitteilen.‹ Göring ließ General Galland einfach stehen. Schon im Weggehen wandte er sich noch einmal drohend um: ›Sie haben meinen dienstlichen Befehl.‹ Mit einem unvergesslichen Lächeln erwiderte der General: ›Zu Befehl, Herr Reichsmarschall.‹«

Bei den Lagebesprechungen in Görings Hauptquartier zogen sich die Berichte über Angriffe auf deutsche Städte immer mehr in die Länge. Göring wirkte jetzt häufig abwesend, desinteressiert, manchmal auch ungeduldig, wenn die unerfreulichen Details kein Ende nehmen wollten. Der Reichsmarschall hasste den Krieg, der ihm so viele Unannehmlichkeiten bescherte. Und er verlieh seinem diesbezüglichen Widerwillen ziemlich deutlichen Ausdruck. Geschwaderkommodore Wolfgang Falck nahm an einem Abendessen teil, zu dem Göring in Seidenbluse, ärmelloser Weste und grünen Stulpenstiefeln erschien. Mit mäßigem Interesse folgte er einem langen Lagebericht: »Wir saßen alle bei Tisch, als Göring plötzlich seinen Staatssekretär Gritzbach mit donnernder Stimme fragte: ›Gritzbach, wie ist die Lage?‹ Alles erstarrte. Peinliches Schweigen breitete sich aus. ›Ja, ja, Herr Reichsmarschall, hm, wir haben die Lage doch gerade besprochen. ...‹ ›Na, Mensch, diese Lage meine ich doch nicht! Die Lage, die mich wirklich interessiert, ist die in Rominten! Wo ist das Wild? Wo stehen die Hirsche?‹ Ein paar Minuten später kam der Staatssekretär vom Telefon zurück. ›Herr Reichsmarschall, ich melde, dass der Hirsch ›Großer Kurfürst‹ nicht mehr im Revier 24 steht, sondern nach Revier 75 gewechselt hat. Dort steht er mit drei weiteren Hirschen und einem starken Rudel Kahlwild.‹ Göring lachte und sagte: ›Sehen Sie, Gritzbach, das ist die Lage, die mich interessiert. Die will ich jetzt jeden Abend berichtet haben.‹«

Die Gegensätze zwischen Göring und Hitler traten im Lauf des Jahres 1943 immer stärker zutage. Die Weggefährten der frühen Zeit der nationalsozialistischen Bewegung, das Gespann der Jahre nach der »Machtergreifung« entfremdete sich immer mehr. Seit Anbeginn der Zusammenarbeit hatte Hitler darauf geachtet, Göring auf Distanz zu halten. Mit Röhm etwa hatte sich der »Führer« geduzt, den Reichsmarschall siezte er stets. Wie unterschiedlich die beiden Männer doch waren: Hitler legte wenig Wert auf Äußerlichkeiten und lebte in seinen Hauptquartieren ein spartanisches Soldatenleben, zelebrierte die Askese geradezu. Göring hingegen frönte einer geradezu barocken Prachtentfaltung. Während der »Führer« sich mehr und mehr ausschließlich in die Welt der Kriegführung zurückzog, schien der Krieg für Göring über weite Strecken bloß Kulisse zu sein für seine privaten Vergnügungen wie den »Erwerb« von Kunst oder die Jagd. Die Freiheiten, die Hitler auch anderen Paladinen – etwa den Gauleitern – in der privaten Lebensführung ließ, schöpfte Göring bis zur Neige aus. Für andere Oberbefehlshaber wäre es undenkbar gewesen, auf dem Höhepunkt einer entscheidenden Schlacht für mehrere Wochen in den Urlaub zu fahren und das Kommando einem Stellvertreter zu überlassen. Doch auch Hitlers Toleranz hatte Grenzen. Seit Ende 1943 kippte seine Kritik ins Persönliche. Es kam nun immer häufiger vor, dass Hitler sich in abfälligen Bemerkungen über die teilweise grotesken Kostümierungen seines Stellvertreters und dessen Verschwendungssucht äußerte.

Deshalb geht ihm [Hitler] das Versagen Görings so nah, weil er weiß, dass er der Einzige ist, der, wenn ihm etwas passieren sollte, an seine Stelle treten könnte.

Goebbels, Tagebuch, 22. Juni 1943

Bei allem Befremden, bei allen Enttäuschungen und Misserfolgen – das Band zwischen dem »Führer« und seinem »ersten Paladin« war noch nicht zerrissen, auch dann noch nicht, als dieser zusehends ins Operettenhafte abglitt. Görings Sonderstellung blieb erhalten. Als zweiter Mann im Reich war er für den Diktator unverzichtbar, trotz aller Unfähigkeit des Luftwaffenchefs. Die immer noch vorhandene Autorität Görings schien an der Führungsspitze des Reiches unentbehrlich. Eine Trennung von seinem designierten Nachfolger hätte Hitler nach eigener Einschätzung geschadet. Sollte seine Aura als mächtiger »Führer« intakt bleiben, der seine wichtigsten Personalentscheidungen weitblickend fällte, um die Existenz des Reiches auch für die Zukunft zu sichern, so musste er Göring als Nachfolger unbehelligt lassen. Die wechselseitige »Nibelungentreue« hatte aber auch andere Gründe. Beide Männer bewahrten sich bis zum Schluss eine gewisse Bewunderung für den jeweils anderen. Bis zu einem gewissen Grad blieb Hitler von Göring fasziniert und umgekehrt. Weder wollte noch konnte sich der Diktator von dem Bild des starken, skrupellosen, entscheidungsfreudigen »alten Kämpfers« lösen, das Göring in den frühen Jahren der NSDAP und des »Dritten Reichs« verkörpert hatte. Noch im Juli 1943 schwärmte Hitler von Görings Qualitäten als Ratgeber in Krisenzeiten: »Der Reichsmarschall hat sehr viele Krisen mit mir durchgemacht, ist eiskalt in Krisen. Einen besseren Ratgeber in Krisenzeiten kann man nicht haben als den Reichsmarschall. Ich habe immer gemerkt, wenn es auf Biegen und Brechen kommt, ist er der rücksichtslose, eisenharte Mensch. Also, da kriegen Sie keinen Besseren, einen Besseren können Sie gar nicht haben.«

Göring wiederum ordnete sich Hitler unter, dem er Jahrzehnte zuvor die Treue geschworen hatte und an den er sich gebunden fühlte, obwohl er sich gegen dessen Kriegspläne ausgesprochen hatte. Offenbar war es für Göring unmöglich, sich aus dieser inneren Bindung zu befreien. Nur so ist zu verstehen, warum er in Krisensituationen – teilweise wider besseres Wissen – immer wieder für Hitler Partei ergriff, um seinem »Führer« den Rücken zu stärken. Doch seine Treue wurde im Krieg auf die härteste Probe gestellt. Seit 1943 sah sich Göring als Hitlers »Sündenbock« und fühlte sich ungerecht behandelt. Der enorme Druck führte zudem dazu, dass Göring rückfällig wurde. Vermutlich war er spätestens seit 1943 wieder abhängig von Morphium, zumindest aber von der Substitutionsdroge Codein. Doch an offenen Widerstand oder Rücktritt dachte er nicht. Göring wollte Reichsmarschall bleiben, vor allem aber legitimer Nachfolger des Mannes, der ihn jetzt sogar vor Adjutanten abkanzelte und ihn offen einen Versager nannte.

Mit Göring wieder an bessere Zeiten anzuknüpfen, daran dachten 1943 auch andere. Goebbels konstatierte Anfang des Jahres besorgt, der »Führer« kapsele sich zu sehr ab, verliere den Kontakt zur deutschen Bevölkerung und beschäftige sich nicht mehr genügend mit Politik. Aus dieser Beobachtung entstand der Plan, den Reichsmarschall zu einer zentralen innenpolitischen Figur zu machen. Doch der Versuch schlug fehl, weil der Name Göring im »Führer«-Hauptquartier keinen guten Klang mehr hatte. Als Göring – dem das Leid der Bombenopfer gleichgültig war – im Herbst 1943 zu einem Propagandabesuch in das schwer zerstörte Ruhrgebiet reiste, wurde deutlich, warum Goebbels an ihn gedacht hatte. Der Mann, der nicht in der Lage war, Deutschlands Städte zu schützen, wurde zu seiner eigenen Verwunderung freundlich empfangen. Während der Reichsmarschall nach und nach seinen politischen Einfluss verlor, blieb er bei der Bevölkerung kurioserweise bis zum Schluss populär. Es waren Görings joviale Art, sein bisweilen gewinnendes Auftreten und seine menschlich wirkenden Schwächen und Charaktereigenschaften, die den »dicken Hermann« zum Sympathieträger der NS-Führungsriege machten. Hitler konnte nicht auf ihn verzichten.

Die Misserfolge in der Luft suchte Göring durch Erfolge am Boden zu kompensieren. Seit 1942 hatte er ein neues Steckenpferd: seine eigene Privatarmee. Im Laufe des Krieges wuchs sie auf 21 Luftwaffen-Felddivisionen und zehn Fallschirmjägerdivisionen an, insgesamt weit über 250 000 Mann. Des Reichsmarschalls ganzer Stolz aber war die »Division Hermann Göring«, eine 18 000 Mann starke Vorzeigeeinheit, die sich selbst als Elite sah und an der Ostfront, in Italien und Nordafrika kämpfte. »Division Hermann Göring stellt Freiwillige ein!«, lautete der Slogan auf einem Werbeplakat, von dem ein Soldat mit einem Fernglas in der Hand aus dem Turm seines Panzers ernst und prüfend in die Augen des Betrachters blickte. Görings Soldaten trugen weiße Kragenspiegel, die sie von allen anderen Luftwaffenangehörigen unterschieden. Helmut Lotz, der früh in Görings Privatarmee kam und später Vorsitzender des Traditionsverbands war, beschwört auch heute noch das Bild einer hervorragend ausgebildeten, von

»Zu seiner eigenen Verwunderung freundlich empfangen«: Göring bei Bombenkriegsopfern im Ruhrgebiet, Oktober 1943

Kameradschaftsgeist erfüllten, unbescholtenen Elitetruppe. Nicht ohne Stolz erinnert sich der Veteran daran, welche Aufmerksamkeit die schneidigen jungen Soldaten mit den weißen Spiegeln in der Öffentlichkeit erregten: »Wenn man wie ich als junger Offizier aus Afrika kam und entsprechend ausgestattet war mit Kennzeichen, Ärmelstreifen und so weiter und durch München lief, da hatte man keine Not, hier und dort jemanden zur Unterhaltung zu gewinnen. Ich bin in keine Drogerie gekommen, in keinen Laden, wo ich nicht eine Flasche Parfüm kriegte oder, wenn ich in eine Gaststätte kam, entsprechend eine Flasche Wein. Ohne Probleme. Und das war immerhin Mitte/Ende 1943.«

Auch der spätere Schriftsteller Dieter Wellershoff, Jahrgang 1925, meldete sich gegen Kriegsende zur »Division Hermann Göring«, weil er um keinen Preis zur Waffen-SS wollte. Wellershoff kam zum »Begleitregiment Hermann Göring«, einer Sondereinheit, die den Reichsmarschall, den »Reichsjägerhof« in Rominten und Görings Hauptquartier zu schützen hatte. Nach dem Willen des »Reichsjägermeisters« bestand sie aus Oberschülern, davon fünfzig Prozent Absolventen von Forstakademien. Wegen Görings Versprechen, er wolle »Meier heißen«, sollten die Alliierten je

»Unbescholtene Elitetruppe«?: Ein Werbeplakat der Panzergrenadierdivision »Hermann Göring«

Deutschland bombardieren, bespöttelte man die Einheit als »Division Meier«. Wellershoff bewachte mit seinen Kameraden die berühmte und damals frisch renovierte Berliner Staatsoper Unter den Linden. Inspiriert durch den Besuch einer Aufführung der Oper »Carmen«, begann die Truppe, ein Theaterstück aus der Zeit des Siebenjährigen Krieges einzustudieren. Die soldatischen Laiendarsteller konnten sich aus dem Kostümfundus der Staatsoper bedienen und hatten einen professionellen Maskenbildner zur Verfügung. Wenig später wurde das Stück vor Emmy Göring und einem Kreis ausgewählter Gäste in Carinhall aufgeführt.

An der Schule wurde für die Waffen-SS geworben. Ich habe mich mit meinem Vater besprochen, der gesagt hat, man müsste sich zu einer alternativen »Eliteeinheit« melden, um nicht zur Waffen-SS gedrängt zu werden. »Melde dich doch für die ›Division Hermann Göring‹.« Das war eine Erdkampftruppe wie jede Panzergrenadierdivision, aber besser ausgestattet.

Dieter Wellershoff, Schriftsteller

Die meisten Historiker sehen die »Division Hermann Göring« heute weitaus kritischer. Die Einheit kam auch in Italien zum Einsatz, beispielsweise am Monte Cassino oder bei der Partisanenbekämpfung während des Rückzugs aus der Toskana. Görings Soldaten galten als besonders rücksichtslos und brutal und waren schon 1943 in mehrere Verbrechen gegen Zivilisten auf Sizilien verstrickt. Besonders grausam reagierten sie ein Jahr später auf die Partisanengefahr in der Toskana. Am Abend des 18. Juni 1944 hielten sich ein paar deutsche Soldaten im Dopo-Lavoro-Club im Civitella in Val di Chiana auf, als plötzlich ortsfremde Widerstandskämpfer auftauchten. Beide Seiten begannen aufeinander zu schießen, mehrere Einwohner wurden verletzt, zwei Deutsche starben sofort, einer erlag bald darauf seinen Verletzungen. Zunächst geschah nichts, denn der Dorfpfarrer hatte die Deutschen von der Unschuld der Einwohner überzeugen können. Am Morgen des 29. Juli 1944 jedoch, als der Priester nichtsahnend die Frühmesse zelebrierte, übten hunderte Soldaten der »Division Herman Göring« grausame Rache für ihre erschossenen Kameraden. Sie stürmten die Bauernhäuser unterhalb Civitellas, zündeten die Gebäude an und ermordeten deren Bewohner. Dann wurden die Dorfbewohner – Frauen und Männer getrennt – auf dem Platz vor der Kirche zusammengetrieben, während man ihre Häuser in Brand steckte. 230 Menschen fielen dem Massaker zum Opfer. Die Mörder plünderten, sprengten Teile der befestigten Stadtmauer und feierten stundenlang. Den zwölf Tage später anrückenden Engländern bot sich ein Bild des Grauens. Die Verbrechen blieben ungesühnt. Bis heute gedenken die Bürger des malerischen Bergdorfs und der umliegenden Gemeinden jedes Jahr mit einem Fackelzug der Toten.

Dem Ende entgegen

Am 12. Januar 1944 feierte Hermann Göring seinen einundfünfzigsten Geburtstag in Carinhall. Es sollte das letzte Mal sein, dass sich die Prominenz des Reichs in prunkvollem Rahmen versammelte. Die Gäste überboten sich mit überaus kostbaren Geschenken, eben wie sie der Reichsmarschall zu seinem Ehrentag erwartete. Albert Speer erinnerte sich später an »Zigarren aus Holland, Goldbarren vom Balkan, wertvolle Bilder und Plastiken«. Er selbst überreichte eine übergroße Hitlerbüste aus Marmor von NS-Bildhauer Breker, ein besonderer Wunsch Görings. In der Bibliothek, wo der übervolle Geburtstagstisch stand, breitete der Jubilar vor seinen Gästen auch Baupläne aus, die ihm sein Architekt zum Geburtstag gezeichnet hatte: Der schlossartige Sitz Görings sollte mehr als doppelt so groß werden. Albert Speer, gerade von einer Reise aus dem kargen Lappland zurückgekehrt, entgingen die Risse in der glänzenden Fassade nicht: »Im prunkvollen Speisesaal wurde an der prächtig gedeckten Tafel von den Dienern in weißer Livree ein, den Verhältnissen angepasstes, nicht zu üppiges Mahl serviert. Funk hielt, wie alljährlich und nun zum letzten Mal, beim Festessen die Geburtstagsrede. Er pries die Fähigkeiten, Eigenschaften und Würden Görings in hohen Tönen und brachte seinen Trinkspruch auf ihn als ›einen der größten Deutschen‹ aus. Funks begeisterte Worte kontrastierten auf groteske Weise mit der tatsächlichen Lage: Vor dem Hintergrund des drohenden Untergangs des Reiches spielte sich eine gespenstische Feier ab.«

Mochte Göring in der Scheinwelt Carinhalls auch für kurze Zeit den Krieg vergessen, so brach dieser 1944 noch brutaler über Deutschland herein als im Jahr zuvor. Das fünfte Kriegsjahr brachte eine unvorstellbare Zerstörung über die meisten deutschen Städte, aber zugleich eine, wenn auch nur temporäre, Leistungssteigerung der deutschen Luftwaffe. Von Hitler unter Druck gesetzt, begann Göring mit seinen Vergeltungsschlägen gegen die britischen Inseln. Immer direkter und verletzender zeigte der »Führer« jetzt seine Wut über das Versagen der Luftwaffe und seine wachsende Verachtung für Göring. Der Reichsmarschall musste außerdem hinnehmen, dass sein junger Rivale Albert Speer das riesige Rüstungsimperium endgültig unter seine Kontrolle brachte. Erhard Milch sah die Wende kommen und machte Anstal-

Es kommt in unserer Lage darauf an, Jäger und nochmals Jäger zu bauen. Dazu Schnellbomber. Der Luftschirm über der Heimat und der eigenen Infanterie muss endlich sichergestellt sein. Der damit verbundene langjährige Verzicht auf eine operative Luftwaffe muss in Kauf genommen werden.
Hitler, Juni 1944

Oben: »Kombinierte Bomberoffensive«: In der Endphase des Krieges griff die US-Luftwaffe bei Tag an, die Briten kamen in der Nacht
Unten: »In dem ungleichen Kampf fast keine Chance«: Die deutschen Nachtjäger konnten die alliierten Bomberstaffeln nicht aufhalten

ten, in Speers Lager zu wechseln. Zähneknirschend gab Göring eine Kompetenz nach der anderen an den jüngeren Rivalen ab. So ließ er Anfang des Jahres zu, dass die gesamte Elektronikforschung dem Rüstungsministerium übertragen wurde. Doch auch seine Konzessionen halfen nichts mehr. Göring vermochte die langsame Erosion seiner militärischen und politischen Machtstellung nicht mehr aufzuhalten. 1944 gewannen seine Widersacher endgültig die Oberhand.

Am 21. Januar 1944 startete Göring auf Befehl Hitlers die »Operation Steinbock«. Es sollte ein »Neujahrsgeschenk« der besonderen Art sein: Nun sollte England vor den deutschen Bomben zittern. Zwischen Mitte November und Mitte Dezember 1943 hatte die Royal Air Force viermal die Reichshauptstadt angegriffen. Arthur Harris wollte Berlin ausradieren und den deutschen Gegner so in die Knie zwingen. Hitler schäumte und verlangte Vergeltungsschläge. Doch das Unternehmen scheiterte kläglich. Von 270 Maschinen, die am ersten Tag der »Operation Steinbock« starteten, fanden nur 95 ihr Ziel. Bis Mitte April befahl Göring insgesamt 31 Angriffe – nicht mehr als Nadelstiche gegen die britische Luftverteidigung. Spöttisch nannten die Engländer die deutschen Angriffsbemühungen denn auch »babyblitz«. Im Februar 1944 holten die Alliierten zu einem neuen Schlag aus. In der so genannten »big week« flogen US- und RAF-Bomber jeweils abwechselnd am Tag und bei Nacht, um der Luftwaffe Görings endgültig das Lebenslicht auszublasen. Die Angreifer trafen die deutsche Flugzeugindustrie schwer und bombten zahlreiche Werke in Grund und Boden.

Immer deutlicher distanzierte sich Göring von einem Krieg, über dessen Ausgang er sich schon längst keine Illusionen mehr machte. Wie üblich, wenn es ihm zu viel wurde, wenn er entnervt war oder sich entmutigt fühlte, verschwand der Reichsmarschall wieder einmal von der Bildfläche. Er zog sich ins Private zurück und verschanzte sich in einer luxuriösen, fast märchenhaft anmutenden Parallelwelt. Niemand protestierte extravaganter gegen den Krieg als Göring. Mitten in der »big week« gönnte sich der Oberbefehlshaber der Luftwaffe einen dreiwöchigen Urlaub auf Burg Veldenstein. Dann wieder weilte er in Carinhall. Mitte Februar 1944 hatte sich dort der General der Fallschirmtruppen und Festungskommandant von Brest, Bernhard Ramcke, zu melden. Ramcke geriet im Herbst 1944 in alliierte Gefangenschaft und wurde in das Sonderlager Trent Park bei London gebracht, wo die Briten heimlich die Gespräche der inhaftierten Wehrmachtgeneräle belauschten. Unter dem schallenden Gelächter seiner Mitinsassen schilderte Ramcke die Begegnung mit Göring: »Während ich nach mehrstündiger

Wartezeit – der Reichsmarschall hatte bei meiner Ankunft noch nicht ausgeschlafen – den Prachtbibliothekssaal betrat, sah ich in der Ecke zwei kleine Mädchen spielen, die Edda mit ihrer Freundin. Dann sehe ich hier eine erleuchtete Lampe und einen Sitz, und da sitzt jemand. Ich melde mich militärisch korrekt. Unter einer rosig abgeschirmten Lampe erhebt sich eine Gestalt, kommt aus einem wunderschönen Sessel, hält ein in rotes Saffian gebundenes Lesebuch in der Hand. Ich denke, ist das nun Nero II., oder ist das ein chinesischer Mandarin? [Gelächter] Es ist Hermann in einem Mantel, der bis zu den Knöcheln reichte und weit und füllig war, in einem seidenen Plüschgrün, mit Goldemblemen bedruckt, mit sehr vielen Falten in den Ärmeln gerafft, mit einem goldenen Gürtel, mit einem goldenen Saum zusammengebunden, mit goldenen Quasten hier herunterfallend, mit Lackpumps an den Füßen, das Haar in Wellen onduliert und das Gesicht rosig voller Öl. Eine Wolke der ganzen Wohlgerüche des Orients und Okzidents strömte einem so halb entgegen und so über seinen großen Wangenknochen: ›Na, Ramcke, wie geht es Ihnen denn?‹ Damit sackte er in seinem großen Sessel zurück …«

Göring kann als eine gefallene Größe angesehen werden.

Goebbels, Tagebuch, 16. September 1944

Während der Besprechung setzte Ramcke seinem Vorgesetzten die schwierige Lage in der Luftwaffenausbildung auseinander. Göring ließ den anwesenden Bruno Loerzer einige Notizen machen. Mitten in der Unterhaltung kam die kleine Edda angelaufen: »Ach, Vatchen, Vatchen, meine ganze Perlenschnur ist aufgegangen, guck einmal her, ich habe sie alle wiedergefunden.« Augenblicklich schien Göring das dienstliche Treffen mit Divisionskommandeur Ramcke zu vergessen. Zärtlich beugte er sich zu Tochter Edda hinunter: »Oh, deine schöne Perlenkette – und gib dem Vatchen noch einen dicken Kuß.« Um seinen Ärger hinunterzuspülen, genehmigte sich Rahmke nach dem Gespräch draußen erst einmal einige Gläser Portwein. Als Görings Adjutant kurz darauf zu ihm trat und ihn bat, noch eine Viertelstunde zu warten, dann könne er mit seinem Auto einen der Kunstexperten des Reichsmarschalls nach Berlin zurücknehmen, war es um Ramckes Beherrschung geschehen. »Was!? Ich soll auf so einen ollen Kunstexperten warten? Fällt mir gar nicht ein, lassen Sie den zu Fuß nach Berlin laufen, ich haue jetzt ab! Auf Wiedersehen!«

Görings Ansehen sank mit jeder Niederlage. Man nahm ihn vielfach nicht mehr für voll. Die US-Luftwaffe flog im Frühjahr 1944 vier Angriffe auf Berlin. Die Talfahrt der deutschen Luftwaffe schien allerdings für einen Moment

»Luxuriöse Parallelwelt«: Trotz der sich immer weiter verschlechternden Kriegslage pflegte Göring seine privaten Interessen. Mit Tochter Edda in Carinhall

gebremst werden zu können, als es Görings Jägern am 31. März gelang, einen Angriff der Briten auf Nürnberg zu verhindern. Auch die Luftrüstung konnte wieder eine Leistungssteigerung vermelden, insbesondere die Jägerproduktion erreichte einen neuen Höchststand. Im Frühjahr wurde eine riesige unterirdische Flugzeugproduktionsstätte im Harz fertig, in der monatlich 1000 Düsenflugzeuge vom Typ Me 262 sowie fliegende Bomben fertig gestellt werden sollten. Doch die Atempause dauerte nicht lange an. Am 12. Mai startete die 8. »Air Division« der US-Luftwaffe eine Serie von Angriffen auf die Treibstoffwerke im Zentrum und im Osten Deutschlands. An jenem Tag wurde, wie es Albert Speer in seinen Erinnerungen formuliert, »der technische Krieg entschieden«. Bis dahin war es den deutschen Rüstungsbetrieben immer noch gelungen, ungefähr die Menge an Waffen zu produzieren, die die Wehrmacht brauchte. Damit war es schlagartig vorbei.

Die neue Epoche des Luftkriegs bedeutete das Ende der deutschen Rüstung. Infolge permanenter Angriffe durch die Alliierten sollten bis Ende Juni 1944 neun Zehntel der Flugtreibstoffproduktion ausfallen. Darüber hinaus litt die Luftrüstung unter dem Schlingerkurs der Luftwaffenführung. Göring vertrat in der Frage, ob der Produktionsschwerpunkt auf Jäger oder Bomber zu legen sei, keinen eigenen Standpunkt. Dem Rat seines Stabes widersprechend, unterstützte er Hitler, der Bombern den Vorrang gab. Monatelang zog sich das Gerangel um den Einsatz des ersten serienreifen Strahlflugzeugs hin. Erst im Spätsommer 1944 wurden die ersten kaum ausgetesteten Me 262 als »Blitz-Bomber« und die Arado 234, ein 800 Stundenkilometer schneller zweistrahliger Bomber, an die Luftwaffe ausgeliefert – zu spät, um noch mit der alliierten Luftstreitmacht am Himmel über Deutschland fertig werden zu können. Auch die Rekorde in der Flugzeugproduktion gingen nahezu wirkungslos unter im Bombenhagel der Alliierten. 1944 verließen 38 000 Flugzeuge (1941: 11 000) die Waffenschmieden, aber nach den Bombardements der Hydrierwerke lähmte Benzinmangel die Jäger, die erst jetzt in Massen aus den Fabrikhallen auf die Abstellplätze rollten, wo sie schutzlos den Bomben ausgesetzt waren.

Am 6. Juni 1944 – dem Tag, an dem die Alliierten zur Landung in der Normandie ansetzten – vertraute Goebbels seinem Tagebuch an: »Unsere Unterlegenheit im Luftkrieg ist geradezu katastrophal. Der Führer leidet sehr darunter, vor allem im Hinblick darauf, dass Göring ja direkt und indirekt daran Schuld trägt. Er kann aber gegen Göring nichts unternehmen, weil damit die Autorität des Reiches und der Partei schwersten Schaden erleiden würde.« Bereits Ende Juni war die Schlacht an Frankreichs Westküste

»Der Führer leidet«: Lagebesprechung nach der alliierten Landung in der Normandie, 7. Juni 1944

für Deutschland verloren. Die 800 bereitgestellten Jäger wurden zu spät nach Westen verlegt, die Alliierten hatten inzwischen die eingeplanten Flugbasen zerstört. Große Hoffnungen setzte man auf den lang erwarteten Einsatz so genannter Vergeltungswaffen. Ab dem 13. Juni schoss die Luftwaffe

V1-Raketen auf London ab, ohne damit eine nennenswerte Wirkung zu erzielen. Vermutlich hielt Göring Frankreich schon Ende Juni für verloren. Jedenfalls ließ er zu jener Zeit die noch verbliebenen Kunstschätze ins Reich abtransportieren. Die Luftwaffe war bei den Kämpfen in der Normandie kaum in Erscheinung getreten. Nun wurde Hitler persönlich: »Göring, Sie sind faul«, sagte er dem Reichsmarschall ins Gesicht. Die nationalsozialistische Gesinnung der Vertrauten Görings, so der »Führer« sorgenvoll, sei nicht stabil genug. Der Oberbefehlshaber der Luftwaffe kümmerte sich nur noch wenig um die Geschäfte. Wenn er sporadisch eingriff, so traf er aufgrund mangelhafter Informationen nicht selten Fehlentscheidungen. Kaum einer glaubte Göring noch, wenn er sich wieder einmal krankmeldete. Doch Hitler konnte und wollte den Reichsmarschall nicht fallen lassen. Nach wie vor, so erklärte er seinem Adjutanten Nicolaus von Below, halte er Görings Verdienste für einmalig. Vielleicht brauche er ihn noch einmal. Und sollte es zum Letzten kommen, so könne er sich auf Göring verlassen.

Der 20. Juli kam für uns alle als eine völlige Überraschung.
Göring, nach dem Attentat auf Hitler

Der 20. Juli 1944 versprach ein heißer Tag zu werden. Gegen acht Uhr hob vom Berliner Flugplatz Rangsdorf eine Kuriermaschine vom Typ Ju 52 ab und nahm Kurs auf Hitlers Hauptquartier »Wolfsschanze« im ostpreußischen Rastenburg. Drei führende Köpfe des deutschen Widerstands waren an Bord, unter ihnen Claus Graf Schenk von Stauffenberg, der Hitler an diesem Tag mit einer Bombe töten wollte. Der Attentäter war von der zwingenden Notwendigkeit seines Handelns überzeugt. Um jeden Preis wollte er einen Krieg beenden, den er für verloren hielt, und auf diese Weise hunderttausende Menschenleben retten. Der Bombenanschlag sollte nicht nur die Diktatur beenden, sondern auch die Initialzündung für einen lange geplanten Staatsstreich sein. Aufgrund widriger Umstände gelang es Stauffenberg in Rastenburg nur, einen von zwei Sprengsätzen unter dem großen, sehr massiven Besprechungstisch zu deponieren. Die Detonation fiel daher schwächer aus als geplant, und Hitler überlebte wie durch ein Wunder. Wie andere NS-Größen beeilte sich auch Göring, zum Tatort zu gelangen, wo er an einer wenige Stunden nach dem Attentat stattfindenden eigenartigen Teerunde teilnahm.

Ehrengast war Mussolini, der gestürzte italienische Diktator, den Hitler hatte befreien und als Chef einer deutschen Marionettenregierung in Oberitalien installieren lassen und der ausgerechnet an diesem Tag zu einem

Oben: »Wie durch ein Wunder ist der Führer unversehrt geblieben«: Göring besichtigt die zerstörte Lagebaracke
Unten: »Völlige Überraschung«: Keitel, Göring, Hitler und Bormann kurz nach dem Attentat Stauffenbergs

»Staatsbesuch« in der »Wolfsschanze« eintraf. Die Atmosphäre war gespannt. Bei einem Streit zwischen Göring und seinem Intimfeind Ribbentrop, berichtet ein Augenzeuge, wäre es beinahe zu Tätlichkeiten gekommen. Kategorisch schloss der Reichsmarschall aus, dass Luftwaffenoffiziere in die Attentatsvorbereitungen verstrickt waren. Wie schon in anderen Krisensituationen zuvor stellte sich Göring auch jetzt demonstrativ an die Seite Hitlers. Zum Dank für dessen Überleben schlug er vor, in der gesamten Wehrmacht den »deutschen Gruß« einzuführen – eine Idee, die die Zustimmung des Diktators fand.

Kurz nach dem dramatischen Attentatsversuch inspizierte Göring sein Begleitregiment, das zu jener Zeit an die Ostfront verlegt wurde. Auf einer großen Waldwiese in der Rominter Heide mussten sich die Soldaten immer wieder umgruppieren und neu antreten. Vor den Augen der schließlich stramm stehenden Ehrenformation gab es absurde Bemühungen, dem stark übergewichtigen Göring mithilfe von Holzbohlen einen Weg durch das Naturgelände zu bahnen, damit er ungehindert die Front abschreiten konnte. Zeitzeuge Dieter Wellershoff erinnert sich genau an seine einzige persönliche Begegnung mit dem Reichsmarschall: »Er ging anderthalb Meter vor mir an den Reihen vorbei, ganz dicht, und sagte immer das Gleiche. Er sagte: ›Wo ich vorbei bin, kann gerührt werden.‹ Und er sah uns dabei in die Augen, aber die Augen sahen nichts. Das war der Blick eines Menschen, der gar nicht ganz da war. Irgendwie glasig, völlig glasig sah er aus.« Anschließend richtete der Reichsmarschall das Wort an seine Soldaten. Von dem, was Göring sagte und vor allem, wie er es sagte, war der junge Wellershoff tief schockiert: »Nachdem er die ganze Front der drei Kompanien abgeschritten war, ging er in die Mitte und dann brüllte er eine Rede mit relativ starker Stimme noch, die nur aus Klischees und Phrasen bestand. Man merkte, dass er unter Druck stand. Es war ja gerade der 20. Juli gewesen. Stalingrad und der Zusammenbruch der Heeresgruppe Mitte lagen hinter uns. Und dann sprach er von Verrätern, die den Zusammenbruch an der Ostfront verursacht hätten. Brüllte das raus. Es war völlig unglaubhaft. ›Aber ihr werdet dem Gesindel der russischen Infanterie jetzt in den Arsch treten!‹ Das war sozusagen die Eröffnung einer Schimpfkanonade. Dann aber sagte er: ›Wenn aber das Schicksal gegen uns sein sollte und der Russe in diese Provinz hineinkommt, dann darf das nur möglich sein, wenn keiner von euch mehr am Leben ist.‹ Das hat mich sehr von ihm entfernt, muss ich sagen. Der kalkulierte einfach damit, dass wir alle sterben würden! Und ich verspürte den Wunsch, den ich schon, als ich Soldat wurde, in mir gefühlt hatte: Ich will diesen Krieg überleben, ich habe noch gar nicht gelebt! Ich will diesen Krieg überleben!« Göring, so Zeitzeuge Wellershoff treffend, hatte eine »Kraftprotz-Rede aus der Ohnmacht heraus« gehalten und war dabei erschreckend vulgär geworden.

Im Spätsommer 1944 war Görings Luftwaffe in Auflösung begriffen. Der Freundeskreis des Reichsmarschalls schmolz mehr und mehr zusammen. Das Parteidossier über die Missstände in der Luftwaffe wuchs von Tag zu Tag. Ab September begann Görings Geschwadern der Treibstoff auszugehen. Monatlich wurden nur noch 7000 Tonnen synthetisches Benzin produziert, der Bedarf lag bei 150 000 Tonnen. Der Mangel war nun so dramatisch, dass bei Fliegeralarm in Obertraubling, dem Werkflugplatz der Messerschmitt AG, die abnahmebereiten Maschinen mit Pferden und Ochsen in Deckung gezogen werden mussten. Am 5. September zitierte Hitler den Reichsmarschall in die »Wolfsschanze«. Göring musste sich maßlose Vorwürfe wegen der katastrophalen Zustände in der Luftwaffe anhören. Anstatt sich seinen Widersachern zu stellen, zog sich Göring schmollend nach Carinhall zurück. Am 19. September eroberten die Amerikaner die von Görings Fallschirmjägern verteidigte französische Festungsstadt Brest. Erneut ließ der »Führer« den Reichsmarschall antreten. Die Stimmung in der »Wolfsschanze« war eisig. Unter vier Augen verlangte Hitler von Göring, den Generalstab der Luftwaffe und die Akademie der Teilstreitkraft aufzulösen. Als dieser Stunden später wieder erschien, wirkte er gebrochen und erledigt. Mit der Hilfe Werner Kreipes, des neuen Generalstabschefs der Luftwaffe, gelang es Göring, das Verdikt abzuwenden. Wenig später versuchte Hitler einen starken zweiten Mann an Görings Seite zu stellen. Auch diesen Angriff auf seine Autorität konnte der Reichsmarschall noch abwehren. Im Einzelfall war Hitler also immer noch bereit, seinem alten Weggefährten nachzugeben. »Es ist entsetzlich, welche Winkelzüge man machen muss, um Görings Prestige nicht zu lädieren, andererseits aber das für den Krieg dringendst Notwendige zu tun«, notierte Hitlers Propagandachef Goebbels am 23. September in sein Tagebuch: »Man möchte manchmal glauben, dass Göring der Kronprinz wäre, von dem jedermann weiß, dass er nichts taugt, den man aber... nicht absetzen kann. Der Führer hat Göring in guten Zeiten zu groß werden lassen; jetzt, in schlechten Zeiten, hängt er ihm wie ein schweres Bleigewicht am Bein.«

Auch wenn er ihn nicht fallen ließ, nutzte Hitler jede Gelegenheit, Göring zu demütigen. Rücksichtslos schloss er Görings neuen Generalstabs-

Oben: »Die Luftwaffe war in Auflösung begriffen«: Wegen Treibstoffmangels konnten die deutschen Jagdflieger im Laufe des Jahres 1944 immer seltener aufsteigen
Unten: »Alle Jagdflieger zur Infanterie«: Göring beleidigte seine Soldaten, während die Propaganda weiterhin von der »Verbundenheit des Reichsmarschalls mit seinen Männern« (Originaltext) tönte

Jedes Mal, wenn ich Hitler gegenüberstehe, fällt mir das Herz in die Hose.
Göring

chef, Werner Kreipe, den er nicht mochte, vom Lagevortrag im Hauptquartier aus. Der »Führer« verachtete »den Dings«, wie er Göring jetzt oft titulierte, und zog nun auch über dessen eigenwilligen Kleidungsstil her. Göring fühlte sich aufs Äußerste bedrängt. In den letzten Monaten des Jahres 1944 empfand er eine geradezu physische Angst davor, wieder einmal einen dieser entsetzlichen Ausbrüche im »Führer«-Hauptquartier über sich ergehen lassen zu müssen. Der Oberbefehlshaber der Luftwaffe war in einer ausweglosen Situation. Einerseits hatte er nichts in der Hand, um die Vorwürfe Hitlers abzuweisen, andererseits konnte er unmöglich seine Meinung über die tiefer liegenden Ursachen für das Versagen der Luftwaffe äußern. Er hätte dafür ins Grundsätzliche gehen, Hitlers Kriegführung und Politik insgesamt infrage stellen müssen. Das aber hätte unweigerlich den Bruch bedeutet. So blieb Göring nichts als tiefe Resignation. Er wäre »am liebsten tot«, gestand er einem seiner Vertrauten.

Im Oktober kehrte Göring nach Ostpreußen zurück. Ein letztes Mal ging er in der Rominter Heide auf Jagd. Sein Gefühl sagte ihm, dass er in der Nähe der »Wolfsschanze« bleiben musste, um seinen Widersachern besser auf die Finger sehen zu können. Himmler und Bormann hatten sich nämlich inzwischen zusammengetan, um systematisch gegen Göring zu intrigieren. In jenen Wochen fluteten die ersten Flüchtlingstrecks durch Ostpreußen nach dem Westen. Am 21. Oktober erreichten die Russen die Rominter Heide. Mit Brachialgewalt versuchte Göring, das Letzte aus seiner Luftwaffe herauszuholen. Am 26. Oktober versammelte sich die Führungsriege der Luftwaffe in Berlin. An der Veranstaltung im Hauptquartier der Luftflotte Reich nahmen alle Gruppenkommandeure und von jeder Gruppe ein Staffelkapitän teil. Der Reichsmarschall hielt eine flammende dreistündige Ansprache. Er wollte seine Leute anfeuern, doch stattdessen hielt er ihnen eine Standpauke. Mit großer Verbitterung warf er den Piloten vor, sie seien feige. Adolf Galland, der »Angriffsführer England«, Oberstleutnant Dietrich Peltz und die zu Bomberpiloten umgeschulten Flugzeugführer sowie alle Jagdpiloten hörten Görings Drohungen: »Beim nächsten Einsatz 5000 Bomber abschießen, sonst kommen alle Jagdflieger zur Infanterie.« In einer theatralischen Geste nahm Göring alle seine Orden ab und erklärte, er werde so lange nur den Pour le Mérite tragen, bis seine Piloten wieder feindliche Flugzeuge abgeschossen hätten.

Unter den Anwesenden befand sich auch Johannes Steinhoff, ein hochdekorierter Jagdflieger, der nach 1945 in der Bundeswehr und später in der NATO Karriere machte. Wie er konnten auch andere der Zuhörer nur mühsam ihre Gefühle beherrschen: »Während er so unkontrolliert wutschnaubte, ergriff mich tiefe Scham. Wie konnte er dies im Beisein der Bomber, Aufklärer und Transportflieger tun? Was hatte er vor? Glaubte er wirklich, dass solch zynische Anklage Kampfgeist und Einsatzwillen wecken könne? In dem großen Saal hätte man in den kurzen Atempausen seines Redeschwalls eine Nadel fallen hören. Die meisten Zuhörer starrten auf den Boden und versuchten ihre Empfindungen hinter unbeteiligter Miene zu verbergen. Dann entdeckte ich auf dem Rednerpult Mikrofone. Die Kabel liefen von dort in eine Kabine, wo Techniker hinter schalldichten Scheiben hantierten. Die ganze Hasstirade wurde auf Schallplatten aufgenommen, eine widerliche Dokumentation unserer Feigheit und Verworfenheit.« In der Tat ließ Göring die Ansprache auf Grammophonplatten aufzeichnen und Teile daraus auf den Flugplätzen und Fliegerhorsten über Lautsprecher verbreiten.

Wir waren sehr bedrückt, als Göring verkündete, dass die Luftwaffe versagt habe, denn die eigentliche Schuld, die lag ja bei ihm. Denn wir hatten trotz allem Heldenmut, den die Besatzungen aufgebracht hatten, in dem ungleichen Kampf fast keine Chance.

Gerhard Baeker, Jagdflieger

Für den 10. November berief der Reichsmarschall in Berlin-Gatow ein »Luftwaffenparlament« ein, zu dem er 30 Jäger- und Kampffliegerasse zusammen mit Hitlers Luftwaffenadjutanten Nicolaus von Below einlud. Generalstabsoffiziere waren nicht dabei. Diese Idee erwies sich als wenig glücklich. Göring erklärte den Anwesenden, dass die Luftwaffe versagt habe und dass ihm vom »Führer« der Befehl erteilt worden sei, sie wieder aufzubauen. Dabei müssten sie ihm helfen und Vorschläge für Entlassungen und neue Strategien auf den Tisch legen. Über alles solle diskutiert werden – mit Ausnahme seiner Person und der berühmten Me 262. Daraufhin übergab Göring den Vorsitz an Peltz und fuhr nach Carinhall zurück. Aus der stenographischen Mitschrift wird ersichtlich, dass die Versammlung bald in Chaos und Streit ausartete. Die verschiedenen Gruppen im Kreis der Jagdflieger gingen aufeinander los. In keinem Punkt wurde Einigkeit erzielt.

Wie stets, wenn er bei Hitler in Ungnade war, kehrte Göring den fanatischen Parteigenossen heraus: Halten um jeden Preis! Wer zurückweiche, sei ein Feigling oder Verräter! Unter dem Druck des »Führers« verschärfte er die Rechtsprechung der Kriegsgerichte und ließ mehrere Todesurteile vollstrecken. Von November 1944 bis April 1945 erließ Göring insgesamt 19 so genannte »Reichsmarschall-Befehle« und zwang seine Geschwader zu militä-

Als das Vorbrechen der russischen Offensive nach dem 12. Januar 1945 bis zur Oder führte und gleichzeitig die Ardennenoffensive nicht durchgeschlagen hatte, ... konnte ich nicht mehr anders denken, als dass sich wahrscheinlich langsam eine Niederlage entwickeln würde.

Göring, Aussage in Nürnberg

risch sinnlosen Opfern. Die Luftwaffe habe »bis zum letzten Mann« zu kämpfen, hieß es unter anderem. Am 16. Dezember 1944 lief unter dem Decknamen »Wacht am Rhein« die Ardennenoffensive an. Zum letzten Mal verfügte Göring über eine einigermaßen kampffähige Streitmacht: Offiziell waren 2400 Maschinen im Einsatz. Vom 18. bis zum 23. Dezember wagte es der Reichsmarschall, wieder regelmäßig an den Lagebesprechungen im »Führer«-Hauptquartier teilzunehmen. Doch als die Ardennenoffensive nach Anfangserfolgen aus Treibstoffmangel und im Abwehrfeuer der Alliierten stecken blieb, zog Göring sich aus Hitlers Umgebung wieder zurück. Es gab nur wenige Soldaten – selbst Generäle –, die Weihnachten 1944 mit ihren Frauen und Familien verbringen konnten. Hermann Göring gehörte dazu. Wie jedes Jahr zog er sich für einen ausgiebigen Weihnachtsurlaub nach Carinhall zurück. Mitten im totalen Krieg ein größtmögliches Maß an individueller Freiheit und materiellem Luxus zu genießen – diesem Anspruch blieb der Reichsmarschall bis zum Schluss treu.

Während in den Kantinen der alliierten Fliegereinheiten der Anbruch des neuen Jahres gefeiert wurde, herrschte auf den deutschen Luftstützpunkten hektische Betriebsamkeit. In den Morgenstunden des 1. Januar 1945 begann das »Unternehmen Bodenplatte« – so der Tarnname für den letzten Großeinsatz, den die Luftwaffe durchführte. Das Ziel der deutschen Geschwader: Angriffe auf 13 englische und vier amerikanische Feldflugplätze in Nordfrankreich, Belgien und Südholland. Zwischen 800 und 1500 Maschinen rollten auf die Startbahnen. Um den Feind und dessen Radar zu überlisten, musste der Anflug in weniger als 200 Meter Höhe und bei absoluter Funkstille erfolgen. Hitler hatte strengste Geheimhaltung befohlen. Nicht einmal die 16. Flakdivision, die genau jenen Luftraum überwachte, den Görings Piloten überfliegen sollten, war über die Operation unterrichtet worden. Die Folgen waren tragisch: Von insgesamt 277 zerstörten deutschen Maschinen gingen nur 93 auf das Konto der Alliierten, 184 Maschinen fielen dem Feuer der deutschen Flakbatterie zum Opfer, die feindliche Flugzeuge am Himmel vermutete. 59 besonders erfahrene Verbandsführer starben im »friendly fire«. Der letzte Großeinsatz der Luftwaffe war ein Desaster. Wütend verbot Hitler jegliche Wiederholung. Der »Führer« musste sich nun endgültig mit dem Scheitern der Ardennenoffensive abfinden. Die kurze Phase erneuter Gunst, derer sich Göring während der Offensive erfreuen durfte, war zu

»Der Kronprinz, von dem jedermann weiß, dass er nichts taugt, den man aber nicht absetzen kann«: Göring und Hitler am Neujahrstag 1945

Ende. Hitlers Haltung gegenüber seinem Paladin wurde wieder eisig. Wenn er es nicht mehr aushalten konnte, verschwand Göring in seinen Sonderzug und versuchte die düstere Realität zu verdrängen, indem er manisch Kriminalromane las.

Selbst aus den eigenen Reihen blies ihm nun ein scharfer Wind entgegen. Für die Jagdflieger war nach der missglückten »Operation Bodenplatte« das Maß voll. Mehrere Fliegerasse taten sich zusammen und schickten eine geharnischte Denkschrift über Führungsschwächen, organisatorische und technische Missstände in der Luftwaffe an den Reichsmarschall, verbunden mit der Bitte um eine Aussprache. Die Begegnung mit den Jagdfliegern fand am 19. Januar 1945 im »Haus der Flieger« in Berlin statt. Die Piloten mussten einige Zeit in nervöser Spannung warten, bis Göring endlich den kleinen, überheizten Besprechungsraum betrat. Johannes Steinhoff wurde in jenen Momenten klar, wie weit er sich innerlich bereits vom Reichsmarschall, seinem einstigen Vorbild, entfernt hatte: »Warum empfand ich einen so starken Widerwillen gegen diesen Mann? Ich hatte begonnen, eine Mauer des inneren Widerstandes gegen ihn aufzubauen, als ich nicht lange nach Beginn des Krieges bemerkte, dass dieses Idol Göring mit uns jungen Offizieren spielte wie eine Katze mit ihren Jungen, dass er uns wie Leibeigene, als seinen ganz persönlichen Besitz betrachtete – uns und seine ganze Luftwaffe. Um der Macht dieser Persönlichkeit nicht zu erliegen, hatte ich mich in eine zunehmend kritische Haltung hineingesteigert, die mich seine Schwächen überdeutlich erkennen ließ. Und ich empfand beinahe so etwas wie Scham darüber, dass ich mich seinerzeit von ihm hatte mitreißen, ›verführen‹ lassen.«

Als Göring schließlich erschien, blickte Steinhoff in »ein müdes Gesicht, aufgedunsen und mit Falten wie bei alten Frauen, die sich vom Mund herab zum Doppelkinn zogen«. Zunächst beherrschte sich der Reichsmarschall, sodass Jagdfliegeroberst Günther Lützow, der Sprecher der Gruppe, die Kritikargumente ungehindert vortragen konnte. Doch in Göring stieg bald Wut hoch, er begann zu dozieren, um den heißen Brei herumzureden und die Offiziere zu maßregeln – wie schon unzählige Male zuvor. Die Aussprache endete in einem Eklat. Göring loderte vor Zorn und schrie: »Jetzt rede ich! Lützow, jetzt rede ich! Jetzt will ich Ihnen einmal sagen, was ich von dieser Unternehmung halte! Was Sie mir hier bieten, meine Herren, ist Staatsverrat, ist Meuterei! Es ist geradezu ungeheuerlich, dass Sie in meinem Rücken konspirieren und seltsame Wege gehen, die einen schweren Verstoß gegen Ihre soldatischen Pflichten, gegen Ihre Treuepflicht mir gegenüber darstellen. Ich werde entsprechend reagieren!« Wie gelähmt warteten die Jagdflieger auf den Moment, da ein Wachkommando sie vor ein Standgericht führen würde. Doch nichts geschah. Wenig später allerdings verhängte Göring im Stil eines mittelalterlichen Potentaten eine »Reichsverbannung« über Lützow, der Deutschland in Richtung Italien verlassen musste.

Göring stand mit dem Rücken zur Wand: Weder bei Hitler noch bei seiner Truppe hatte er Rückhalt. »Mitte bis Ende Januar«, sagte er später in Nürnberg, »war keine Hoffnung mehr.« Im Januar 1945 drangen sowjetische Truppen bis zur idyllischen Schorfheide vor. Am 30. Januar ließ Göring Frau Emmy und Tochter Edda in sein Haus auf dem Obersalzberg bringen. Um Schadensbegrenzung bei seinem »Führer« bemüht, ließ sich Göring mehrere Male an der Front blicken, wurde aber dafür nur mit höhnischer Verachtung gestraft. Er solle doch bloß diese »lächerlichen Frontfahrten« lassen, spottete der Kriegsherr. In der Luftwaffe gab es nicht mehr viel zu tun. Wegen des Treibstoffmangels wurden kaum noch Einsätze geflogen. Im Vergleich zu Großadmiral Dönitz, dessen Kriegsmarine unter Aufbietung aller Kräfte Soldaten und Zivilisten aus den umkämpften Ostgebieten holte, hatte Göring nichts mehr zu bieten. Insgeheim rechnete er mit dem Ende und schrieb am 12. Februar sein Testament.

Emmy, jetzt ist nichts mehr zwischen den Russen und uns. Hätten wir den Gegner am Westwall und der Weichsel halten können, wäre die Möglichkeit eines Kompromisses noch vorhanden gewesen.
Göring zu seiner Frau, Januar 1945

In der Nacht vom 13. auf den 14. Februar 1945 brach die Hölle des Bombenkrieges mit unbeschreiblicher Wucht über Dresden herein. 773 RAF-Bomber griffen das deutsche »Elbflorenz« in zwei Wellen an. Die wenigsten Flieger wussten, dass Dresden eine der schönsten Städte Europas war. Im ganzen Reichsgebiet stiegen nur 27 Nachtjäger auf, um den furchtbarsten aller Luftangriffe auf Deutschland zu bekämpfen. Tausende Spreng- und Brandbomben entfachten einen Feuersturm, der dem ähnelte, der Hamburg zwei Jahre zuvor zerstört hatte. Das Inferno wurde durch Bombardierungen der US-Luftflotte am 14. und 15. Februar noch verstärkt. Ungefähr 35 000 Menschen fanden bei den Angriffen den Tod. Über 9000 der Opfer wurden auf primitiven Scheiterhaufen auf dem Dresdner Altmarkt verbrannt.

Während Dresden in Schutt und Asche zerfiel, sorgte Göring dafür, dass erste Ladungen seiner Kunstschätze in einem Bergstollen bei Berchtesgaden

»Namenloses Sterben«: Auf dem Dresdner Altmarkt werden die Opfer des 13. Februar 1945 verbrannt

versteckt wurden. In der Bevölkerung kursierten inzwischen bissige Witze über den Reichsmarschall. Die Briten hörten, wie ein in Gefangenschaft geratener Regimentskommandeur erzählte, Göring heiße jetzt »Tengelmann« – nach der bekannten Ladenkette in Deutschland –, da er »in jeder Stadt eine Niederlage« habe. Angesichts des Kanonendonners, der von der Oder herüberdröhnte, sah Göring das unaufhaltbare Ende nahen. Aber nach wie vor klammerte er sich an die Hoffnung, Hitler würde vielleicht jetzt nachgeben und ihm, Göring, erlauben, noch einen Verhandlungsfrieden für Deutschland zu erreichen. In völliger Verkennung der Lage glaubte der Reichsmarschall selbst in jenen Tagen noch an eine »Remis-Chance«. Göring driftete mehr und mehr in eine Wahnwelt ab. So ließ er einen seiner raren Wisente erschießen und das Fleisch an die Flüchtlinge aus dem Osten verteilen.

Von allen Seiten unter Druck gesetzt, genehmigte er im März 1945 den ersten und letzten Selbstmordeinsatz der Luftwaffe. Mehrere hundert Freiwillige meldeten sich zu dem »Unternehmen Elbe«. Einige von denen, die sich im altmärkischen Stendal zu ihrer vielleicht letzten Mission versammelten, hatten nichts mehr zu verlieren. Der Krieg hatte ihnen Eltern, Frau, Kinder und ihren Besitz genommen. Die schier unmögliche Aufgabe hieß: viermotorige Bomber von vorne zu rammen. Durch den Aufprall sollte Panik bei den amerikanischen Besatzungen entstehen. Es war die deutsche Version des Kamikaze.

Werner Zell, der sich im Alter von 21 Jahren als »Rammjäger« meldete, erinnert sich noch gut an die vorzügliche Verpflegung, mit der man die Moral der Todesflieger hochhielt. »Wie im Schlaraffenland« habe er sich gefühlt. Auf einmal war alles da: Wein, Schnaps, Wurst, echter Kaffee, Schokolade und sogar Zigaretten. Am Einsatztag rief man die Piloten in einen größeren Raum. Hinter Tischen saßen dort mehrere Offiziere in Galauniform. Die Flieger hingegen trugen primitive Overalls, die so genannten »Knochensäcke«. Nicht einmal wärmende Unterwäsche gab man ihnen: »Wir waren also praktisch von diesen Leuten, die den Einsatz befohlen hatten, schon abgeschrieben.« In einer tollkühnen Aktion gelang es Zell tatsächlich einen der feindlichen Bomber zu rammen: »Ich sah noch, wie der Heckschütze seine beiden Bordwaffen nach unten gerichtet hatte und vor Schreck die Hände vors Gesicht schlug. Das Ganze ging wahnsinnig schnell. … Den Moment des Zusammenstoßes kann ich Ihnen nicht schildern, denn ich glaube, ich hatte versucht, meine Hand vor die Augen zu halten, oder hatte die Augen geschlossen. Ich bin wach geworden und merkte, ich stürze ab. Ich habe den Hebel des Kabinendaches umgelegt, das flog nicht weg. Ich habe dann den Notzug gezogen. Als das Dach immer noch nicht runterflog, habe ich mich abgeschnallt vom Sitz, bin mit den Schultern hoch und dagegen, und es hat sich nicht gelöst. Das waren die schlimmsten Momente meines Lebens, weil ich dachte: Jetzt gehst du ungespitzt mit der 109 in den Boden.«

Für den jungen Piloten kam die Rettung in buchstäblich letzter Sekunde, ausgerechnet durch den Gegner. Ein amerikanischer Jagdflieger beschoss seine Maschine, endlich löste sich das Kabinendach. Der Luftstrom riss Zell aus dem Cockpit heraus. Dabei kugelte er sich den Arm aus und brach sich einen Schlüsselbeinknochen. Trotz unerträglicher Schmerzen gelang es Werner Zell, seinen Fallschirm zu öffnen. Bewusstlos landete er auf einem Feld. Dort fand ihn ein Bauer, der sich um den verletzten »Rammjäger« kümmerte. Bei dem letzten verzweifelten »Sonderkommando« von Görings Luftwaffe fielen 77 Piloten. Nur 15 Jäger kehrten zurück. Die anderen hatten wie Werner Zell einen persönlichen Schutzengel und konnten sich mit dem Fallschirm retten. Die deutsche Luftwaffe hatte aufgehört zu existieren.

Der Untergang

Die Zeit des Abschieds war gekommen. Am 20. April verließ Göring seinen Waldhof Carinhall endgültig. Zurück blieb nur ein Sprengtrupp der Luftwaffe, der die Gebäude beim Näherrücken der Roten Armee mit über achtzig Fliegerbomben in die Luft jagen sollte. Noch einmal fuhr Göring nach Berlin, wo Hitler seinen sechsundfünfzigsten und letzten Geburtstag feierte. Durch die zerstörten Straßen der Hauptstadt führte ihn sein Weg in die Reichskanzlei, wo er zum letzten Mal dem Mann gegenüberstand, dem er in blinder Ergebenheit bei allen Verbrechen gefolgt war. Er werde Hitler bis in den Tod treu bleiben, hatte Göring mehr als zwanzig Jahre zuvor gelobt. Jetzt war er entschlossen, seinen »Führer« und die Reichshauptstadt vor der herannahenden Roten Armee so schnell wie möglich zu verlassen. Für alle überraschend hatte der Reichsmarschall seinen pompösen Kleidungsstil abgelegt. Statt in der taubenblauen Galauniform des Reichsmarschalls erschien er in schlichtem braungrauem Tuch; die sonst fünf Zentimeter breiten, goldgeflochtenen Achselstücke hatte er durch einfache Schulterklappen aus Stoff ersetzt, auf denen sein Rangabzeichen, der goldene Reichsmarschall-Adler, geheftet war. »Wie ein amerikanischer General«, flüsterte einer der Anwesenden.

Noch einmal, zum letzten Mal, versammelte sich die Führung des »Dritten Reichs« inmitten der zerstörten Reichshauptstadt, um ihrem »Führer« zum Geburtstag zu gratulieren. Noch einmal, zum letzten Mal, hatte sich Hitler hierfür aus dem Bunker unter der Reichskanzlei in die oberen, noch halbwegs präsentablen Räume begeben. Die Paladine des untergehenden »Tausendjährigen Reichs«, Hermann Göring, Joseph Goebbels, Heinrich Himmler und Martin Bormann, Albert Speer, Joachim von Ribbentrop, einige Gauleiter sowie die Spitzen der Wehrmacht waren gekommen, um ihre Glückwünsche zu überbringen. Nacheinander traten sie zu Hitler, »der ihre Glückwünsche den Umständen entsprechend kühl und fast abwehrend entgegennahm«, wie einer der Anwesenden bemerkte. Nach dem kurzen Empfang, bei dem eine festliche Stimmung nicht aufkommen wollte, folgten die Paladine Hitler zurück in den Bunker, wo sie an der anschließenden Lagebesprechung teilnahmen.

Die militärische Lage des Reichs und seiner Hauptstadt war verzweifelt, das war allen Anwesenden bewusst. Ende März war die Rheinfront, die letzte große Verteidigungslinie im Westen, zusammengebrochen. Aus ihren Brückenköpfen bei Remagen und Wesel waren britische und amerikanische Truppen im Eiltempo in das Innere des Reichs vorgedrungen und hatten im Ruhrgebiet die komplette Heeresgruppe B eingeschlossen, die am 16. April kapitulieren musste. 300 000 deutsche Soldaten gingen in Gefangenschaft, während ihr Oberbefehlshaber, Feldmarschall Walter Model, sich in einem Waldstück südlich von Duisburg erschoss. Schon am 12. April erreichten die Amerikaner südlich von Magdeburg und am 19. April die Briten bei Lauenburg die Elbe. Parallel dazu hatte die Rote Armee Mitte April ihre finale Offensive gegen die Reichshauptstadt begonnen. Am 20. April eroberten Stalins Armeen das nur gut 15 Kilometer nordöstlich von Berlin gelegene Städtchen Bernau. Der Endkampf um Berlin, die letzte Schlacht, hatte begonnen.

Die katastrophale Situation im Westen und Osten des Reichs, wo der Feind nun bereits wenige Kilometer vor Berlin stand, bot wenig Ermutigendes für die hochkarätige Gratulantenschar, die sich bei der Lagebesprechung im »Führer«-Bunker um Hitler drängte. Hauptthema war das schnelle Vordringen der Roten Armee in Richtung Elbe, das ihre baldige Vereinigung mit den dort schon stehenden Amerikanern und Briten und damit eine Trennung des Reiches immer wahrscheinlicher werden ließ. Hitler setzte daher eine bereits vorbereitete Weisung in Kraft, die dem Oberbefehlshaber der Kriegsmarine, Großadmiral Karl Dönitz, für diesen Fall das Kommando im

»Die Lage ist zum Verzweifeln«: Keitel, Göring und Dönitz nach einer Kranzniederlegung zum »Heldengedenktag« in der Neuen Wache Berlin, 11. März 1945

Nordraum zuwies. Im Süden sollte der Oberbefehlshaber West, Feldmarschall Albert Kesselring, das Kommando übernehmen.

Bis zum Vorabend hatte Hitler noch mit dem Gedanken gespielt, sich in sein Domizil auf dem Obersalzberg abzusetzen und von dort aus den Endkampf zu befehligen. Goebbels hatte ihm heftig abgeraten: Ein Mann von seiner Größe dürfe sich nicht in seinem Sommerhaus verkriechen. Nur in Berlin, auf das die Augen der Welt gerichtet seien, könne ein »moralischer Welterfolg« erzielt werden. Es war wohl dieser Hinweis, der den stets auf Wirkung bedachten Diktator überzeugte. Er sei mit sich über Nacht ins Reine gekommen und werde in der Hauptstadt bleiben, erklärte Hitler den Anwesenden. Als diese ihn nach einem kurzen Moment der Überraschung bestürmten, Berlin, »solange es noch ginge«, zu verlassen und den Kampf vom Obersalzberg weiterzuführen, wies Hitler alle Argumente und Bitten zurück. »Wie soll ich die Truppen zum entscheidenden Kampf um Berlin bewegen, wenn ich mich im gleichen Augenblick in Sicherheit bringe.« Albert Speer schien es, als wäre Hitler in diesem Augenblick von der Größe seiner Entscheidung, in Berlin auszuharren und sein Leben aufs Spiel zu setzen, selbst ergriffen gewesen.

Während des langen Vortrags saß Hermann Göring wie auf glühenden Kohlen. Der Reichsmarschall, laut Hitlers Erlass noch immer zweiter Mann im Staat, war entschlossen, die Stadt auf den immer schmaler werdenden Fluchtkorridoren so schnell wie möglich Richtung Süddeutschland zu verlassen. »Kaum war die Lagebesprechung beendet, die Generäle verabschiedet, als sich Göring verstört an Hitler wandte«, berichtete Albert Speer später die denkwürdige Abschiedsszene, »er habe in Süddeutschland dringendste Aufgaben zu erledigen, er müsse noch in der gleichen Nacht Berlin verlassen. Hitler sah ihn geistesabwesend an. Mit gleichgültigen Worten gab er Göring die Hand, ließ sich nicht anmerken, dass er ihn durchschaute. Ich stand wenige Schritte von beiden entfernt und hatte das Gefühl eines historischen Augenblicks: Die Führung des Reiches ging auseinander.«

Seinen Abgang aus der irrealen Bunkerwelt hatte Göring sorgfältig organisiert: Er selbst war reisefertig aus Carinhall zum »Führer«-Bunker gekommen, die Dienstwagen waren beladen und alle nötigen Anordnungen getroffen. Dennoch verzögerte sich die Ankunft des Reichsmarschalls im Luftwaffenhauptquartier Wildpark-Werder, von wo aus die Reise nach Süden nach einem kurzen Zwischenstopp weitergehen sollte. Immer wieder musste der Luftwaffenchef, der einst »Meier« hatte heißen wollen, wenn je ein feindliches Flugzeug in den deutschen Luftraum eindringen sollte, in den öffentlichen Luftschutzbunkern von Berlin Zuflucht nehmen. Seine joviale Popularität war noch in der Stunde des Untergangs spürbar: Selbst angesichts des totalen Scheiterns gab Göring sich leutselig und witzelte gegenüber zufälligen Bunker-Nachbarn über seinen viel zitierten »Meier«-Ausspruch. Noch unter dem Bombenhagel der Kriegsgegner schlug dem Chef der Luftwaffe eher Freundlichkeit als Hass entgegen. Man sandte sogar Boten aus den Nachbarbunkern, er möge auch dort vorbeikommen – und trotz aller Hast, der verglühenden Hauptstadt den Rücken zu kehren, nahm Göring sich die Zeit dazu. Umso eiliger hatte er es, nach einem kurzen Aufenthalt in Wildpark-Werder weiterzukommen. Um drei Uhr morgens hörte General Koller, der Generalstabschef der deutschen Luftwaffe, der nach dem Willen Hitlers anstelle von Göring in Berlin bleiben musste und in seinem Dienstgebäude auf eine Unterredung mit Göring wartete, Motorengedröhn: »In diesem Augenblick fährt Göring an der Spitze seiner Wagenkolonne in hohem Tempo an meinem Hause vorbei und durch das Tor bei der Hauptwache hinaus. Abgefahren ohne Aussprache und Abschied.«

Der Reichsmarschall [war] Ende 1944, Anfang 1945 – den Zeitpunkt kann ich nicht mehr genau sagen – in einem öffentlichen Luftschutzkeller ohne jegliche Begleitung oder Bewachung, unterhielt sich freundlich mit den Leuten und wurde mit seinem alten Ruf »Hermann, halt die Ohren steif!« begrüßt.

Bernd von Brauchitsch, Adjutant Görings, Aussage in Nürnberg

Während die Rote Armee in die Vororte Berlins einrückte, erwartete Göring in seinem – für die eigenen Verhältnisse bescheidenen – Domizil auf dem Obersalzberg in sicherer Entfernung vom tobenden »Führer« das un-

»In Süddeutschland dringendste Aufgaben erledigen«: Während die ersten sowjetischen Panzer in die Vororte Berlins einrückten, zog sich Göring nach Bayern zurück

aufhaltsame Ende des »Dritten Reichs«. Bereits 1933 hatte er sich dort oberhalb des »Berghofs« eine erste Bleibe errichten und später zu einem Landhaus ausbauen lassen. Sosehr er den Prunk liebte, in Hitlers Nachbarschaft legte Göring Bescheidenheit an den Tag. Er war klug genug gewesen, das Anwesen des »Führers« nicht übertrumpfen zu wollen und damit dessen ländliche Idylle zu stören. Polierte Decken, sparsame Farben, gut verarbeitetes Holz – alles war gediegen, insgesamt aber hätte sich Görings Landsitz in der »Großen Halle« von Carinhall unterbringen lassen. In dieser bürgerlichen Idylle richtete sich Göring ein, während er gespannt auf Nachrichten aus Berlin wartete. Noch immer hoffte er auf die Früchte seiner zwölfjährigen »Fronarbeit« als zweiter Mann des »Dritten Reichs«: einmal aus dem Schatten des »Führers« herauszutreten, einmal dessen Nachfolge zu übernehmen. »Versuchen Sie mal, zwölf Jahre Kronprinz zu spielen«, beklagte er sich ein Jahr später bei dem Gefängnispsychologen Gilbert, »immer dem König treu ergeben, mit vielen seiner politischen Aktionen nicht einverstanden, aber unfähig, etwas dagegen tun zu können, und dann das Beste aus der Situation machen zu müssen.«

Am 22. April 1945 schien Görings Warten ein Ende zu haben. Im Bunker der Reichskanzlei verfiel der Diktator in Untergangsstimmung. Vergeblich hatte er in den letzten Tagen nach Armeen gerufen, die fast nur noch in seiner Einbildung existierten und die die belagerte Hauptstadt befreien sollten. Besondere Hoffnung hatte Hitler auf die 11. Panzerarmee unter dem General der Waffen-SS, Felix Steiner, gesetzt. Auf einen Truppenführer wie ihn, dem Goebbels noch im März 1945 einen »hervorragenden Eindruck« bescheinigte, glaubte sich Hitler eher verlassen zu können als auf die Generäle des Heeres, die er mehr und mehr der Untreue und des Verrats bezichtigte. Doch zum ersten Mal zögerte auch Steiner, einem »Führer«-Befehl Folge zu leisten. Mehrfach rief ihn Hitler an und verlangte von ihm, den Angriff so schnell wie möglich zu beginnen, doch nichts geschah. »Ich hatte ja nichts, womit ich hätte angreifen können«, begründete Steiner nach dem Krieg seine Untätigkeit. »Ich wollte nicht die Soldaten an ein Unternehmen verlieren, das von Anfang an zu einem vernichtenden Fehlschlag geworden wäre.« Als Hitler bei der Lagebesprechung am Nachmittag des 22. April erfuhr, dass Steiner noch immer nicht angegriffen habe, war es um seine Beherrschung geschehen. Er sprang auf, warf seine Stifte über den Kartentisch, tobte und brüllte. Am ganzen Körper zitternd, schrie er mit sich immer wieder überschlagender Stimme von Verrat und Feigheit, von Ungehorsam und Unfähigkeit. Waffen-SS und Wehrmacht hätten versagt, er stehe nun allein.

Seit Jahren sei er von Verrätern umgeben, von Korruption, Schwächen und Lügen. Er fuchtelte mit den Fäusten, Tränen rannen ihm über die Wangen. Alle Anwesenden starrten stumm und peinlich berührt vor sich hin. Unter diesen Umständen könne er nicht mehr führen, lamentierte Hitler, seine Befehle würden nicht mehr befolgt, er wisse nicht weiter. »Der Krieg ist verloren«, schrie er, »aber wenn Sie, meine Herren, glauben, dass ich Berlin verlasse, irren Sie sich gewaltig! Eher jage ich mir eine Kugel durch den Kopf.« Ermattet sank er zusammen. Ebenso plötzlich, wie der Wutausbruch begonnen hatte, war er wieder vorüber. Erschöpft saß Hitler auf seinem Stuhl und jammerte: »Jetzt ist alles verloren. Es ist alles aus. Ich erschieße mich.«

Minutenlang herrschte betroffenes Schweigen. Zum ersten Mal hatte Hitler zugegeben, dass der Krieg verloren war, erstmals offen davon gesprochen, sich umzubringen.

Die Nachricht vom Zusammenbruch Hitlers verbreitete sich in Windeseile im Führungszirkel außerhalb der Reichskanzlei. Am Abend erfuhr auch der Generalstabschef der Luftwaffe, Koller, von den dramatischen Ereignissen im Bunker. Noch in der Nacht machte er sich mit einem Flugzeug auf den Weg nach Berchtesgaden, um Göring persönlich Bericht zu erstatten. Um die Mittagszeit des 23. April traf der General müde und staubig in Görings Domizil ein. Der befand sich gerade in Gesellschaft seines Chefadjutanten von Brauchitsch und des Reichsleiters Bouhler, als Koller die Neuigkeiten aus Berlin überbrachte: Hitler, erzählte Koller, habe sich aufgegeben, den Entschluss gefasst, im »Führer«-Bunker in Berlin zu bleiben und sich im letzten Augenblick zu erschießen. Als ihn die Anwesenden bestürmt hätten, weiterzukämpfen, habe er nur geantwortet: »Was heißt kämpfen? Da ist nicht mehr viel zu kämpfen, und wenn's aufs Verhandeln ankommt, das kann der Reichsmarschall besser als ich.« Das vermeintliche Lob – und dies verschwieg Koller – war freilich erst durch einen bösen Seitenhieb gegen Göring zustande gekommen: Auf Hitlers Lamento, dass doch alles auseinander ginge, er könne das nicht, und das solle dann der Reichmarschall machen, war aus dem Kreis der Anwesenden die höhnische Bemerkung gefallen: Kein Soldat werde an der Seite des Reichsmarschalls kämpfen.

Göring sei auf seinen Bericht hin betroffen, aber nicht besonders erstaunt gewesen, berichtete Koller später. Ganz genau habe der Reichsmarschall sich die militärische Lage in und um Berlin erläutern lassen und sich erkundigt, ob Hitler noch lebe und ob er seinen Entschluss nochmals ändern könne. Koller und Bouhler versuchten seine Zweifel auszuräumen. Selbst wenn dies geschehe, erklärten sie, sei es Sache des Reichsmarschalls, nun zu handeln, da Hitler sich mit seiner Entscheidung zum »Stadtkommandanten von Berlin« gemacht und praktisch selbsttätig von der Führung des Staates und der Wehrmacht ausgeschaltet habe. Obwohl Göring diese Auffassung teilte, hatte er seine Bedenken. Seine größte Sorge galt der Frage, ob Hitler seinen ewigen Rivalen Bormann inzwischen an seiner statt zum Stellvertreter oder Nachfolger bestellt habe. »Bormann ist mein Todfeind«, erklärte Göring. »Der wartet nur darauf, mich umzulegen. Handle ich jetzt, stempelt man mich zum Verräter, handle ich nicht, macht man mir zum Vorwurf, dass ich in den schwersten Stunden versagt habe.«

Mit zwiespältigen Gefühlen holte er vor den Augen Kollers und Bouhlers aus einer Stahlkassette das Gesetz vom 29. Juni 1941, um sich noch einmal den Wortlaut der von Hitler getroffenen Nachfolgeregelung zu vergegenwärtigen. »Wenn ich in meiner Handlungsfreiheit beschränkt sein oder durch irgendwelche Ereignisse ausfallen sollte, so ist der Reichsmarschall Hermann Göring mein Stellvertreter beziehungsweise Nachfolger in allen Ämtern von Staat, Partei und Wehrmacht.« Noch immer im Zweifel, ob es nun an ihm war, die Stelle als legitimer Nachfolger einzunehmen und rechtskräftig zu machen, zog Göring den Chef der Präsidialkanzlei, Reichsminister Lammers, hinzu, der das Gesetz für gültig erklärte. Endlich schlug Koller vor, Göring möge alle Unsicherheiten per Funkspruch an Hitler aus dem Weg räumen. Der Reichsmarschall selbst diktierte einen langen, schwülstigen Funkspruch, der viele Beteuerungen enthielt und zu umfangreich war, um in dieser Form gesendet zu werden. Schließlich wurden Koller und Brauchitsch jeweils mit einem Entwurf beauftragt. Nach einigem Hin und Her setzte Göring am Nachmittag folgendes Telegramm an Hitler ab: »Mein Führer, sind Sie einverstanden, dass ich nach Ihrem Entschluss, in der Festung Berlin auszuharren, auf Grund des Gesetzes vom 29. 6. 41 nunmehr die Gesamtführung des Reiches mit allen Vollmachten nach innen und außen übernehme? Wenn ich bis 22 Uhr keine Antwort erhalte, nehme ich an, dass Sie Ihrer Handlungsfreiheit beraubt sind, und werde ich die Bedingungen Ihres Gesetzes als gegeben betrachten und nach eigenem Ermessen aufs beste für die Interessen unseres Landes und Volkes handeln. Was ich in dieser schwersten Stunde meines Lebens empfinde, kann ich nicht aussprechen. Der Herrgott schütze Sie, und ich hoffe, dass Sie doch noch aus Berlin hierher kommen. Ihr getreuer Hermann Göring.«

Um sicherzugehen, dass die Übermittlung des Telegramms in den »Führer«-Bunker reibungslos funktionierte, ließ Göring die Funkerstelle eigens zu diesem Zweck mit einem Generalstabsmajor besetzen. Im Anschluss an das

Telegramm an Hitler ordnete Göring weitere Funksprüche an. Oberst von Below, der Luftwaffenadjutant Hitlers, sollte gewährleisten, dass dieser Görings Telegramm im Wortlaut erhielt. An OKW-Chef Keitel sowie an Außenminister von Ribbentrop erging die Order: »Wenn Sie bis 23. 4. 45, 24 Uhr, keinen anderen Bescheid vom Führer direkt oder von mir erhalten, bitte ich Sie, unverzüglich auf dem Luftwege zu mir zu kommen.« Per Funkspruch informierte Göring auch Bormann darüber, dass er Hitler ein Telegramm geschickt habe, und bat ihn, den »Führer« dazu zu bewegen, Berlin zu verlassen. Nachdem alle Botschaften abgesetzt waren, nahm Göring gemeinsam mit Koller und Bouhler ein spätes und hastiges Mittagessen ein. Die Dinge waren nun in Bewegung, jetzt hieß es abwarten. Wenn alles glatt lief, würde er schon in wenigen Stunden der *erste* Mann des »Dritten Reichs« sein.

Görings Telegramm wurde anscheinend wohl nicht ganz richtig von Bormann interpretiert. … Jedenfalls gab es dann eine Explosion. Hitler bekam einen Wutausbruch und hat das als Verrat empfunden. Göring war für ihn fortan ein Verräter.

Traudl Junge, Sekretärin Hitlers

Während des Essens gab Göring seine weiteren Absichten bekannt. In völliger Verkennung der tatsächlichen Lage und seiner eigenen Bedeutung wollte er am nächsten Tag zu General Eisenhower fliegen – überzeugt davon, es stehe in seiner Macht, in einem schicksalhaften Gespräch »von Mann zu Mann« ein rasches Einvernehmen über das weitere Schicksal Deutschlands zu erzielen. Außerdem beauftragte er Koller damit, einen Appell an die Wehrmacht und das deutsche Volk zu verfassen, der Utopisches enthielt: »Die Russen müssen nach diesem Aufruf glauben, dass wir den Kampf gegen Ost und West unverändert fortsetzen, die Amerikaner und Engländer aber müssen daraus lesen können, dass wir nicht mehr daran denken, den Kampf im Westen weiterzuführen, sondern nur gegen die Sowjets. Und unsere Soldaten müssen entnehmen, dass der Krieg weitergeht, aber gleichzeitig das Gefühl bekommen, es geht doch irgendwie zu Ende und mit für uns günstigeren Aussichten als bisher.« Die Quadratur des Kreises wäre eine leichtere Aufgabe gewesen.

In diesen Stunden zwischen Mittag und Abend des 23. April glaubte Göring an seine Chance, noch einmal groß rauszukommen. Das Reichskabinett wollte er sofort umbilden, Ribbentrop ersetzen und das Außenministerium am liebsten selbst übernehmen, was wegen der »großen, ihm zufallenden Aufgaben« aber unmöglich sei. »Jetzt, nachdem die Würfel mehr oder weniger gefallen sind, ist Göring sehr frisch und tatendurstig. Geradezu, als ob ein schwerer Druck von ihm gewichen wäre. Er freut sich richtig darauf, mit den Amerikanern in Verbindung zu treten, und betont immer

Ich habe niemals, selbst nicht während der einflussreichsten Jahre meines Lebens, einen solchen Einfluss auf Hitler gehabt wie Bormann in den letzten Jahren. Wir nannten Bormann den »kleinen Sekretär, den großen Intriganten und das dreckige Schwein«.

Göring, 1945

wieder, dass er mit den Amerikanern und Engländern bestimmt gut zusammenarbeiten könnte«, hielt General Koller in seinen Tagebuchaufzeichnungen fest. »Früher habe ich ihn, wenn er in einer Sache Hitler vergeblich opponiert hatte und dann in seiner Scheu vor ihm dessen Worte und Ausführungen hernach im Brustton der Überzeugung als seine eigene Auffassung vertrat, oft die ›Stimme seines Herrn‹ ... genannt. Nun ist er irgendwie anders geworden. Beim Essen strahlt er und freut sich auf neue Aufgaben. Wir sprechen noch davon, dass er sich isoliert auf dem Berg befinde, inmitten von SS, und keinen Schutz habe. Es gerät uns gar nicht in den Sinn, dass besondere Maßnahmen in dieser Hinsicht nötig sein könnten.«

Während Göring sich auf dem Obersalzberg wolkigen Wunschträumen über die Zukunft hingab, wetzte Martin Bormann im Bunker unter der Reichskanzlei den Dolch für die finale Intrige gegen den verhassten Reichsmarschall. Nach der Lagebesprechung am 23. April war Albert Speer im Bunker umhergeschlendert, als er auf einmal im Flur aufgeregte Stimmen hörte. Görings Telegramm war eingetroffen. Eilig brachte Bormann es zum »Führer« und interpretierte den Text nach seinem eigenen Gutdünken: Das sei ein Staatsstreich. Der Reichsmarschall erdreiste sich, Hitler ein Ultimatum zu stellen, indem er bis 22 Uhr eine Antwort fordere. Angesichts der Nachrichten, die Göring aus Berlin erhalten hatte, und seiner offensichtlichen Loyalitätsbekundung im Telegramm war dies eine böswillige Unterstellung. In der Tat scheint Hitler Görings Telegramm trotz Bormanns Hetztiraden auch ruhig, fast apathisch zur Kenntnis genommen zu haben. Dies änderte sich erst, als kurz vor 18 Uhr auch Görings Telegramm an Reichsaußenminister von Ribbentrop im »Führer«-Bunker eintraf. Begierig griff Bormann den zweiten Funkspruch auf: »Göring übt Verrat«, geiferte er, »er sendet bereits Telegramme an die Regierungsmitglieder und teilt ihnen mit, dass er aufgrund seiner Vollmachten Ihr Amt, mein Führer, heute Nacht um 24 Uhr antreten werde!« Jetzt erst erregte sich auch Hitler. »Ich weiß es schon lange!«, schrie er mit hochrotem Kopf. »Ich weiß, dass Göring faul ist. Er hat die Luftwaffe verludern lassen. Er war korrupt. Sein Beispiel hat die Korruption in unserem Staate möglich gemacht. Zu allem ist er seit Jahren Morphinist. Ich weiß es seit langem!«

In der dumpfen und hoffnungslosen Atmosphäre des Berliner Bunkers wurde der Abwesende zum willkommenen Sündenbock, dem die ganze Verantwortung für den Untergang des Reiches zugeschoben wurde. Auch Goebbels ließ an Göring kein gutes Haar mehr: »Dieser Mann war nie ein Nationalsozialist. … Er sonnte sich nur im Glanz des Führers, aber nie hat er nationalsozialistisch und idealistisch gelebt. Er ist schuld, dass die deutsche Luftwaffe versagt hat, ihm verdanken wir, dass wir jetzt hier sitzen und den Krieg verlieren müssen.« Während Hitler und Goebbels hysterisch vor sich hin gifteten, schritt Bormann zur Tat. Am Nachmittag des 23. April warf er im Namen des »Führers« eilig ein paar hasserfüllte Worte aufs Papier, die Görings Schicksal besiegeln sollten. Welche Genugtuung, wenn er nun, da die eigenen Tage gezählt waren, über den ewigen Rivalen triumphieren sollte! »Umstellt sofort Haus Göring und verhaftet sofort unter Brechung jeden Widerstands den bisherigen Reichsmarschall Hermann Göring. Gezeichnet Adolf Hitler«, lautete der »Führer«-Befehl aus Bormanns Feder, den Bernhard Frank, der Kommandeur der SS-Einheit auf dem Obersalzberg, am späten Nachmittag des 23. April 1945 in den Händen hielt. Görings Griff nach der Macht in letzter Stunde hatte sich als fatale Fehleinschätzung erwiesen.

Bei Einbruch der Dunkelheit erhielt Göring die mit Spannung erwartete Antwort Adolf Hitlers, die nichts Gutes ahnen ließ: »Der Erlass vom 29. 6. 1941 tritt erst nach meiner besonderen Genehmigung in Kraft. Von einer Handlungsfreiheit kann keine Rede sein. Ich verbiete daher jeden Schritt in der von Ihnen angedeuteten Richtung.« De facto hatte Hitler damit die Nachfolgeregelung außer Kraft gesetzt. Panisch ließ Göring Fernschreiben an Ribbentrop, Himmler und das OKW übermitteln, in denen er den Inhalt seiner Telegramme vom Nachmittag für nichtig erklärte. Doch es war zu spät, Göring, der über Jahre hinweg keinerlei Skrupel gegenüber seinen Gegnern gekannt hatte, saß in der Falle. Gegen 20 Uhr wurden die Telefonleitungen seines Landhauses gekappt, eine knappe Stunde später versperrte eine Postenkette der SS auf Befehl Franks den Zugang zum Haus. Wenig später machte sich Frank auf den Weg, Göring in seinem Domizil zu verhaften. Dort angekommen, sah er auf dem Weg ins obere Stockwerk die verstörte Emmy weinend hinter der nächsten Tür verschwinden. Göring selbst saß in schlichter Felduniform am Schreibtisch seines Arbeitszimmers, bei ihm waren SS-Obersturmführer Bredow und von Brauchitsch. Angesichts seines Auftrags, den nach Hitler einst mächtigsten Mann des Reiches festzunehmen, war Frank nicht wohl in seiner Haut. »Ich wusste ja nicht, was in Berlin los ist. Können die überhaupt noch?«, erinnert sich Frank heute an sein damaliges Dilemma: »Da habe ich überlegt, was ich machen soll, und habe gesagt: ›Herr Reichsmarschall, ich habe einen Funkspruch vom Führer bekommen.‹ Und dann kam eine lange Pause, in der er nachgedacht hat, was ich damit will. Denn normalerweise hätte ich ihn ja verhaften müssen. Und dann sagte er: ›Zeigen Sie mal her.‹ Dann habe ich ihm den Funkspruch gegeben, und dann gab es wieder eine lange Pause. Dann hat er gesagt: ›Dann müssen Sie mich wohl verhaften.‹ Also, ich habe ihn nicht verhaftet, er hat sich selbst verhaftet. So habe ich das gesehen.«

Noch in seinem Sturz behielt Göring Privilegien. Er wurde nicht in ein Gefängnis überführt, sondern durfte, bewacht durch ein SS-Kommando unter dem Befehl von Bredows, in einer Art Hausarrest in seinem Landsitz bleiben. Noch glaubte er fest daran, seine Verhaftung sei ein unglückliches Missverständnis, das sich bald klären werde. Einige Stunden später wurde er eines Schlechteren belehrt: In einem weiteren Telegramm ließ Hitler Göring über einen von Bormann verfassten und an Frank adressierten Funkspruch davon in Kenntnis setzen, er sei des Hochverrats schuldig und habe eigentlich die Todesstrafe verdient, von der er nur wegen der früheren Leistungen des Reichsmarschalls absehe, sofern dieser von allen seinen Ämtern zurücktrete und auf das Recht der Nachfolge verzichte. Umgehend schickte Göring die gewünschte Erklärung nach Berlin, doch seine völlige Unterwerfung nutzte ihm nichts. Bormanns Rachsucht gipfelte schließlich in einem an Frank adressierten Erschießungsbefehl: »Die Schlacht um Berlin nähert sich ihrem Höhepunkt. Sollten wir fallen, so haben Sie den Hoch- und Landesverräter Hermann Göring zu erschießen. Hitler f.[ür] d.[ie] R.[ichtigkeit] Bormann.«

Während Göring verzweifelt nach einem Ausweg aus seinem Dilemma suchte, dröhnte am Vormittag des 25. April 1945 der Himmel über dem Obersalzberg. 318 Bomber der Royal Air Force luden ihre todbringende Fracht über dem Refugium der braunen Bonzen ab. Der einst mächtigste Mann nach Hitler war gezwungen, sich mit Frau und Kind in den Keller seines Hauses zu flüchten, da ein SS-Mann ihnen den Zutritt in den weitaus sichereren Luftschutzbunker verwehrte. Erst als eine zweite Welle der viermotorigen Lancaster-Bomber herannahte, durften die Görings die 288 Stufen zum großen Bunker hinabhasten. Als die Maschinen nach rund 20 Minuten wieder abdrehten, »überwölbte ein strahlend blauer Frühlingshimmel eine schrecklich veränderte Szene«, heißt es in den Erinnerungen Bernhard Franks. Das »Führersperrgebiet« glich einer Mondlandschaft. »Die Straßen aufgewühlt von dicht aneinander gereihten Bombentrichtern. Das Gelände bis zur Unkenntlichkeit gesprengt, geschwärzt, zerfetzt. Die an den vergangenen Winter erinnernden Schneereste und das erste zaghafte Grün des Frühlings waren zergangen. Der Berghof, die Häuser Bormanns und Görings einschließlich der SS-Kaserne waren zum großen Teil bis auf den Grund zerstört oder schwer beschädigt.«

Die heile Welt am Obersalzberg versank in Trümmern – und mit ihr lösten sich die Loyalitäten in Görings engster Umgebung auf. Schon seine Verhaftung wurde von einem Untergebenen mit krimineller Energie ausgenutzt: In der allgemeinen Verwirrung ging Emmys Chauffeur zu deren Zofe und forderte die Übergabe eines Koffers mit Juwelen, angeblich, um ihn in Sicherheit zu bringen. Die gutgläubige Zofe erfüllte die Forderung – und Fahrer samt Koffer wurden nicht mehr gesehen. Viel schwerer mag den Reichsmarschall getroffen haben, dass in den Stunden der Not selbst »treue Kameraden« wie Bruno Loerzer den Zeitpunkt für gekommen hielten, sich von ihm abzusetzen. Neben 78 Kisten persönlicher Habe nahm Loerzer auch Paul Körner mit, den Göring wie Loerzer für einen seiner besten Freunde gehalten hatte.

Wenige Stunden später schien sich für Göring eine winzige Chance aufzutun, das Blatt doch noch einmal zu wenden. In seinen Tagebuchaufzeichnungen notierte Karl Koller: »Es mag gegen 5 Uhr morgens gewesen sein, da stürmen Oberst v. Brauchitsch und Bredow in mein Zimmer. ... Brauchitsch, dem, weil er gleichfalls in Haft ist, Bredow nicht von der Seite weicht, überbringt mir die Aufforderung Görings, sofort nach Berlin zu fliegen und Hitler die genauen Vorgänge darzustellen. Bredow: Nicht Göring, der Führer hat das befohlen.« Umgehend machte sich Koller auf den Weg in die umlagerte Hauptstadt. Als er auf dem Flugplatz Rechlin landete, lag Berlin unter dichtem Qualm, ein Hineinkommen schien unmöglich. Anstatt in den »Führer«-Bunker fuhr Koller zum Oberkommando der Wehrmacht, das auf Befehl Hitlers Berlin verlassen und in einer Försterei bei Fürstenberg Quartier genommen hatte. Falls Koller gehofft hatte, hier Fürsprecher für eine Freilassung und Rehabilitierung Görings zu finden, so wurde er bitter enttäuscht. »Keitel tritt ins Zimmer, unser Gespräch ist nichtssagend und ergebnislos. Als ich die Vorgänge berühre, die die Verhaftung Görings verursacht haben, weicht er aus. ... Himmler spreche ich wegen Göring an, er sagt: ›Das mit dem Reichsmarschall ist eine recht unglückliche Geschichte.‹ Ich erwidere, dass Göring gar nicht anders handeln konnte, doch werde ich von Keitel unterbrochen. Himmler bemerkt, er wolle sich nachher mit mir darüber noch unterhalten, doch ergibt sich das leider nach der Beratung nicht. Himmler hat vorgeblich auch dann keine Zeit, schiebt andere Besprechungen vor und will Mittag essen. … Nachher spreche ich Dönitz wegen der Verhaftung von Göring an. Er sei, antwortet er mir, überzeugt, dass Göring an sich das Beste gewollt habe. Doch beendet er damit gleich das Gespräch und vertröstet mich auf ›nach Tisch‹.« Niemand wollte sich an dem heißen Eisen »Göring« die Finger verbrennen. Enttäuscht und ergebnislos reiste Koller wieder ab.

In den frühen Morgenstunden des 28. April schob sich eine Wagenkolonne über die Zufahrt nach Schloss Mauterndorf, 60 Kilometer südlich von Salzburg. Hier, in der einstigen Residenz seines Paten, wo er als Kind glückliche Zeiten erlebt hatte und die nun ihm gehörte, wollte Göring die letzten Tage des Krieges als Staatsgefangener des von ihm mitgegründeten »Dritten Reichs« verbringen. Die ehrenvolle Unterbringung verdankte Göring offenbar der heimlichen Fürsprache Himmlers, der sich gegenüber Koller so reserviert verhalten hatte. Auf Anfrage Franks, wohin er Göring angesichts der zu erwartenden amerikanischen Besetzung von Berchtesgaden bringen solle, hatte der Kommandostab des Reichsführers-SS ihm erlaubt, die Wahl des Ortes Göring zu überlassen. Noch einmal kletterte Göring in seinen Maybach, eine Sonderanfertigung, und wurde gemeinsam mit Frau und Kind sowie einem Tross von fünfzig Mann an den Ort unbeschwerter Kindertage eskortiert. Exquisite Weine, Spirituosen und eine Kiste mit Zigarren ließen ein wenig von seiner früheren Jovialität zurückkehren. Während Göring sich hinter dicken Mauern noch einmal im Jagdkostüm dem alten Traum von Fürstenherrlichkeit hingab und das Wachpersonal rund um SS-Standartenführer Ernst Brausse mit flotten Sprüchen unterhielt, wurde ein anderer Traum ausgelöscht. Vor seiner Abreise aus Berlin hatte er bestimmt, seine Residenz Carinhall zur Sprengung vorzubereiten. Nichts von all der Pracht sollte in die Hände der Roten Armee fallen. Als deren Truppen am Morgen des 28. April in der Nähe auftauchten, zündete das Sprengkommando die Ladungen. Von Carinhall blieb nur ein Trümmerfeld.

Zu diesem Zeitpunkt stand die Rote Armee lediglich einen Steinwurf entfernt von der Reichskanzlei, wo Hitler in zehn Metern Tiefe seinem Ende entgegensah. Solange er noch Hoffnung hatte, Leben und Macht zu retten, war eine Ehe für ihn nie infrage gekommen. In seine Selbststilisierung als berufener »Führer« des deutschen Volkes hatte die Vorstellung eines privaten Ehelebens keinen Platz. Erst jetzt, unter dem Eindruck des Todes, gewährte er seiner Geliebten Eva Braun jenen Status, den sie sich viele Jahre lang erträumt hatte. Kurz nach Mitternacht, in den ersten Stunden des 29. April, erfolgte eine schmucklose und improvisierte Eheschließung. Während die Gäste noch auf das Brautpaar anstießen, diktierte Hitler seiner Sekretärin Traudl Junge sein politisches Testament. In ihm rechnete Hitler endgültig mit seinem einstigen zweiten Mann ab: »Ich stoße vor meinem Tode den früheren Reichsmarschall Hermann Göring aus der Partei aus und entziehe ihm alle Rechte, die sich aus dem Erlass vom 29. Juni 1941 sowie aus meiner Reichstagserklärung vom 1. September 1939 ergeben könnten.« An Görings Stelle ernannte Hitler Großadmiral Dönitz, den Oberbefehlshaber der Kriegsmarine, zum Reichspräsidenten und obersten Befehlshaber der Wehrmacht. Einen Tag später, am 30. April gegen 15.30 Uhr, setzte Hitler seinem Leben durch einen Schuss in die Schläfe ein Ende.

Die Öffentlichkeit erfuhr von seinem Tod erst am Abend des 1. Mai 1945. Gegen 22.30 Uhr lief die Meldung beim Großdeutschen Rundfunk ein. Der Text, den der Sprecher Elmar Banz kurz darauf verlas, erwähnte mit keinem Wort den Selbstmord des »Führers«. Adolf Hitler sei »in seinem Befehlsstand in der Reichskanzlei, bis zum letzten Atemzuge kämpfend, für Deutschland gefallen«, hieß es in der letzten Lüge des Regimes. Die Nachricht traf Göring in Mauterndorf wie ein Schlag ins Gesicht. »Und jetzt kann ich mich nicht mehr rechtfertigen; ich kann ihm nie mehr ins Gesicht sagen, dass er mir Unrecht getan hat und dass ich ihm treu war«, stöhnte Göring in einem Zustand »geistig-seelischer Ohnmacht«, der seine Frau Emmy fürchten ließ, ihr Gatte verliere den Verstand. Trotz aller Unbill der letzten Tage hatte er sich nicht von Hitler gelöst, bis zuletzt gehofft, sich vor seinem »Führer« rechtfertigen zu können. Die Nachricht von Hitlers Tod sorgte auch bei Görings Bewachern für Unruhe. SS-Standartenführer Brausse erkundigte sich bei Feldmarschall Albert Kesselring, ob er Göring nun erschießen müsse, wovon ihm der Oberbefehlshaber Süd abriet. Kesselring seinerseits wandte sich an Dönitz, der über eine Freilassung Görings entscheiden sollte. Doch Dönitz wich aus, und auch General Koller, dem Göring ausrichten ließ, er solle jetzt handeln, hielt sich zurück. Erst einige Tage später, am 6. Mai, erschien Görings einstiger »Kunstexperte« SS-Oberführer Kajetan Mühlmann in Mauterndorf, um im Auftrag Kesselrings Görings Freilassung zu veranlassen – in Görings Augen ein allzu undramatisches Ende seiner Gefangenschaft. Er selbst behauptete später, Soldaten der Luftwaffe, die auf dem Rückzug von Italien an Schloss Mauterndorf vorbeigekommen seien, hätten ihren verehrten Chef in einer Blitzaktion befreit.

Noch aus Mauterndorf schickte Göring einen Funkspruch an Dönitz, der

Es ist schade, dass so ein Mann wie Dönitz nicht die Partei repräsentiert, sondern dass diese repräsentiert wird durch Göring, der mit der Partei soviel zu tun hat wie die Kuh mit der Strahlenforschung.

Goebbels, Tagebuch, 28. Februar 1945

an seiner Stelle die Nachfolge Hitlers angetreten hatte. Noch einmal betonte er seine Loyalität gegenüber Hitler und beklagte, Auslöser für alle gegen ihn unternommenen Schritte sei eine Intrige Bormanns gewesen, gegen die er sich nicht mehr habe wehren können. Zum Schluss kam Göring auf die geplanten Kapitulationsverhandlungen zu sprechen, die General Jodl in Dönitz' Auftrag mit den Amerikanern führen sollte. Der entmachtete Reichsmarschall, der sich für den international beliebtesten Naziführer hielt, bot Dönitz an, im Gespräch mit Eisenhower von »Marschall zu Marschall« eine geeignete Atmosphäre für die offiziellen Verhandlungen zu schaffen. Als Dönitz nicht reagierte, beauftragte Göring seinen Adjutanten von Brauchitsch damit, über eine amerikanische Kommandostelle einen an Eisenhower persönlich gerichteten Brief zu überbringen. Als »ranghöchster Offizier der deutschen Wehrmacht« bat er um eine persönliche Unterredung auf »menschlich-soldatischer Ebene«, um »weiteres Blutvergießen in einer aussichtslosen Lage zu verhindern«.

Doch dazu sollte es unabhängig von Eisenhowers Reaktion nicht mehr kommen. In dem Begleitschreiben seines Briefes hatte Göring Schloss Fischhorn bei Zell am See als Treffpunkt vorgeschlagen. Von dort aus erhielt General Koller am 7. Mai einen erbosten Anruf eines Major Sandmann. In der Erwartung, Göring anzutreffen, war ein amerikanisches Kommando von 30 Mann unter General Robert J. Stack eingetroffen. Göring indessen fiel der Abschied von Mauterndorf so schwer, dass er dort bleiben wollte. Widerwillig setzte er sich schließlich mit seiner Frau Emmy und der kleinen Edda in den Wagen und ließ sich unter dem Geleit von Luftwaffensoldaten in Richtung Fischhorn chauffieren. 80 Kilometer südöstlich von Salzburg traf die Kolonne bei Radstadt auf eine amerikanische Einheit. Ungeduldig war General Stack Göring entgegengefahren. Nach einem kurzen Wortwechsel begann für Göring ein neues Zeitalter: Gerade erst auf freien Fuß gesetzt, war er von nun an ein Gefangener der Amerikaner.

Das Urteil

Das Kriegsende am 8. Mai 1945 erlebte Göring als Gefangener auf Schloss Fischhorn. Seine Bewacher behandelten ihn einigermaßen freundlich und respektvoll; er durfte seine Uniformen, Orden und sogar seine Waffen behalten. »Göring schien entspannt, er konnte sich gar nicht vorstellen, dass man ihn als Kriegsverbrecher bezeichnen würde«, schildert der amerikanische Soldat Rufus Legett seinen Eindruck. »Ich hatte das Gefühl, Göring rechnete fest damit, mit Eisenhower zu sprechen. Er war davon überzeugt, Eisenhower beim Aufbau einer Friedensordnung für Deutschland helfen zu dürfen.« Einstweilen wurde Göring jedoch nicht zum amerikanischen Oberbefehlshaber in Europa, sondern ins Hauptquartier von General Stack ins Grandhotel nach Kitzbühel gebracht. »Ich habe eigentlich ein gutes Gefühl, Emmy, du nicht?«, beruhigte er seine Frau beim Abschied in Fischhorn am Morgen des 9. Mai. Es sollte anderthalb Jahre dauern, bis die beiden sich wiedersahen.

In Kitzbühel wartete Göring noch immer ungeduldig auf ein Treffen mit Eisenhower. Stattdessen wurde er einen Tag später mit einer zweisitzigen Maschine des Typs Piper Club nach Augsburg geflogen, direkt zum Hauptquartier der 7. Armee des Generalleutnants Alexander M. Patch. Im Plauderton unterhielt er sich mit dem Piloten Bob Foster über die Schönheit der bayerischen Landschaft, über Flugzeuge und darüber, wie die Luftwaffe während des Krieges Autobahnen als Startfläche genutzt hatte. Wieder auf der Erde, mag ihn zum ersten Mal eine böse Ahnung des Kommenden beschlichen haben. Bei der Ankunft wurden ihm Waffen und Orden, die Insignien seiner einstigen Macht, abgenommen, am Nachmittag begann das Verhör. Geführt wurde es vom Befehlshaber der amerikanischen Luftstreitkräfte in Europa, General Carl F. Spaatz, dem bekannten Luftkriegtheoretiker Alexander de Seversky und Generalleutnant Hoyt Vandenberg. Voller Bedauern antwortete der gescheiterte Chef der deutschen Luftwaffe auf eine der Fragen: »Ich war immer für die strategische Verwendung der Luftmacht. Ich habe die Luftwaffe als die beste Bomberflotte aufgebaut und musste mit ansehen, wie sie sich in Stalingrad verzettelte. Meine schöne Bomberflotte wurde zum Munitionstransport und zur Versorgung einer Armee missbraucht. Ich war immer gegen den Russlandfeldzug.«

Einen Tag später, am 11. Mai, führten die Amerikaner ihren prominentesten Gefangenen der Presse vor. Göring nutzte die Gelegenheit, den an-

»Böse Ahnung des Kommenden«: Vor dem ersten Verhör in Augsburg muss der Reichsmarschall seine Orden und Ehrenzeichen ablegen

wesenden 50 alliierten Journalisten seine Sicht der Dinge darzustellen: Bormann habe gegen ihn intrigiert, Hitler habe kein einziges schriftliches Wort hinterlassen, dass Dönitz sein Nachfolger werden sollte. Er selbst sei immer gegen den Russlandfeldzug gewesen. Als er nach den Vernichtungslagern gefragt wurde, leugnete er jedes Mitwissen: »Ich war niemals in so engem Kontakt zu Hitler, dass er mit mir über diese Sache gesprochen hätte.« Doch die internationale Öffentlichkeit ließ sich so leicht nicht täuschen: »Hermann Göring ist ein für alle Mal ein böser, grausamer Mörder, der vor Gericht gehört«, war am 12. Mai im Londoner *Chronicle* zu lesen. »Nur weil er dick ist, ist er noch nicht gutmütig; auch wenn er lacht, kennt er keine Barm-

»Großer Schauspieler und ein raffinierter Lügner«: Göring hegte die Hoffnung, von den Alliierten als gleichwertiger Verhandlungspartner akzeptiert zu werden

herzigkeit; und aufgrund seiner Vergangenheit ist er ein Verbrecher.« Die Presse kritisierte außerdem, Göring werde in Augsburg zu gut behandelt. Als Reaktion hierauf wurde er in die Verhörzentrale der 7. Armee nach Wiesbaden verlegt. Am 20. Mai brachte man ihn von dort nach Luxemburg, in das Grandhotel des kleinen Kurorts Mondorf-les-Bains.

In seinem neuen Quartier gab Göring die Hoffnung auf, Eisenhower je zu Gesicht zu bekommen. Sein Zimmer im vierten Stock war nur mit dem Notdürftigsten ausgestattet, an der Tür hatte man innen das Schloss und den Griff abmontiert – er war, das musste er nun einsehen, nichts als ein gewöhnlicher Kriegsgefangener. Wenige Tage später trafen alte Bekannte in Mondorf ein, die

»… und trotz gegenteiliger Gerüchte ist er alles andere als geistesgestört. Vielmehr dürfte er ein ganz ›gewiefter Kunde‹, ein großer Schauspieler und ein raffinierter Lügner sein, der … glaubt, damit noch einige Trümpfe in der Hand zu haben …«

Analyse des US-Geheimdiensts nach der Festnahme Görings

wie er gehofft hatten, mit den Siegermächten verhandeln zu können und nun ebenfalls verhaftet waren: die gesammelte Regierung Dönitz, allen voran der Großadmiral persönlich, der für 23 Tage das geworden war, was Göring immer gewünscht hatte: Hitlers Nachfolger. Seit Hitlers Geburtstag in der zerstörten Reichskanzlei, einen Monat zuvor, war so viel braune Prominenz nicht mehr an einem Ort versammelt gewesen. Eifersüchtig machte Göring Dönitz sofort den ersten Rang unter den Gefangenen streitig. »Ich bin immer der zweite Mann im Staat gewesen«, erklärte er Dönitz' Adjutanten, »und wenn es jetzt ans Hängen geht, so dürfen Sie sicher sein, mein Kopf ist der erste!«

Unterdessen waren die Amerikaner in Berchtesgaden auf die riesige Kunstsammlung gestoßen, die Göring mit Sonderzügen aus Carinhall hatte evakuieren lassen. Der größere Teil befand sich noch immer verpackt in Waggons, die auf dem Berchtesgadener Bahnhof und einem Tunnel bei Unterstein abgestellt waren. Teile der Ladung waren bereits durch französische Soldaten, die als Erste einmarschiert waren, und die einheimische Bevölkerung geplündert worden – bis heute tauchen auf internationalen Auktionen noch immer Beutestücke aus der ominösen Sammlung Hermann Görings auf. Vieles war durch Beschuss oder Nässe schwer beschädigt worden. Ein Drittel der Sammlung entdeckten die Amerikaner noch unversehrt in einem zugemauerten Stollen unter Görings Stabsquartier bei Berchtesgaden. Vier Tage dauerte es, bis ein Zug Pioniere alle Kunstschätze aus dem unterirdischen Versteck geborgen hatte. Die Soldaten trauten ihren Augen nicht, als sie die Gemälde bei Tageslicht in Augenschein nahmen. In einer Baracke stapelten sich Werke von Rembrandt, Botticelli, Velázquez und anderer alter Meister, die in jedem Kunstmuseum der Welt einen Ehrenplatz bekommen hätten. Die aufgefundenen Kunstschätze wurden später den Regierungen der Länder überlassen, aus denen sie stammten, verbunden mit der Auflage, sie ihren rechtmäßigen Besitzern, soweit feststellbar, zurückzugeben. Der Rest ging in den Besitz der Bundesrepublik und insbesondere des bayerischen Staates über.

Von seinem gesamten Besitz war Göring in Mondorf nur noch das Reisegepäck geblieben. Neben praktischen Dingen, wie seinem Reisenecessaire, Füllfederhaltern und verschiedenen Uhren, enthielt es auch seine Auszeichnungen und 81 268 Reichsmark. Auf Befehl des amerikanischen Kommandanten des »Gefängnishotels«, Oberst Burton C. Andrus, wurden ihm nun

»Er wollte nicht als Kunsträuber dastehen«: Von amerikanischen Soldaten sichergestellte Kunstschätze, die Göring waggonweise gehortet hatte

auch diese »letzten Habseligkeiten« abgenommen. Besonders schwer traf Göring der Verlust von rund 2000 weißen Tabletten, die die Amerikaner in den Koffern fanden und von denen er, wie er dem Gefängnisarzt erklärte, morgens wie abends je 20 Stück einzunehmen pflegte. Eine Analyse im Labor ergab, dass die Tabletten Codein enthielten – eine Ersatzdroge, die nach Auskunft des Wiener Suchtexperten Professor Albrecht Springer noch heute ehemaligen Morphium- oder Heroinabhängigen verabreicht wird: Die 40 Tabletten, die Göring zu sich nahm, entsprächen ungefähr der Tagesdosis, die ein deutscher Ex-Heroinabhängiger in einem heutigen Substitutionsprogramm erhielte. Offenbar war es Göring gelungen, seine Morphiumsucht durch den Umstieg auf das ungefährlichere Codein in den Griff zu bekommen.

Nach der Wegnahme der Tabletten klagte der Gefangene über Schmerzen und Depressionen, seine Bewegungen wurden fahrig und nervös – die üblichen Begleiterscheinungen eines Entzugs, wie Professor Springer erklärt: »Ein Entziehender wie Göring bekommt Durchfall, schwere Schmerzen und vegetative Erscheinungen wie Herzrasen, Schwitzen und Tränenfluss. Und da auch die psychische Beeinflussung durch die Substanz wegfällt, ebendieser euphorisierende Charakter der Droge, kommt es zu einer Art Entzugsdepression. Und dieser Zustand ist ungemein quälend.« Nachdem Göring einen leichten Herzanfall erlitten hatte, erlaubte Oberst Andrus auf Anraten des Gefängnisarztes, dass Göring die Codeintabletten wieder einnahm. Allerdings wurde die Dosis in den nächsten Wochen und Monaten immer weiter heruntergesetzt, bis Göring, wahrscheinlich zum ersten Mal seit der schweren Verwundung von 1923, wieder fast frei von Drogen und Tabletten leben konnte.

Zeitgleich mit dem Entzug wurde der Reichsmarschall auf Diät gesetzt. »Er wog gut 230 Pfund und das bei einer Größe von nur etwa 1,70 Meter«, erinnert sich der US-Militärarzt Dr. John Lattimer, der Göring kurz nach der Gefangennahme untersuchte: »Er war so fett, dass er grotesk wirkte, eine wabbelnde Masse. Seine Oberschenkel waren so dick, dass sie ständig aneinander rieben und sich die Haut zwischen ihnen ablöste. Er führte Unmengen von Hautcremes mit sich, mit denen er die wunden Stellen zwischen seinen Oberschenkeln einrieb.« Jahrelang waren Görings freiwillige Diätversuche fehlgeschlagen, jetzt, infolge der bescheidenen Gefängniskost, purzelten die Pfunde. Als am 20. November 1945 in Nürnberg der Prozess gegen die Hauptkriegsverbrecher eröffnet wurde, gab der Reichsmarschall ein ungewohntes Bild ab: Seit der Gefangennahme hatte er rund achtzig Pfund abgespeckt, die schlichte blaugraue Uniform umschlotterte den einstmals so feisten Körper. Er wirkte frisch wie seit Jahren nicht mehr.

Bereits drei Monate zuvor, am 12. August 1945, war Göring von Mondorf nach Nürnberg verlegt worden. Hier, in der »Stadt der Reichsparteitage«, wollten die vier Siegermächte über die Hauptkriegsverbrecher zu Gericht sitzen. Neben der symbolischen Bedeutung der Stadt sprach für Nürnberg in den Augen der Sieger vor allem die Tatsache, dass der Justizpalast und das ihm angeschlossene Gefängnis die Luftangriffe unversehrt überstanden hatten und genügend Raum für das Gericht und die Gefangenen boten. Die Siegermächte hatten sich auf vier Anklagepunkte geeinigt: Planung (1) oder Durchführung (2) eines Angriffskriegs sowie Beteiligung an Kriegsverbrechen (3) oder Völkermord (4). Obwohl er, wie er wusste, keine Chance auf einen Freispruch von diesen Anklagepunkten hatte, freute sich Göring auf den Beginn des Prozesses. Nach den monatelangen Einzelverhören in Mondorf und Nürnberg suchte er die Öffentlichkeit. Er hoffte, die Anklagebank als Propagandabühne nutzen zu können, wie es einst Hitler nach dem gescheiterten Putsch von 1923 gelungen war. Er sei entschlossen, als großer Mann in die Geschichte einzugehen, erklärte er gegenüber dem amerikanischen Gefängnispsychiater Douglas M. Kelley. »Wenn ich den Gerichtshof nicht überzeugen kann, dann werde ich wenigstens das deutsche Volk davon überzeugen, dass alles, was ich getan habe, für das Reich geschehen ist. In fünfzig oder sechzig Jahren wird es in Deutschland Denkmäler für Hermann Göring geben.«

Die Zustände im Nürnberger Gefängnis unterschieden sich freilich erheblich von den privilegierten Haftbedingungen, die Hitler in der Festung Landsberg genossen hatte. Um Selbstmorde zu unterbinden, hatte Oberst Andrus, der seine Gefangenen von Mondorf nach Nürnberg begleitete, ein rigides Überwachungssystem eingeführt. Selbst Schnürsenkel, Hosenträger und Rasierzeug musste Göring an seine Bewacher abgeben, nachdem es dem einstigen »Reichsorganisationsleiter« Robert Ley gelungen war, sich mit dem abgerissenen Saum eines Handtuchs in seiner Nürnberger Zelle zu strangulieren. Auch nachts strahlte das grelle Licht eines Scheinwerfers die Gefangenen an, die sich nie unbeobachtet fühlen sollten. Durch eine Türklappe warfen Posten alle paar Minuten einen prüfenden Blick in das Innere ihrer Zellen. Deren Insassen war es strikt verboten, sich auf den Bauch zu legen, da ihr Gesicht und eindeutige Lebenszeichen von außen dann nicht zu erkennen waren.

Auf Befehl von Andrus war es den Wachsoldaten untersagt, mit den Gefangenen zu sprechen – eine Weisung, die freilich oft übertreten wurde. Viele GIs baten ihre prominenten Gefangenen um ein Autogramm, vor allem der Schriftzug Hermann Görings, des »Nazi number one«, wie er genannt wurde, stand hoch im Kurs. Bitten dieser Art schlug der eitle Reichsmarschall selten ab und suchte seinerseits seine Bewacher in Gespräche zu verwickeln. Einen besonders guten Kontakt knüpfte er zu Leutnant Jack Wheelis. Der Texaner war wie Göring ein leidenschaftlicher Jäger. Ein Foto, das beide im Nürnberger Gefängnis zeigt, signierte Göring auf der Rückseite mit: »Dem großen Jäger aus Texas mit Waidmanns Heil. Reichsjägermeister Hermann Göring«. Seinem neuen »Jagdfreund« überließ Göring sogar seine Armbanduhr und ein goldenes Streichholzetui mit diamantenem Luftwaffenadler und einem Hakenkreuz aus Rubinen. Wheelis revanchierte sich auf seine Weise: Als wachhabender Offizier hatte er Zugang zum Gepäckraum, in dem Görings Sachen lagerten. Immer wieder schmuggelte er heimlich

»Nicht schuldig«: Görings persönliche Erklärung am zweiten Verhandlungstag in Nürnberg

dessen Toilettentasche in die Zelle, in der sich auch die von Göring besonders verlangte Dose mit Hautcreme befand. Er ahnte nicht, dass Göring ihn als Schachfigur in seinem letzten Spiel benutzte.

Der Prozess lief nicht nach den Erwartungen Görings. Statt die Anklagebank zur Bühne zu machen, blieb seine Rolle zunächst auf die eines Zuhörers beschränkt. Tagelang wurden nur die Dokumente der Anklage verlesen. Am 29. November wurden Auszüge aus den abgehörten Telefongesprächen Görings während der Österreich-Krise vorgelesen, die im Publikum Gelächter hervorriefen. Dieses verstummte, als die amerikanischen Ankläger am späten Nachmittag im verdunkelten Gerichtssaal einen Film vorführten. Entsetztes Schweigen breitete sich aus – nur Göring verzog keine Miene. Scheinbar schläfrig saß er auf der Anklagebank, zusammengesunken, die Hände vor den Augen, nur ab und zu hob er den Kopf und tat so, als hätten die Bilder des filmischen Beweisstücks »2430-S« nichts mit ihm zu tun. Über den Kopfhörer hörte er, wie der Dolmetscher übersetzte, was der amerikanische Sprecher beschrieb: »In diesem Konzentrationslager bei Leipzig wurden über 200 politische Gefangene bei lebendigem Leib verbrannt. Andere der ursprünglich 350 Gefangenen wurden erschossen, als sie aus den Baracken stürzten. ...« Eine Stunde lang dokumentierte der offizielle Tatsachenfilm der amerikanischen Anklage die Verbrechen in den Konzentrationslagern. Am Abend klagte Göring in seiner Zelle: »Es war so ein angenehmer Nachmittag. Mein Telefongespräch über die Österreich-Affäre wurde vorgelesen, und alle lachten mit mir darüber. Und dann kam dieser grauenhafte Film und verdarb einfach alles.«

Als man ihnen die Filme aus den Konzentrationslagern gezeigt hatte, wollte niemand ein Nazi gewesen sein. Sie sagten: Nein, das gibt's nicht, das ist nicht wahr, das sind Opfer der Amis, die haben diese Leute erschossen und hingelegt. Der Führer hätte so etwas nie geduldet.

Lion »Le« Tanson, Dolmetscher in Bad Mondorf

Kein einziges Mal zeigte er Betroffenheit oder Bedauern, als ihm Schriftstück um Schriftstück vorgelegt wurde, um seine Verwicklung in den Holokaust und die rücksichtslose Ausplünderung der besetzten Gebiete zu belegen. »Der Sieger«, notierte er auf die Anklageschrift, »wird immer der Richter und der Besiegte stets der Angeklagte sein.« Als SS-General Erich von dem Bach-Zelewski den Massenmord offen als solchen benannte, kannte Görings Wut keine Grenzen: »Wahrhaftig, dies dreckige, verfluchte Verräterschwein! Dieser gemeine Schuft! Herrgott, verflucht noch mal. Donnerwetter, der dreckige, hohlköpfige Hundesohn. Er war der verruchteste Mörder in dem ganzen verfluchten Verein. Der widerliche, stinkende Schweinehund! Verkauft seine Seele, um seinen dreckigen Hals zu retten!« Als eine Zeugin schilderte, was sie in Auschwitz erlitten hatte, nahm Göring demonstrativ den Kopfhörer ab. »Je höher man gestellt ist«, dozierte er in einer Befragung durch Dönitz' Anwalt Otto Kranzbühler, »desto weniger sieht man von dem, was sich unten abspielt.«

Kühle Berechnung legte der Machtmensch Göring auch im Umgang mit seinen Mitgefangenen an den Tag. Was ihm vorschwebte, war eine geschlossene Front unter seiner Führung. »Während der Mittagspausen erzählte er [seinen Mitgefangenen] immer, wie sie sich zu benehmen hätten und was sie während des Prozesses sagen sollten«, bemerkte William Jackson, Sohn und Assistent des amerikanischen Chefanklägers in Nürnberg. »Auf einige der Angeklagten – Ribbentrop, Sauckel, Streicher – hat er sicher Einfluss ausgeübt. Andere – Schacht, Speer und Frank – waren seine Gegner und wollten lieber eigenständig ihre Verteidigung organisieren.« Voller

Oben: »Göring ist der Mann, der das Verfahren beherrscht«: Der ehemalige Reichsmarschall stach aus der Riege der Angeklagten hervor (hier mit Dönitz und Heß)
Unten: »Drang zur Selbstrechtfertigung«: Göring mit seinem Verteidiger Dr. Otto Stahmer im Nürnberger Gefängnis

Zorn schimpfte er über Albert Speer und dessen Behauptung, er habe versucht, Hitler aus Gewissensgründen umzubringen: »Gott im Himmel, ich wäre vor Scham fast gestorben. Nicht zu fassen, dass ein Deutscher so gemein sein kann, um sein armseliges Leben zu verlängern. ... Herrgott! Donnerwetter! Was mich betrifft, mir ist es egal, ob ich hingerichtet werde, ... aber es gibt doch noch so etwas wie eine Ehre.« Schließlich trieb er seine Manipulationsversuche so weit, dass er im Februar 1946 von seinen Mitgefangenen getrennt wurde und allein zu Mittag essen musste.

In seinem Drang zur Selbstrechtfertigung kannte Göring keinerlei Berührungsängste. Über seinen Verteidiger Dr. Stahmer lud er den Sonderberichterstatter Ernst Michel zu einem Gespräch in seine Zelle ein. In einem von Michel geschriebenen Zeitungsartikel hatte Göring gelesen, dass dieser als jüdischer Häftling in Auschwitz gewesen war. Göring würde ihn gerne treffen, ob er daran interessiert sei, fragte Stahmer den völlig Überraschten. Göring treffen? Seine ganze Familie hatte der aus Mannheim stammende Michel in den Vernichtungslagern verloren, er selbst war nur durch Glück dem Tod in Auschwitz entkommen. Nach einigem Zögern nahm er dennoch das Angebot an. Er sei in Nürnberg als Reporter, redete Michel sich auf dem Weg ins Gefängnis zu, persönliche Betroffenheit dürfe ihn nicht beeinflussen. Als er mit Stahmer Görings Zelle betrat, stand dieser von seiner Pritsche auf und streckte ihm die Hand entgegen. Wie angewurzelt blieb Michel stehen: »Ich sagte kein einziges Wort. Ich konnte es nicht erklären, ich konnte es nicht ertragen. Ich war 23 Jahre alt und hatte die Vernichtungslager hinter mir. Stahmer blickte mich verständnislos an, und Göring stand da mit ausgestreckter Hand. Ich drehte mich um, ging zur Tür und bat den Wachposten, mich wieder hinauszulassen. Ich sagte kein einziges Wort. Und ich habe es bis heute nie bedauert, dass ich so gehandelt habe. Ich konnte mich einfach nicht hinsetzen und mit Hermann Göring sprechen. Stahmer erzählte mir am nächsten Tag, wie erstaunt Göring gewesen sei, dass ich einfach hinausspaziert war.«

Am 13. März 1946 öffnete sich endlich der Vorhang zur Bühne, die Göring im Prozess gesucht hatte. Zuerst durfte er selbst reden, dann am 18. März nahm der amerikanische Chefankläger Jackson den »Nazi number one« ins Verhör. Mit glatt nach hinten gekämmtem Haar und arroganter Miene betrat Göring den Zeugenstand. Mit gewandter Rhetorik parierte er die Fragen Jacksons, der ihn in die Enge zu treiben versuchte. Als Jackson ihm die geheimen Angriffspläne des NS-Regimes vorwarf, antwortete Göring spöt-

Göring hatte nichts zu verlieren. ... Mehrere Runden gewann er gegen Jackson im Zeugenstand zur Freude der Amerikaner. An sich blieb er aber egozentrisch, eitel und aufgeblasen.

Otto Nelte, Verteidiger Keitels in Nürnberg

tisch, er könne sich nicht erinnern, dass die USA ihre eigenen Mobilisierungspläne öffentlich machten. In den Pausen überlegte Jackson mit seinen Kollegen zeitweilig sogar, ob es nicht besser wäre, die Befragung abzubrechen. »Göring kann hier Volksreden halten«, klagte er: »Er wird immer arroganter, und wenn das so weitergeht, wird das unseren Ländern mehr schaden als nutzen.« Nach dem Ende des Verhörs am 21. März war Göring mit seiner Leistung sichtlich zufrieden. »Wenn ihr das nur halb so gut macht wie ich, dann macht ihr es richtig«, erklärte er den anderen Angeklagten.

Mit seinem Auftritt konnte er zwar noch einmal beeindrucken, für die Richter aber stand seine schwere Schuld außer Zweifel. »Es kann kein mildernder Umstand angeführt werden«, stellte das Urteil fest, das am 1. Oktober 1946 verkündet wurde. »Göring war oft, fast immer die treibende Kraft, und nur seinem Führer stand er nach. Er war die leitende Persönlichkeit bei den Angriffskriegen, sowohl als politischer als auch militärischer Führer; er

»Ich möchte lieber nicht darüber sprechen oder auch nur daran denken«: Vor unliebsamen Wahrheiten verschloss Göring noch im Gerichtssaal die Augen

war Leiter der Sklavenarbeiter und Urheber des Unterdrückungsprogramms gegen die Juden und gegen andere Rassen im In- und Ausland. Alle diese Verbrechen wurden von ihm offen zugegeben. ... Diese Schuld ist einmalig in ihrer Ungeheuerlichkeit. Für diesen Mann lässt sich in dem ganzen Prozessstoff keine Entschuldigung finden.« Obwohl Göring sich kaum Illusionen darüber machen durfte, zu welchem Ergebnis die Richter kommen würden, traf ihn der Urteilsspruch schwer. »Göring kam als Erster herunter und ging mit langen Schritten und starrem Gesicht und vor Entsetzen hervorquellenden Augen in seine Zelle. ›Tod!‹, sagte er, als er sich auf die Pritsche fallen ließ. Obwohl er versuchte, lässig zu wirken, zitterten seine Hände. Seine Augen waren feucht, und er atmete schwer, als kämpfe er einen seelischen Kollaps nieder«, schilderte der Gefängnispsychologe Gilbert Görings Reaktion. Am selben Abend hatte Göring so starkes Herzrasen, dass er ärztlich behandelt werden musste. »Das Urteil«, beobachtete der deutsche Gefängnisarzt Dr. Ludwig Pflücker, »hat ihn doch sehr erregt.« Nur die Hoffnung auf die Nachwelt hielt ihn aufrecht. Zu einem der Dolmetscher sagte Göring: »Jeder muss sterben, aber als Märtyrer zu sterben, macht unsterblich. Ihr werdet unsere Knochen einst in Marmorsärge legen.«

Wie Frank und Streicher lehnte er es ab, ein Gnadengesuch an die Sieger zu richten. Gegen seinen Willen legte sein Verteidiger Dr. Stahmer jedoch eine Petition vor, in der er im Namen seines Mandanten bat, das Urteil entweder in »Lebenslänglich« umzuwandeln oder zumindest die ehrlose Hinrichtung durch den Strang durch den soldatischen Tod durch Erschießen zu ersetzen. Am 7. Oktober durfte seine Frau Emmy zum letzten Mal zu ihm. Einen Monat zuvor, im September, hatten sie sich zum ersten Mal seit ihrem Abschied in Fischhorn bei Kriegsende wiedergesehen. »Du kannst mit ruhigem Gewissen sterben. Du hast hier in Nürnberg alles getan, was du für deine Kameraden und für Deutschland tun konntest«, erklärte sie ihm beim Abschied. Bis zu ihrem Tod im Jahr 1973 blieb Emmy Göring von der Größe ihres Gatten überzeugt. In ihren Lebenserinnerungen stellte sie ihm noch Ende der sechziger Jahre das verklärende Zeugnis eines liebenden Gatten und Vaters aus, eines ebenso loyalen wie gutmütigen Gefolgsmanns Hitlers.

Am 9. Oktober 1946 lehnte der Alliierte Kontrollrat Görings Antrag ab, nicht wie ein Verbrecher gehängt, sondern »ehrenvoll« erschossen zu werden. Einige Tage später erfuhr der Verurteilte, dass seine Hinrichtung voraussichtlich am 16. Oktober stattfinden werde. In der Zelle plante Göring nun seinen letzten Überraschungscoup. Unter dem Datum des 11. September schrieb er einen Abschiedsbrief an seine Frau, der nach seinem

Er war sich von Anfang an voll bewusst, dass es in Nürnberg keinen Ausweg gab, das konnte man sehen. Wenn er jemals an das »Tausendjährige Reich« geglaubt hätte – jetzt wusste er, dass es nach zwölf Jahren zu Ende war.

Ernest Uiberall, Dolmetscher in Nürnberg

Tod zusammengefaltet in seiner Hand gefunden wurde: »Mein einziges Herzlieb! Nach reiflichem Überlegen und innigem Gebet zu meinem Gott habe ich mich entschlossen, selbst in den Tod zu gehen, und mich nicht auf diese Weise durch meine Feinde hinrichten zu lassen. Den Tod durch Erschießen hätte ich jederzeit auf mich genommen. Aber aufhängen kann sich der Reichsmarschall Deutschlands nicht lassen. ... Ich nehme es als einen Wink von Gott, dass er mir das Mittel, das mich frei von Irdischem macht, durch all die Monate der Gefangenschaft belassen hat und dass es nicht gefunden wurde. ... Dein Hermann.«

In der Nacht zum 16. Oktober – die Hinrichtung sollte kurz nach Mitternacht beginnen – lag Göring im Pyjama auf der schmalen Gefängnispritsche. »Bis etwa 22.40 Uhr lag er absolut bewegungslos da«, berichtete Görings letzter Bewacher, Obergefreiter Harold Johnson, später der Untersuchungskommission, »dann legte er seine gefalteten Hände auf die Brust und drehte den Kopf zur Wand. Etwa zwei oder drei Minuten lag er so da, dann legte er die Hände wieder an den Körper. Es war genau 22.44 Uhr, denn ich sah in diesem Augenblick auf meine Uhr, um die Zeit festzustellen.« Nachdem Johnson vom Sichtfenster der Zellentür zurückgetreten war, öffnete Göring den Kopf der Metallkapsel, die er in seiner Hand verborgen gehalten hatte, und hob sie zum Mund, bis die Glasampulle, die sie enthielt, herausglitt. Er nahm den Kopf der Ampulle zwischen seine Zähne und biss fest zu. Das herabrinnende Zyankali entrang ihm ein unterdrücktes Stöhnen – laut genug, um den Wachposten vor der Tür stutzig zu machen. Auf seinen Alarmschrei hin stürzten der Wachoffizier und der Gefängnisarzt in die Zelle – zu spät. Alle Wiederbelebungsversuche scheiterten, wenige Minuten später war Hermann Göring tot. Wie angekündigt, hatte er sich dem Tod durch den Strang in letzter Minute entzogen.

Der Selbstmord des »Nazi number one« nur wenige Stunden vor seiner Hinrichtung rief sofort eine alliierte Untersuchungskommission auf den Plan: Wie war es Göring gelungen, die Giftampulle, die man doch vielen NS-Prominenten bei ihrer Gefangennahme abgenommen hatte, durch alle Kontrollen in die Zelle zu schmuggeln? In einem Brief an den Gefängniskommandanten, der beim Toten gefunden wurde, gab Göring selbst eine Antwort auf diese Frage. Bei seiner Einlieferung in Mondorf, schrieb er Andrus, habe er

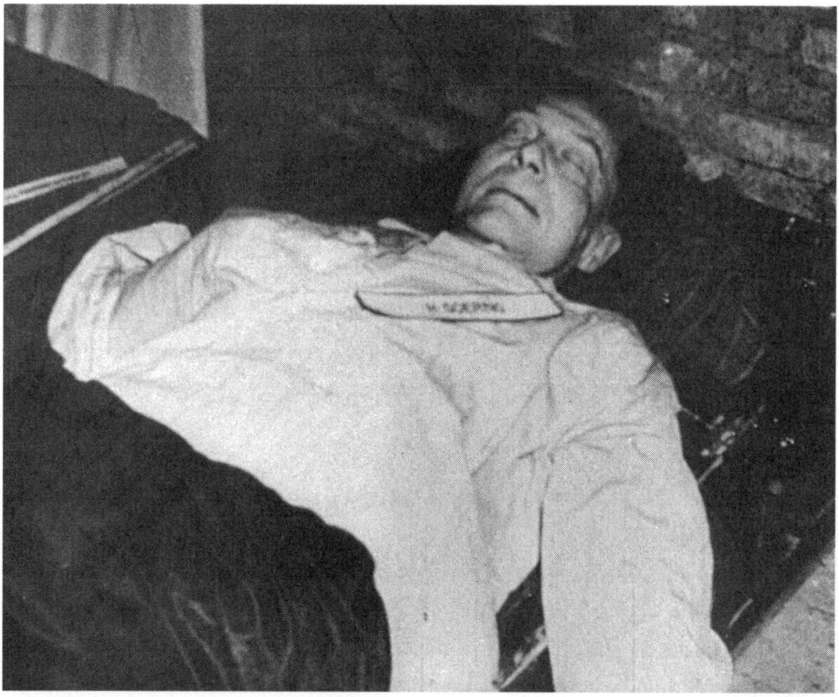

»Erschießen hätte ich mich ohne weiteres lassen«: Seiner Hinrichtung durch den Strang entzog sich Göring durch Selbstmord

drei Giftkapseln mit sich geführt. Eine habe er absichtlich in seinen Kleidern gelassen, damit man sie entdeckte. Eine andere habe er in seinen Zellen in Mondorf und Nürnberg so gut versteckt, dass »sie trotz der häufigen und sehr gründlichen Revisionen nicht gefunden werden konnte«. Die dritte Kapsel befinde sich noch immer in seinem Toilettenkoffer in einer Dose mit Hautcreme – was tatsächlich stimmte. Der Brief und die aufgefundene Kapsel legten nahe, dass der listige Reichsmarschall seine Bewacher an der Nase herumgeführt hatte. Die alliierte Untersuchungskommission übernahm Görings Version im Wesentlichen und vermutete, dass er die Giftampulle in der hohen Rille seiner Zellentoilette versteckt gehalten hatte. Schon damals und bis heute bezweifeln freilich viele diese Version. So sind William Glenny und Peter Samuelevich, beides ehemalige US-Wachsoldaten im Nürnberger Gefängnis, überzeugt, dass Göring die Giftampulle unmöglich über einen so langen Zeitraum vor den ständigen peniblen Kontrollen in seiner Zelle habe verstecken können. Er hätte zudem nie wissen können, wann er in eine andere Zelle verlegt werden würde, von der aus er nie mehr an sein Versteck herangekommen wäre. Die Giftkapsel müsse ihm in der Nürnberger Zelle *zugesteckt* worden sein. Wenn ihre Annahme stimmt, hat Göring in seinem Abschiedsbrief bewusst eine falsche Fährte gelegt – entweder um den ihm verhassten Andrus zu düpieren, oder um seinen heimlichen Helfer zu schützen. Doch wenn dies richtig ist: Wer war der große Unbekannte, der Göring zum Selbstmord in letzter Minute verhalf?

Eine Antwort auf diese Frage hat vor kurzem Herbert Lee Stivers gegeben. Mit seinem Bekenntnis machte der ehemalige US-Wachsoldat im Nürnberger Gefängnis weltweit Schlagzeilen: Er selbst habe die Giftampulle in Görings Zelle geschmuggelt, und zwar in einem Füllfederhalter, erklärte Stivers. Seine Geschichte klingt abenteuerlich: Bei einem Ausgang habe er, als damals Achtzehnjähriger, auf der Straße ein deutsches Mädchen namens »Mona« kennen gelernt. Man sei ins Gespräch gekommen, und er habe ihr auf ihren Wunsch hin ein Autogramm von Hermann Göring besorgt. Kurz darauf habe »Mona« ihn dann mit einem gewissen »Matthias« bekannt gemacht, den sie als guten Freund der Familie Göring vorstellte. Dieser »Matthias«, so Stivers, habe ihm erklärt, dass Göring im Gefängnis nicht die richtige Medizin bekomme und daher ständig unter Schmerzen leide. »Matthias« habe ihm einen Füllfederhalter überreicht, in der eine Kapsel mit »Medizin« versteckt war, die er Göring übergeben sollte. Jung und unbedarft, wie er war, habe er sich nichts dabei gedacht – schließlich war Göring schon zum Tode verurteilt worden, warum sollte er Selbstmord begehen? – und Göring den Füllfederhalter überbracht. Göring habe die Kapsel an sich genommen und ihm den Füllfederhalter zurückgegeben. Kurz darauf seien »Mona« und »Matthias« spurlos verschwunden, und Göring habe Selbstmord begangen, wahrscheinlich mit dem Inhalt des Füllfederhalters.

Mit seiner Geschichte sorgte Stivers bei seinen einstigen Kameraden für skeptisches Kopfschütteln. »Als ich vor vielen Jahren Nürnberg verlassen habe«, erinnert sich William Glenny, »sagte ein Freund zu mir: ›Glenny, warum sagst du nicht, dass du Göring das Gift gegeben hast?‹ – schließlich war ich direkt dort und hätte ihm leicht die Kapsel geben können, als ich in seiner Zelle war. Ich antwortete ihm: ›Klar, das ist eine gute Idee. Ich sage, ich hätte ihm die Kapsel gegeben, und erfinde eine Geschichte.‹ Ich meine, jeder, der damals Wachmann im Nürnberger Gefängnis war, könnte eine solche Geschichte erzählen.« Auch sein Kamerad Peter Samuelevich hält nichts von Stivers' Story. »Ich glaube, er hat diese Geschichte erfunden. Viele Leute, auch ich, meinen, dass jemand, vielleicht Leutnant Wheelis, die Giftkapsel aus dem Gepäckraum zu Göring gebracht hat.«

> **Es gibt keinen Platz in Deutschland, von dem man sagen könnte, hier sei Göring begraben.**
>
> Ernest Uiberall, Dolmetscher in Nürnberg

In der Tat ist dies bis heute die wahrscheinlichste Version: Görings »Jägerfreund« Jack Wheelis war am Abend des Selbstmordes wachhabender Offizier und hatte Zugang zum Gepäckraum, wo auch Görings Sachen lagerten. Er hätte Göring jene Gegenstände bringen können, in denen – mit Wissen oder Unwissen von Wheelis – die tödliche Giftampulle verborgen war. Dies würde erklären, warum Göring in seinem Abschiedsbrief nie die geheimnisvolle Stelle genannt hat, in der er über viele Monate hinweg die tödliche Giftampulle versteckt hat. Doch ob die wahrscheinlichste auch die wahre Version ist, wird sich heute nicht mehr klären lassen. Jack Wheelis starb bereits 1954. Ein Bekenntnis hat er nicht hinterlassen.

Am Tag nach Görings Selbstmord streuten amerikanische Soldaten in München-Solln die Asche mehrerer Leichen in den Conwentzbach, einen Zufluss der Isar. Einer der Toten trug den Namen »Georg Munger«. Die GIs glaubten, einen verunglückten Kameraden zu bestatten. Sie ahnten nicht, dass »Munger« in Wirklichkeit Hermann Göring war. Niemand erfuhr, wo die Asche verstreut wurde. »In einem Fluss irgendwo in Deutschland«, hieß es offiziell. Unter allen Umständen sollte vermieden werden, dass eine Wallfahrtsstätte für Nazis entstand.

Die Spuren, die Hermann Göring in der deutschen Geschichte hinterlassen wollte, sind verweht. Sein Traum, in Standbildern und einem Marmorsarg verewigt zu werden, hat sich nicht erfüllt. Nur wenig ist an den einstigen Stätten seiner Pracht von ihm geblieben. Rund 60 Kilometer nördlich von Berlin, hinter der Ortschaft Groß Schönebeck, zweigt heute von der B 109, der ehemaligen Fernstraße Berlin–Prenzlau, ein schmaler Weg nach rechts ab. Folgt man ihm, vorbei an mächtigen Kiefern, Buchen und Eichen, so stößt man nach einiger Zeit unverhofft auf zwei mächtige Torhäuser. Zu DDR-Zeiten war das Betreten des Geländes streng verboten, nicht weil den kommunistischen Machthabern die Ruhe des Naturschutzgebiets heilig gewesen wäre, sondern weil ihnen die Vergangenheit des verlassenen Fleckens wohl bewusst war. An den Torhäusern vorbei führt der Überrest einer nie ganz vollendeten Prachtstraße in schnurgerader Linie zu einer sanft hügeligen Landzunge zwischen dem Großen Döllnsee und dem Wuckersee. Dort, auf einer einsamen Lichtung, exakt an der Stelle, wo sich einst die Zufahrt ins Innere der prachtvollen Anlage öffnete, steht heute ein einzelner Granitfindling mit der Inschrift »Carinhall«.

Literatur

Below, Nicolaus von: Als Hitlers Adjutant 1937–1945. Mainz 1980.

Dahlerus, Birger: Der letzte Versuch. London-Berlin Sommer 1939. München 1981.

Fest, Joachim: Das Gesicht des Dritten Reiches – Profile einer totalitären Herrschaft. München/Zürich 1996.

Frank, Bernhard: Die Rettung von Berchtesgaden und der Fall Göring. Berchtesgaden 1998.

Gilbert, Gustave: Nürnberger Tagebuch – Gespräche der Angeklagten mit dem Gerichtspsychologen. Frankfurt/Main 1995.

Göring, Emmy: An der Seite meines Mannes. Preußisch Oldendorf 1980.

Gritzbach, Erich: Hermann Göring – Werk und Mensch. München 1938.

Haase: Die Kunstsammlung des Reichsmarschalls Hermann Göring – Eine Dokumentation. Berlin 2000.

Irving, David: Göring. München/Hamburg 1987.

Knopf, Volker/Stefan Martens: Görings Reich – Selbstinszenierungen in Carinhall. Berlin 1999.

Knopp, Guido: Hitlers Helfer. München 1996.

Koller, Karl: Der letzte Monat. 14. April–27. Mai 1945. Tagebuchaufzeichnungen des ehemaligen Chefs des Generalstabs der Luftwaffe. Frankfurt/Main, Berlin 1995.

Kube, Alfred: Pour le Mérite und Hakenkreuz – Hermann Göring im Dritten Reich. München/Wien 1987.

Manvell, Roger: Der Reichsmarschall – Aufstieg und Fall des Hermann Göring. Rastatt 1987.

Manvell, Roger/Heinrich Fraenkel: Hermann Göring. Hannover 1964.

Martens, Stefan: Hermann Göring – »Erster Paladin des Führers« und »Zweiter Mann im Reich«. Paderborn 1985.

Mosley, Leonard: Göring – Eine Biographie. München 1975.

Mühlen, Ilse von zur: Die Kunstsammlung Hermann Görings – Ein Provenienzbericht der Bayerischen Staatsgemäldesammlungen. München 2004.

Overy, Richard J.: Göring – Machtgier und Eitelkeit. München 1986.

Speer, Albert: Erinnerungen. Berlin 2005.

Personenregister

Kursive Seitenangaben verweisen auf Abbildungen

Orts- und Sachregister

Bildnachweis

Archiv für Kunst und Geschichte, Berlin 22 u., 101, 103 o., 115, 164 u., 207

Bayerische Staatsbibliothek, München 27 l., 30 o., 34, 63 o., 73, 108, 113, 138 o., 138 u., 151, 159 u., 176, 188, 190

Bildarchiv Preußischer Kulturbesitz, Berlin 141 o., 175

Bundesarchiv, Koblenz 14, 19, 23 o., 30 u., 36 u., 48 o., 48 u., 50, 54, 69, 80, 83 o., 83 u., 92 o., 123 o., 127, 129 o., 135 l., 149 u.

Corbis/Bettmann 97, 220, 221, 223

-/Hulton-Deutsch Collection 145

W. Gappmeyer, Mauterndorf 16 o.

Library of Congress, Washington 22 o., 75, 94 o., 94 u., 132, 154

Picture Alliance/Okapia 16 u.

SV Bilderdienst, München 63 u.

-/Knorr + Hirth 129 u.

-/Scherl 52 u., 81, 90, 95 o., 106, 123 u., 135 r., 152, 156 o., 156 u., 159 o., 168 o., 171

-/S.M. 43 o., 185 o., 192 u.

Top Foto/Keystone 133

Ullstein Bild, Berlin 23 u., 36 o., 43 u., 52 o., 56 u., 62, 71, 85, 87, 92 u., 95 u., 103 u., 111, 140 o., 140 u., 141 u., 149 o., 162, 164 o., 168 u., 181, 185 u., 195 u., 199, 205, 226, 233

-/Bunk 201

-/Chronos 230

-/dpa 11, 125, 192 o., 228 o.

-/LEONE 182

-/SV Bilderdienst 56 o., 57 o., 57 u., 195 o.

-/Voller, Ernst 228 u.

Leider konnten nicht alle Rechtegeber der Abbildungen ermittelt werden. Der Verlag bittet Personen oder Institutionen, die die Rechte an diesen Fotos haben, sich wegen einer angemessenen Vergütung zu melden.